21世纪经济管理新形态教材·金融学系列

TRAINING COURSE OF COMMERCIAL
BANK'S COMPREHENSIVE BUSINESS
SECOND EDITION

商业银行业务实训教程

（第2版）

陈娜◎编著

清华大学出版社
北京

内 容 简 介

本书充分体现商业银行的综合柜员制，模拟银行的个人业务、对公业务、综合业务、数字人民币业务。由教师建立一个模拟的商业银行实验项目，并为该实验项目配置实验环境，设置实验参数，统一控制实验进程。学生在教师搭建的商业银行实验环境中，通过扮演综合角色、客户经理角色、柜员角色和客户角色等来开展各项个人业务（手工技能、存款业务、银行卡业务、贷款业务、汇款业务、外汇业务、代理业务）及对公业务（存款业务、贷款业务、人民币支付结算服务业务）。通过实训演练操作，不仅深化学生对银行金融理论的理解，更加快掌握银行系统操作技能，让学生体验真正的商业银行业务流程。以电子资料的形式，对21世纪以来我国银行业操作重大操作风险及监管风险案例进行分析，凸显了强化金融监管的必要性，强调把金融风险化解在源头，不让小风险演化为大风险，不让个别风险演化为综合风险，不让局部风险演化为区域性或系统性风险。

本书封面贴有清华大学出版社防伪标签，无标签者不得销售。
版权所有，侵权必究。举报：010-62782989，beiqinquan@tup.tsinghua.edu.cn。

图书在版编目（CIP）数据

商业银行业务实训教程/陈娜编著．—2版．—北京：清华大学出版社，2023.8（2024.7重印）
21世纪经济管理新形态教材．金融学系列
ISBN 978-7-302-64345-6

Ⅰ．①商… Ⅱ．①陈… Ⅲ．①商业银行－银行业务－教材 Ⅳ．①F830.33

中国国家版本馆CIP数据核字(2023)第144623号

责任编辑：胡　月
封面设计：李召霞
责任校对：王荣静
责任印制：曹婉颖

出版发行：清华大学出版社
网　　址：https://www.tup.com.cn，https://www.wqxuetang.com
地　　址：北京清华大学学研大厦A座　　　　邮　编：100084
社 总 机：010-83470000　　　　　　　　　　邮　购：010-62786544
投稿与读者服务：010-62776969，c-service@tup.tsinghua.edu.cn
质量反馈：010-62772015，zhiliang@tup.tsinghua.edu.cn
印 装 者：天津安泰印刷有限公司
经　　销：全国新华书店
开　　本：185mm×260mm　　　印　张：16.5　　　字　数：357千字
版　　次：2017年9月第1版　2023年8月第2版　印　次：2024年7月第2次印刷
定　　价：55.00元

产品编号：095293-01

第二版前言

本书第二版将习近平新时代中国特色社会主义思想和党的二十大精神融入课堂教学中,紧密结合中国实际,更深刻地理解习近平总书记在十八届中央政治局第四十次集体学习时强调的"金融活,经济活;金融稳,经济稳""切实把维护金融安全作为治国理政的一件大事"的判断和部署,从治国理政的新高度角度进行金融风险教育和职业道德教育。本书在篇末以电子资料的形式,以河南村镇银行危机为例,对21世纪以来我国银行业操作风险及监管风险案例进行分析,突显了强化金融监管的必要性。我国银行业监管要以防范系统性金融风险为底线,加快相关法律法规建设,完善金融机构法人治理结构,加强宏观审慎管理制度建设,加强功能监管,更加重视行为监管。要科学防范金融风险,早识别、早预警、早发现、早处置,着力防范化解重点领域风险,着力整治各种金融乱象,着力加强风险源头管控,着力完善金融安全防线和风险应急处置机制。习近平总书记2019年2月22日在十九届中央政治局第十三次集体学习时的讲话特别强调:"防范化解金融风险特别是防止发生系统性金融风险,是金融工作的根本性任务。要加快金融市场基础设施建设,稳步推进金融业关键信息基础设施国产化。要做好金融业综合统计,健全及时反映风险波动的信息系统,完善信息发布管理规则,健全信用惩戒机制。要做到'管住人、看住钱、扎牢制度防火墙'。要管住金融机构、金融监管部门主要负责人和高中级管理人员,加强对他们的教育监督管理,加强金融领域反腐败力度。要运用现代科技手段和支付结算机制,适时动态监管线上线下、国际国内的资金流向流量,使所有资金流动都置于金融监管机构的监督视野之内。要完善金融从业人员、金融机构、金融市场、金融运行、金融治理、金融监管、金融调控的制度体系,规范金融运行。"

第二版另一重大特色,就是在商业银行传统业务的基础上,于第十二章引入数字人民币业务。数字人民币作为全球第一大主权数字货币,为数字中国提供最强大的货币力量支撑。本章聚焦数字货币发展历程,通过调研当前数字人民币应用场景以及在应用过程中面临的困难和问题,分析问题产生的原因,提出问题解决路径或思路,以期能探索出更好地发挥数字货币在便民惠民利民方面的价值。中国经济正在由高速增长阶段转向高质量发展阶段,以数字经济为代表的科技创新成为催生发展动能的重要驱动力。近年来,中国电子支付尤其是移动支付的快速发展,为社会公众提供了便捷高效的零售支付服务,数字人民币的出现,在提高货币品质、满足人们无纸化支付的迫切需要的同时,更能在货币监督方面发挥出很好的作用。习近平主席2020年11月21日在二十国集团领导人第十五次峰会第一阶段会议上的讲话指出,探讨制定法定数字货币标准和原则,在共同推动国际货币体系向前发展过程中,妥善应对各类风险挑战。

第二版在第一版基础上加强了"价值引领、应用拓展、思维训练、能力建构"四位一体建科模式，挖掘"爱国情怀、科学精神、职业道德、系统风险、金融创新、分析反思、社会责任感"等综合元素，实现思政、专业同向同行，有机融合。

作　者

2023 年 4 月于福州

第一版前言

本书完全按照商业银行真实的业务流程而展开。在撰写时注重核心业务的实际操作规程,让学生在一个几近真实的商业银行模拟环境中练习所学金融理论和操作技能。该项目的设计开发充分体现商业银行的综合柜员制,模拟银行的个人业务、对公业务、网上银行业务,模仿银行组织结构:总行由若干分行构成,分行由若干支行组成。由教师建立一个模拟的商业银行实验项目,并为该实验项目配置实验环境,设置实验参数,统一控制实验进程。学生在教师搭建的商业银行实验环境中,通过扮演综合角色、客户经理角色、柜员角色和客户角色来开展各项个人业务(手工技能、存款业务、银行卡业务、贷款业务、汇款业务、外汇业务、代理业务)、对公业务(存款业务、贷款业务、人民币支付结算服务业务)。学生开始实验操作之前,首先由扮演综合角色的学生进行实验准备工作,个人客户或企业客户向银行提交相关的个人业务或对公业务办理申请,由一般柜员、客户经理或综合柜员协作受理各项业务。使学生在掌握理论知识的同时熟悉银行业务的实际操作过程,改变其知识结构,培养商业银行真正需要的实用型人才,增强学生的社会就业竞争力。系统内含全面的商业银行知识库,涉及大量新的业务知识和法律规定,具体介绍现代商业银行的基本业务知识。

本书课时安排可以按48~64课时进行设置:第一章商业银行业务模拟实训环境,建议2课时;第二章商业银行手工技能实训,建议8课时;第三章个人存款业务,建议4课时;第四章个人银行卡业务,建议2课时;第五章个人贷款业务,建议4课时;第六章个人汇款业务,建议2课时;第七章个人外汇业务,建议2课时;第八章个人代理业务,建议4课时;第九章企业存款业务,建议6课时;第十章企业贷款业务,建议8课时;第十一章企业人民币支付结算业务,建议6课时。

本书的编写特别感谢福建师范大学协和学院经济与法学系的金融教研室的支持,感谢2008—2014级学生在多年商业银行业务实训课程上的共同探索研究。还有中国各股份制银行的业务介绍的资料、专家的文章都为本书写作提供了帮助,在此一并感谢。

本书是一本技能性的实训教材,随着银行业务不断更新而更新,由于作者水平有限,本书编写过程中难免会出现谬误,恳请读者不吝赐教。

作　者

2017年5月于福州

目　录

第一章　商业银行业务模拟实训环境 …… 1

第一节　实验管理 …… 1
一、环境设置 …… 1
二、学生分配 …… 4

第二节　实验控制 …… 5
一、人民币存款利率 …… 5
二、人民币贷款利率 …… 6
三、外汇存款利率 …… 6
四、外汇汇率 …… 6
五、银行会计科目 …… 7
六、银行业务代码 …… 9
七、重要空白凭证价格设置 …… 11
八、收费项目价格设置 …… 12
九、银行各项存款起存金额 …… 12
十、柜员尾箱额度设置 …… 12

第二章　商业银行手工技能实训 …… 14

第一节　点钞技能实训 …… 14
一、点钞基本要领 …… 14
二、点钞的基本环节 …… 15
三、手持式点钞法 …… 16
四、手按式点钞法 …… 19
五、扇面式点钞法 …… 21
六、扎把 …… 22

第二节　传票算技能实训 …… 23
一、传票算的训练要点 …… 23
二、训练方式 …… 24

第三节　字符录入实训 …… 24

第三章 个人存款业务 ... 25

第一节 个人存款业务操作流程 ... 26
一、个人活期储蓄开户 ... 26
二、个人活期储蓄有折存款 ... 26
三、个人活期储蓄无折存款 ... 26
四、个人活期储蓄取款 ... 26
五、个人活期储蓄转账 ... 30
六、个人活期储蓄挂失 ... 31
七、个人活期储蓄挂失解挂 ... 31
八、个人活期储蓄换折 ... 35
九、个人活期账户修改密码 ... 35
十、个人活期储蓄销户 ... 35
十一、个人整存整取 ... 35
十二、个人零存整取 ... 37
十三、个人存本取息 ... 38
十四、个人通知存款 ... 39
十五、个人定活两便 ... 42
十六、个人一本通账户 ... 43

第二节 个人存款业务实训 ... 45
一、实训目标 ... 45
二、实训任务 ... 45
三、个人存款业务操作 ... 45

第四章 个人银行卡业务 ... 67

第一节 个人银行卡业务操作流程 ... 67
一、借记卡开卡申请 ... 67
二、借记卡存现 ... 68
三、借记卡取现、转账 ... 69
四、贷记卡开卡申请 ... 69

第二节 个人银行卡业务实训 ... 71
一、实训目标 ... 71
二、实训任务 ... 71
三、个人银行卡业务操作 ... 71

第五章 个人贷款业务 ... 76

第一节 个人贷款业务操作流程 ... 76

一、个人住房贷款 ·· 76
　　二、个人综合贷款 ·· 82
　第二节　个人贷款业务实训 ·· 88
　　一、实训目标 ·· 88
　　二、实训任务 ·· 88
　　三、个人贷款业务操作 ··· 88

第六章　个人汇款业务 ··· 94

　第一节　个人汇款业务操作流程 ·· 94
　　一、人民币境内汇款及退汇 ··· 94
　　二、跨境汇款 ·· 96
　第二节　个人汇款业务实训 ·· 97
　　一、实训目标 ·· 97
　　二、实训任务 ·· 97
　　三、个人汇款业务操作 ··· 97

第七章　个人外汇业务 ··· 101

　第一节　个人外汇业务操作流程 ·· 101
　　一、结汇业务 ·· 101
　　二、售汇业务 ·· 102
　　三、套汇业务 ·· 103
　第二节　个人外汇业务实训 ·· 106
　　一、实训目标 ·· 106
　　二、实训任务 ·· 106
　　三、个人外汇业务操作 ··· 106

第八章　个人代理业务 ··· 110

　第一节　个人代理业务操作流程 ·· 110
　　一、凭证式国债 ··· 110
　　二、记账式国债 ··· 112
　　三、基金业务 ·· 115
　　四、代理缴费业务 ·· 118
　　五、代理续缴费 ··· 118
　　六、银证转账 ·· 119
　　七、个人资信证明 ·· 121
　第二节　个人代理业务实训 ·· 121
　　一、实训目标 ·· 121

二、实训任务 ··· 121
三、个人代理业务操作 ·· 122

第九章　企业存款业务 ·· 132

第一节　企业存款业务操作流程 ·· 132
一、单位活期账户 ·· 132
二、单位定期存款账户 ··· 144
三、单位通知存款账户 ··· 146
四、单位协定账户 ·· 148
五、信用证保证金账户 ··· 151
六、外汇账户 ··· 153
七、结构性存款 ··· 155
八、企业客户存款余额证明 ·· 156

第二节　企业存款业务实训 ··· 157
一、实训目标 ··· 157
二、实训任务 ··· 157
三、企业存款业务操作 ··· 157

第十章　企业贷款业务 ·· 173

第一节　企业贷款业务操作流程 ·· 174
一、普通短期融资 ·· 174
二、国内贸易融资 ·· 180
三、国际贸易融资 ·· 184
四、项目融资 ··· 187
五、房地产融资 ··· 188
六、特定担保项下融资 ··· 189
七、银团贷款 ··· 192

第二节　企业贷款业务实训 ··· 193
一、实训目标 ··· 193
二、实训任务 ··· 193
三、企业贷款业务操作 ··· 193

第十一章　企业人民币支付结算业务 ····································· 205

第一节　企业人民币支付结算业务操作流程 ··························· 206
一、银行本票 ··· 206
二、银行汇票 ··· 207
三、商业承兑汇票 ·· 212

四、信用证业务 *220*
　第二节　企业人民币支付结算业务实训 *224*
　　一、实训目标 *224*
　　二、实训任务 *224*
　　三、企业人民币支付结算业务操作 *224*

第十二章　金融科技创新下的数字人民币 240
　　一、数字人民币的意义 *240*
　　二、数字货币在中国的部署 *241*
　　三、数字人民币应用现状 *244*
　　四、数字人民币的未来应用研究 *247*

参考文献 250

附录一　企业会计科目表 251

附录二　外汇汇率实时表 251

附录三　全国个人住房贷款政策一览表 251

附录四　企业贷款业务所需清单 251

第一章 商业银行业务模拟实训环境

 思政导读

防范银行操作风险案例——必须将金融关进监管笼子

党和国家领导人在多次讲话中都强调"守住不发生区域性系统性风险底线"。党的十八届五中全会通过的《中共中央关于制定国民经济和社会发展第十三个五年规划的建议》明确提出"防止发生系统性区域性金融风险"。习近平总书记在《关于〈中共中央关于制定国民经济和社会发展第十三个五年规划的建议〉的说明》中指出,"近来频繁显露的局部风险特别是近期资本市场的剧烈波动说明,现行监管框架存在着不适应我国金融业发展的体制性矛盾。也再次提醒我们必须通过改革保障金融安全,有效防范系统性风险","坚守住不发生系统性风险的底线"。可以说,这是改革开放以来党和国家领导人首次提出防范系统性风险问题,也是第一次在中央文献中看到"防止发生系统性区域性金融风险"的提法。显然,这是在我国经济深度融入全球经济的新形势下,提醒我们在进行市场取向的改革过程中,享受改革带来的红利的同时,必须具有防范和应对系统性风险的意识。客观地说,市场经济存在周期性,从而存在隐性的系统性风险和显性的系统性风险,但系统性风险并非不能防范,更何况我国目前在防范系统性风险方面拥有许多有利条件。防范系统性风险必须将金融关进监管的笼子里。美国等发达国家在这方面积累了许多成功的经验和惨痛的教训,中国也不乏成功的经验。因此,改革开放到什么领域,监管就应跟进到该领域,改革开放到什么程度,监管就应匹配到该程度。唯有如此,重大的改革开放举措才符合全局的需要,才有利于党和国家事业的长远发展。

第一节 实验管理

一、环境设置

1. 设置银行体系(见表1.1)

表 1.1 银 行 体 系

银行体系	总行信息	设置总行基本信息,选择总行所在的省份、城市,填写其所在地址、相关介绍,包括名称、级别、库存现金信息等
	网点城市	查看、设置商业银行分布网点(分行、支行)所在的城市。选择网点所在的省份、城市,填写其所在地址、相关介绍,包括名称、级别、库存现金信息等
	网点编号	查看、设置商业银行总行、分行、支行的网点编号及其他信息,一般采用级别编号和地区编号相结合
	柜员权限	查看、分配各级别的银行所属柜员的业务受理权限。权限包括对公业务、对私业务和综合业务三种。对私业务:柜员只能处理个人存款业务、个人银行卡业务、个人贷款业务、个人汇款业务、个人外汇业务以及代理等业务。对公业务:客户经理只能处理企业存款业务、企业贷款业务以及人民币支付结算服务等业务
	临时签退	柜员还在上班时间,因个人原因需要暂时离开操作计算机,需要临时签退
	网点开关机	综合柜员设置营业网点准备、开机、关机。综合柜员在设置银行信息、网点城市、网点编号、柜员权限、资金调拨、凭证调拨、外汇汇率、手续费、交易额度、尾箱额度等信息后,才能进行网点开机(也就是该组实验开启),柜员开始受理客户提交的业务

2. 设置金融信息(见表 1.2)

表 1.2 金融信息(参见中国人民银行实时报价)

金融信息	人民币存款利率	由总行设置人民币存款利率,分行、支行可查看该信息
	人民币贷款利率	由总行设置人民币贷款利率,分行、支行可查看该信息
	外汇存款利率	设置外汇存款利率
	外汇贷款利率	设置外汇贷款利率
	国债利率	设置国债利率
	外汇汇率	设置外汇汇率
	个人利息税税率	设置个人利息税税率
	基金证券变化率	设置基金证券变化率

教师首先需要建立一个模拟的商业银行实验项目,并为该实验项目配置实验环境,架设商业银行组织结构,设置币种数据、利率、外汇、住房公积金、个人利息税税率、事件发生率等实验参数。通过准备实验的操作,让学生深入了解商业银行的设置和银行网点在营业前所需做的所有准备工作;了解银行内部综合权限和部分权限业务的分配;上级银行和下级银行之间的资金调配等。

3. 设置银行基础（见表1.3）

表1.3 银行基础

银行基础	资金管理	在系统模拟实验环境中，各分行的库存资金由总行调配，各支行的库存资金由分行调配。在该模块中，分行可向总行申请调拨资金，也可以主动将银行资金上调至总行；支行可向总行或分行申请调拨资金，也可以主动将银行资金上调至总行或支行。同时，上一级别银行可查看下一级别银行的资金信息。上级行调拨给下级行的资金不能大于库存金额
	重要空白凭证管理	由总行统一印制各类业务凭证，然后将各类业务凭证统一调拨至所属各分行，各分行再向所属支行调拨业务凭证。调拨凭证数量，指总行向分行、分行向支行调拨凭证的实际数量。由总行统一设置相关凭证价格
	外汇汇率	由总行统一设置外汇汇率信息，同时设定银行外汇汇率的浮动率
	手续费用设置	设置各类对公业务、个人业务的手续费，包括一般收费、最低收费和最高收费
	购买凭证价格设置	设置现金支票、转账支票、汇票申请书、本票申请书、商业汇票等几类重要空白凭证的购买价格
	银行卡设置	设置该商业银行经营的银行卡信息
	交易额度设置	设置各项对公业务、个人业务的交易额度，包括个人活期起存金额、个人活期最大支取金额、个人整存整取起存金额、个人零存整取起存金额、个人教育储蓄起存金额、个人存本取息起存金额、个人通知存款起存金额、个人通知存款最低支取金额、个人定活两便起存金额、企业活期起存金额、企业活期最大支取金额、企业定期起存金额、单位通知存款起存金额、单位通知存款最低支取金额、单位协定存款最低约定额度等
	尾箱额度设置	设置柜员尾箱中的票面额度

4. 设置客户信息（见表1.4）

表1.4 客户管理

客户管理	客户资料	查看银行个人客户、企业客户的资料
	考核设置	从信用履约评价、偿债能力评价、盈利能力评价、经营及发展能力评价、综合评价、特殊加分、特殊扣分等方面，对银行个人客户和企业客户进行考核
	信用等级设置	设置信用等级，是企业客户和个人客户向银行贷款时是否批准的参考条件
	客户评分明细管理	对企业或个人客户的评分明细项进行管理

5. 设置信贷部门（见表1.5）

表1.5 信贷部门

信贷部门	基准利率和公积金贷款率	设置、查看基准利率和公积金贷款率
	贷款利率	设置、查看个人贷款利率、企业贷款利率
	信贷试卷	设置贷款贷前问题，并设计贷前问卷
	个人贷款	企业针对客户的住房贷款或综合消费贷款请求，进行调查、评价、审批，最后签订贷款合同
	企业贷款	对企业提出的一般贷款申请、提前还贷申请、行内银团贷款申请、账户透支申请进行处理

6. 设置银行中间业务（见表1.6）

表1.6 中间业务

中间业务	银行代理项目设置	设置、查看银行代收、代付的业务项目
	银行代理国债设置	设置、查看银行代理的国债信息
	基金列表设置	添加、查看封闭型基金或开放基金业务
	人民币汇款	显示人民币汇款汇入或汇出信息
	商业承兑汇票（付款行）	显示付款行为银行的商业承兑汇票信息
	商业承兑汇票（收款行）	显示收款行为银行的商业承兑汇票信息
	银行承兑汇票（付款行）	显示付款行为银行的银行承兑汇票信息
	银行承兑汇票（收款行）	显示收款行为银行的银行承兑汇票信息

7. 设置会计系统（见表1.7）

表1.7 会计系统

会计系统	开户登记簿	显示客户的开户申请记录
	销户登录簿	显示客户销户的记录
	挂失解挂登记簿	显示客户挂失解挂的登记信息
	重要空白凭证登记簿	显示柜员领取重要空白凭证的记录
	银行会计科目余额表	查看银行会计科目余额表
	资产负债表	查看银行资产负债表
	利润表	查看银行利润表
	会计科目表	查看会计科目表
	银行会计科目	查看银行会计科目

二、学生分配

在环境设置操作完成之后，要对实验班级所有学生进行角色分配：一个银行必须分配一个综合角色、一个柜员角色和一个客户经理，并且综合角色只能有一个，柜员和客户经理角色可以有多个。在此基础上，学生才能开展对公业务、个人业务等的实训模拟。一般以10~15人为一个团队组建一个实验体系：总行一名综合角色、一名柜员；分行一名综合角色、一名柜员；支行一名综合角色、两名柜员、两名客户经理、两名个人客户、两名企业客户。

设定各级银行业务操作岗位的权限日常管理。

（1）设置专门的部门管理业务柜员、岗位和权限工作遵循集中控制、分级管理的原则，依据系统功能，分支机构通过参数方式正确设置柜员、岗位和业务操作权限，做好柜员的签发、补发、调整、删除、停用、启用等管理。

（2）业务处理按照"事权划分、事中控制"的原则，一个业务人员在同一系统中只能有一个账号和密码。

（3）总行、分行、支行综合角色负责制定业务柜员管理办法，各分行人力资源及相关业务部门按照岗位设置权限，分别行使管理职责。综合柜员在设置银行信息、网点城市、网点编号、柜员权限、资金调拨、凭证调拨、外汇汇率、手续费、交易额度、尾箱额度等信息后，才能进行网点开机（也就是该组实验开启），柜员开始受理客户提交的业务。

（4）柜员签发、管理与监督以人力资源和主管业务部门为主，相关业务部门配合。业务部门对柜员申请人的资格条件进行初审，人力资源部对柜员资格条件进行复审，共同完成柜员的签发、调整、补发等日常工作。业务柜员的密码应不定期更换，每次更换间隔最长不得超过规定的天数，否则系统将拒绝其进行业务操作。密码不应以本人及近亲生日或其他较易破译的数字设置。输入密码必须注意保密，其他人员要自觉回避。业务人员在同一个柜员签发行内调动工作，仍从事系统上机操作工作，需要柜员签发行对其柜员岗位权限内容进行调整；如调动范围在其柜员签发行的管辖范围外，则注销原来岗位系统柜员，重新签发在新的工作单位柜员。因临时离岗、学习休假、岗位变动等原因引起的暂时离岗，要按照规定办理，经业务主管批准，把柜员的状态改为待启用状态。

（5）总行及分行不对外经营存贷款等基础性业务，基础性业务由支行经营。

第二节 实验控制

一、人民币存款利率

金融机构人民币存款基准利率依照2023年6月8日调整的最新数据（见表1.8）作为实训的技术条件。

表1.8 金融机构人民币存款基准利率（年利率：%）

项 目	利 率	
	2015年8月26日	2023年6月8日
一、活期存款	0.35	0.20
二、定期存款		
（一）整存整取		
三个月	1.35	1.25
半 年	1.55	1.45
一 年	1.75	1.65
二 年	2.35	2.05
三 年	3.00	2.45
五 年		2.50
（二）零存整取、整存零取、存本取息		
一 年	1.35	1.25
三 年	1.55	1.45
五 年		1.45
（三）定活两便	按一年以内定期整存整取同档次利率打六折执行	按一年以内定期整存整取同档次利率打六折执行
三、协定存款	1.15	0.90
四、通知存款		
一 天	0.80	0.45
七 天	1.35	1.00
五、个人住房公积金存款		

续表

项 目	利率	
	2015年8月26日	2023年6月8日
当年缴存	0.35	1.5
上年结转	1.35	1.5

二、人民币贷款利率

金融机构人民币贷款基准利率依照2015年10月调整的最新数据(见表1.9)作为实训的技术条件。

表1.9 金融机构人民币贷款基准利率(年利率:%)

项 目	利率	
	2015年8月26日	2015年10月24日
一、短期贷款		
一年以内(含一年)	4.60	4.35
二、中长期贷款		
一至五年(含五年)	5.00	4.75
五年以上	5.15	4.90
三、个人住房公积金贷款		
五年以下(含五年)	2.75	2.75
五年以上	3.25	3.25

三、外汇存款利率

现行小额外币存款利率依照2022年6月29日调整的最新数据(见表1.10)作为实训的技术条件。

表1.10 现行小额外币存款利率水平表(年利率:%)

货币	活期	七天通知	一个月	三个月	六个月	一年	两年
美元	0.0500	0.0500	0.0200	0.3000	0.5000	0.8000	0.8000
英镑	0.0100	0.0100	0.0500	0.0500	0.1000	0.1000	0.1000
欧元	0.0001	0.0001	0.0001	0.0001	0.0001	0.0001	0.0001
日元	0.0001	0.0001	0.0001	0.0001	0.0001	0.0001	0.0001
港币	0.0100	0.0100	0.1000	0.2000	0.4000	0.7000	0.7000
加拿大元	0.0100	0.0100	0.0100	0.0500	0.1500	0.2500	0.2500
瑞士法郎	0.0001	0.0001	0.0001	0.0001	0.0001	0.0001	0.0001
澳大利亚元	0.0100	0.0100	0.0500	0.0500	0.1000	0.1500	0.1500
新加坡元	0.0001	0.0005	0.0100	0.0100	0.0100	0.0100	0.0100

四、外汇汇率

我国实行以市场供求为基础、参考"一篮子"货币进行调节、有管理的浮动汇率制度。包括三个方面的内容：一是以市场供求为基础的汇率浮动，发挥汇率的价格信号作用；二是根据经常项目主要是贸易平衡状况动态调节汇率浮动幅度，发挥"有管理"的优势；三是参考"一篮子"货币，即从"一篮子"货币的角度看汇率，不片面地关注人民币与某个单一货币的双边汇率。现行汇率水平按照2023年4月6日报价（见表1.11），截取部分主要外汇的汇率。

表 1.11 汇率水平表（2023.06.12）   单位：百元人民币

货币名称	现汇买入价	现钞买入价	现汇卖出价	现钞卖出价	中行折算价
澳大利亚元	480.39	465.46	483.92	486.07	480.32
加拿大元	533.53	516.69	537.47	539.84	533.91
欧元	765.55	741.76	771.2	773.68	765.4
英镑	895.42	867.6	902.02	906.01	895.72
港币	90.94	90.22	91.3	91.3	90.86
日元	5.1036	4.945	5.1411	5.1491	5.1101
卢布	8.51	8.12	8.85	9.24	8.63
新加坡元	529.97	513.61	533.69	536.35	530.09
泰国铢	20.54	19.9	20.7	21.36	20.58
美元	713.01	707.21	716.03	716.03	712.12

五、银行会计科目

商业银行会计作为会计体系中的一个独立分支，也是金融企业会计的重要组成部分。它是以货币银行学为理论基础，运用会计的基本原理和基本方法，以货币为主要计量单位，对商业银行的业务和财务活动进行核算、监督、分析和考核的一门专业会计。表1.12所示为最新的银行会计科目表。

表 1.12 银行会计科目表

编号	名称	适用范围	编号	名称	适用范围
1001	库存现金	资产类	1202	出口押汇	资产类
1002	银行存款	资产类	1211	议付信用证款项	资产类
1003	贵金属	资产类	1221	特定贷款	资产类
1101	存放中央银行款项	资产类	1222	转贷款	资产类
1111	存放银行同业	资产类	1231	贴现	资产类
1112	存放境外同业	资产类	1241	买入外币票据	资产类
1113	存放系统内款项	资产类	1251	协议透支	资产类
1115	存放中央银行特种存款	资产类	1401	逾期贷款	资产类
1121	拆放同业	资产类	1402	非应计贷款	资产类
1122	系统内借出	资产类	1404	贷款损失准备	资产类
1131	短期贷款	资产类	1411	应收利息	资产类
1132	中期贷款	资产类	1441	拨付营运资金	资产类
1133	长期贷款	资产类	1442	拨付周转金	资产类
1134	银团贷款	资产类	1451	存出保证金	资产类
1135	银团贷款出资额	资产类	1501	短期投资	资产类
1201	进口押汇	资产类	1505	短期投资跌价准备	资产类

续表

编号	名称	适用范围	编号	名称	适用范围
1511	长期债券投资	资产类	2202	开出本票	负债类
1601	暂付款	资产类	2203	应解汇款及临时存款	负债类
1611	其他应收款	资产类	2204	保证金存款	负债类
1621	坏账准备	资产类	2211	发行债券	负债类
1701	固定资产	资产类	2221	应付利息	负债类
1702	累计折旧	资产类	2231	应付工资	负债类
1705	固定资产减值准备	资产类	2232	应付福利费	负债类
1711	在建工程	资产类	2241	应交税金	负债类
1715	在建工程减值	资产类	2242	应付利润	负债类
1721	固定资产清理	资产类	2245	暂收款	负债类
1801	无形资产	资产类	2246	其他应交款	负债类
1805	无形资产减值准备	资产类	2247	其他应付款	负债类
1811	待摊费用	资产类	2251	拨入营运资金	负债类
1815	未确认融资费用	资产类	2252	费用周转金	负债类
1821	长期待摊费用	资产类	2261	预提费用	负债类
1901	待处理抵债资产	资产类	2271	递延收益	负债类
1905	抵债资产减值准备	资产类	2281	预计负债	负债类
1911	待处理财产损益	资产类	2301	委托资金	负债类
1921	委托贷款及投资	资产类	2311	代理业务资金	负债类
1931	代理业务占款	资产类	2321	长期应付款	负债类
1961	其他资产	资产类	2331	其他负债	负债类
2101	活期存款	负债类	2341	递延税款	负债类
2105	定期存款	负债类	3101	联行往来	资产负债共同类
2107	通知存款	负债类	3111	辖内往来	资产负债共同类
2111	活期储蓄存款	负债类	3121	资金调拨	资产负债共同类
2112	定期储蓄存款	负债类	3131	同城票据清算	资产负债共同类
2121	基金存款	负债类	3201	外汇买卖	资产负债共同类
2123	银行卡存款	负债类	3211	外汇营运资金	资产负债共同类
2125	特种存款	负债类	3301	其他资金往来款项	资产负债共同类
2131	向中央银行借款	负债类	4121	盈余公积	所有者权益类
2135	票据融资	负债类	4131	一般准备	所有者权益类
2141	银行同业存款	负债类	4141	本年利润	所有者权益类
2142	非银行同业存款	负债类	4151	利润分配	所有者权益类
2143	境外同业存款	负债类	5101	利息收入	损益类
2151	同业拆入	负债类	5102	中间业务收入	损益类
2155	系统内存放	负债类	5103	金融企业往来收入	损益类
2161	证券公司转存款	负债类	5201	投资收益	损益类
2171	系统内借入	负债类	5211	汇总损益	损益类
2181	银团贷款拨来资金	负债类	5221	其他营业收入	损益类
2191	转贷款资金	负债类	5231	贵金属买卖损益	损益类
2195	回购证券款	负债类	5301	营业外收入	损益类
2201	汇出汇款	负债类	5401	利息支出	损益类

续表

5402	金融企业往来支出	损益类	6121	抵押及质押品	表外科目
5403	手续费支出	损益类	6131	未收贷款利息	表外科目
5501	业务及管理费	损益类	6141	代保管有价值品	表外科目
5502	折旧费用	损益类	6201	期付款项	表外科目
5503	资产损失	损益类	6211	应负责任	表外科目
5505	增值税金	损益类	6231	未发行债券	表外科目
5507	其他营业支出	损益类	6241	开出银行承兑汇票	表外科目
5601	营业外支出	损益类	6251	开出信用证	表外科目
5701	所得税	损益类	6261	开出保证凭信	表外科目
5801	以前年度损益调整	损益类	6271	有价单证	表外科目
6101	期收款项	表外科目	6281	重要空白凭证	表外科目
6111	应有权益	表外科目			

六、银行业务代码

银行业务按照业务种类设置其代码,柜员应该熟悉各主要相关代码。

1. 对私业务（见表1.13）

表1.13 对私业务代码

业务类型	编号	业务名称	业务类型	编号	业务名称
个人存款业务	0001	个人活期储蓄开户	个人存款业务	0026	个人零存整取挂失解挂
个人存款业务	0002	个人活期储蓄有折存款	个人存款业务	0029	个人零存整取换折
个人存款业务	0003	个人活期储蓄无折存款	个人存款业务	0030	个人零存整取修改密码
个人存款业务	0004	个人活期储蓄取款	个人存款业务	0031	个人零存整取取款销户
个人存款业务	0005	个人活期储蓄转账	个人存款业务	0032	个人存本取息开户存款
个人存款业务	0007	个人活期储蓄正式挂失	个人存款业务	0033	个人存本取息取款
个人存款业务	0008	个人活期储蓄正式挂失解挂	个人存款业务	0034	个人存本取息挂失
个人存款业务	0009	个人活期储蓄换折	个人存款业务	0035	个人存本取息挂失解挂
个人存款业务	0011	个人活期储蓄销户	个人存款业务	0038	个人存本取息换折
个人存款业务	0012	个人整存整取开户存款	个人存款业务	0039	个人存本取息修改密码
个人存款业务	0013	个人整存整取提前支取	个人存款业务	0040	个人存本取息取款销户
个人存款业务	0014	个人整存整取口头挂失	个人存款业务	0041	个人教育储蓄开户存款
个人存款业务	0015	个人整存整取口头挂失解挂	个人存款业务	0042	个人教育储蓄提前支取
个人存款业务	0016	个人整存整取正式挂失	个人存款业务	0044	个人教育储蓄挂失
个人存款业务	0017	个人整存整取正式挂失解挂	个人存款业务	0045	个人教育储蓄挂失解挂
个人存款业务	0018	个人整存整取换单	个人存款业务	0048	个人教育储蓄换折
个人存款业务	0019	个人整存整取修改密码	个人存款业务	0049	个人教育储蓄修改密码
个人存款业务	0020	个人整存整取转存	个人存款业务	0050	个人教育储蓄销户
个人存款业务	0021	个人整存整取取款销户	个人存款业务	0051	个人通知存款开户存款
个人存款业务	0022	个人零存整取开户存款	个人存款业务	0052	个人通知存款取款通知
个人存款业务	0023	个人零存整取提前支取	个人存款业务	0053	个人通知存款取款通知提前取款
个人存款业务	0025	个人零存整取挂失	个人存款业务	0054	个人通知存款取款

续表

业务类型	编号	业务名称	业务类型	编号	业务名称
个人存款业务	0055	个人通知存款未通知取款	个人贷款业务	0094	个人住房发放贷款
个人存款业务	0056	个人通知存款挂失	个人贷款业务	0095	个人住房贷款转账还款
个人存款业务	0057	个人通知存款挂失解挂	个人贷款业务	0096	个人住房贷款现金还款
个人存款业务	0060	个人通知存款换单	个人贷款业务	0097	个人住房贷款转账逾期还款
个人存款业务	0061	个人通知存款修改密码	个人贷款业务	0098	个人住房贷款现金逾期还款
个人存款业务	0062	个人通知存款取款销户	个人贷款业务	0100	个人住房贷款转账提前还款
个人存款业务	0063	个人定活两便开户存款	个人贷款业务	0101	个人住房贷款现金提前还款
个人存款业务	0064	个人定活两便挂失	个人结算业务	0263	人民币汇款
个人存款业务	0065	个人定活两便挂失解挂	个人结算业务	0264	人民币汇款通知
个人存款业务	0068	个人定活两便换单	个人结算业务	0265	人民币退汇
个人存款业务	0069	个人定活两便修改密码	个人结算业务	0266	借记卡开卡申请
个人存款业务	0070	个人定活两便取款销户	个人结算业务	0267	借贷记卡存现
个人存款业务	0071	个人一本通开户	个人结算业务	0269	借贷记卡取现
个人存款业务	0072	个人一本通开存	个人结算业务	0270	借贷记卡口头挂失申请
个人存款业务	0074	个人一本通取款	个人结算业务	0271	借贷记卡口头解挂申请
个人存款业务	0075	个人一本通转账	个人结算业务	0274	借贷记卡正式挂失申请
个人存款业务	0076	个人一本通转定期存单	个人结算业务	0275	借贷记卡正式解挂申请
个人存款业务	0077	个人一本通口头挂失	个人结算业务	0276	借贷记卡取款销户
个人存款业务	0078	个人一本通口头挂失解挂	个人结算业务	0278	借贷记卡挂失取款销户
个人存款业务	0079	个人一本通正式挂失	个人代理业务	0142	凭证式国债现金买入业务
个人存款业务	0080	个人一本通正式挂失解挂	个人代理业务	0143	凭证式国债兑付现金业务
个人存款业务	0081	个人一本通挂失换折	个人代理业务	0144	记账式国债债券托管账户开户
个人存款业务	0082	个人一本通修改密码	个人代理业务	0145	记账式国债债券买入业务
个人存款业务	0083	个人一本通取款销户	个人代理业务	0146	记账式国债债券卖出业务
个人存款业务	0136	个人储蓄卡转账	个人存款业务	0147	记账式国债债券托管账户销户
个人贷款业务	0084	个人综合贷款开户	个人代理业务	0148	基金开户
个人贷款业务	0085	个人综合贷款发放贷款	个人代理业务	0149	基金认(申)购
个人贷款业务	0086	个人综合贷款转账还款	个人代理业务	0150	基金赎回
个人贷款业务	0087	个人综合贷款现金还款	个人代理业务	0151	银行活期存折转入证券资金账户
个人贷款业务	0088	个人综合贷款转账逾期还款	个人代理业务	0164	代理缴费业务申请
个人贷款业务	0089	个人综合贷款现金逾期还款	个人代理业务	0165	代理续缴费
个人贷款业务	0091	个人综合贷款转账提前还款	个人外汇业务	0177	结汇
个人贷款业务	0092	个人综合贷款现金提前还款	个人外汇业务	0178	售汇
个人贷款业务	0093	个人住房贷款开户	个人外汇业务	0179	套汇

2. 对公业务（见表1.14）

表1.14 对公业务代码

业务类型	编号	业务名称	业务类型	编号	业务名称
单位存款业务	0102	单位基本账户开户	单位存款业务	0104	单位基本账户取款
单位存款业务	0103	单位基本账户现金存款	单位存款业务	0105	单位基本账户转账

续表

业务类型	编号	业务名称	业务类型	编号	业务名称
单位存款业务	0106	单位基本账户销户	单位存款业务	0244	单位通知存款转账开户存款
单位存款业务	0107	单位一般账户开户	单位存款业务	0253	企业协议存款转账开户（基础账户）
单位存款业务	0109	单位一般账户转账	单位存款业务	0259	信用证保证金账户转账开户
单位存款业务	0110	单位一般账户销户	单位存款业务	0261	企业协议存款现金开户（其他账户）
单位存款业务	0111	单位临时账户开户	单位存款业务	0262	企业协议存款转账开户（其他账户）
单位存款业务	0112	单位临时账户转账	单位贷款业务	0268	发放单位一般贷款
单位存款业务	0113	单位临时账户销户	单位贷款业务	0277	行内银团贷款
单位存款业务	0114	单位专用账户开户	单位贷款业务	0279	企业账户透支贷款
单位存款业务	0115	单位专用账户现金存款	单位贷款业务	0280	企业一般贷款还款
单位存款业务	0116	单位专用账户取款	单位贷款业务	0281	企业银团贷款还款
单位存款业务	0117	单位专用账户销户	单位贷款业务	0282	企业账户透支还款
单位存款业务	0118	单位定期存款现金开户	单位贷款业务	0283	企业一般账户提前还款
单位存款业务	0119	单位定期存款提前支取	支付结算业务	0152	银行本票签发业务
单位存款业务	0120	单位定期存款取款销户	支付结算业务	0153	银行本票兑付业务
单位存款业务	0121	单位通知存款现金开户	支付结算业务	0154	银行本票结清业务
单位存款业务	0122	单位通知存款取款通知	支付结算业务	0155	银行汇票签发业务
单位存款业务	0123	单位通知存款取款	支付结算业务	0156	银行汇票兑付业务
单位存款业务	0124	单位通知存款取款销户	支付结算业务	0157	银行汇票结清业务
单位存款业务	0125	单位协定账户开户	支付结算业务	0158	商业承兑汇票委托收款业务
单位存款业务	0127	单位协定账户支取	支付结算业务	0159	商业承兑汇票付款业务
单位存款业务	0128	单位协定账户结息	支付结算业务	0160	商业承兑汇票拒付业务
单位存款业务	0129	单位协定账户销户	支付结算业务	0161	银行承兑汇票委托承兑业务
单位存款业务	0130	信用证保证金账户开户	支付结算业务	0162	银行承兑汇票委托收款业务
单位存款业务	0131	信用证保证金账户存款	支付结算业务	0163	银行承兑汇票到期兑现业务
单位存款业务	0132	信用证保证金账户减少	支付结算业务	0284	企业信用证开证申请
单位存款业务	0133	信用证保证金账户退回	支付结算业务	0285	企业议付委托申请
单位存款业务	0234	单位定期转账存款开户存款			

七、重要空白凭证价格设置

重要空白凭证购买价格设置，见表1.15。

表1.15 重要空白凭证购买价格

空白凭证	价格
现金支票	10元/本
转账支票	10元/本
汇票申请书	20元/本
本票申请书	20元/本
商业汇票	20元/本

八、收费项目价格设置

银行业务收费项目价格设置,依照中国银行 2017 年最新数据,见表 1.16。

表 1.16　收费项目价格

收费项目	一般收费(元)	最低收费(元)	最高收费(元)
开户工本费	10.00	10.00	10.00
银行异地取款手续费(每笔取款金额的百分比)	0.05%	1.00	50.00
银行异地汇款手续费(每笔汇款金额的百分比)	0.05%	1.00	50.00
票据挂失止付,按票面金额千分比收取手续费	0.50‰	10.00	100.00
托收手续费(托收金额的百分比)	0.80%	50.00	800.00
信用证开证手续费(按开证金额的千分比)	0.50‰	8.00	50.00
信用证修改手续费	10.00	8.00	50.00
信用证通知手续费	20.00	15.00	80.00
信用证修改通知手续费	50.00	20.00	800.00
信用证议付手续费(按议付单据金额的百分比收取)	50.00	20.00	180.00
国债开户手续费	50.00	50.00	100.00
国债转托管业务手续费	50.00	40.00	85.00
国债非交易过户业务手续费	50.00	30.00	80.00

九、银行各项存款起存金额

银行各项存款起存金额,根据中国银行 2017 年 4 月 6 日最新数据设置,见表 1.17。

表 1.17　银行各项存款起存金额　　　　　　　　　　　　　　单位:元

存款项目	金额
个人活期起存金额	1
个人活期最大支取金额	50 000,超过需要提前预约支取
个人整存整取起存金额	50
个人通知存款起存金额	50 000
个人通知存款最低支取金额	50 000
个人定活两便起存金额	50
企业活期起存金额	0
企业活期最大支取金额	50 000,超过需要提前预约支取
企业定期起存金额	10 000
单位通知存款起存金额	500 000
单位协定存款最低约定额度	100 000

十、柜员尾箱额度设置

柜员尾箱各面值之比额度设置,根据中国银行 2017 年制度设置,见表 1.18。

表1.18　柜员尾箱额度设置

单位：张

面值	额 度 设 置
100元	1 000
50元	100
20元	100
10元	100
5元	100
2元	50
1元	50
5角	50
2角	50
1角	50

注：尾箱最小额度100 000.00元,最大额度1 000 000.00元

第二章 商业银行手工技能实训

第一节 点钞技能实训

一、点钞基本要领

柜员在办理现金的收付与整点时,要做到准、快、好。准是指练功券清点不错不乱、准确无误。"快"是指在准的前提下,加快点钞速度,提高工作效率。"好"就是清点的练功券要符合"五好钱捆"的要求。"准"是做好现金收付和整点工作的基础与前提,"快"和"好"是银行加速货币流通、提高服务质量的必要条件。学习点钞,首先要掌握基本要领,其对于任何一种方法都适用,大致可概括为以下几点。

1. 放松肌肉

点钞时,两手各部位的肌肉要放松。肌肉放松,能够使双手活动自如、动作协调,并减轻劳动强度。否则,会使手指僵硬,动作不准确,既影响点钞速度,又消耗体力。正确的姿势是,肌肉放松,双肘自然放在桌面上,持票的左手手腕接触桌面,右手腕稍抬起。

2. 练功券要蹾齐

需清点的练功券必须清理整齐、平直,这是准确点钞的前提。练功券不齐,则不易数清。对折角、弯折、揉搓过的练功券要将其弄直、抹平;明显破裂、质软的练功券要先挑出来。清理好后,将练功券在桌面上蹾齐。

3. 开扇均匀

练功券清点前,将票面打开成扇形,使得练功券有一个坡度,便于捻动。开扇均匀是指每张练功券的间隔距离必须一致,从而在捻钞过程中不易夹张。因此,扇面开得是否均匀,决定着点钞是否准确。

4. 手指触面要小

手工点钞时,捻钞的手指与练功券的接触面要小。如果手指接触面大,手指往返动作的幅度会随之增大,从而使手指频率减慢,影响点钞速度。

5. 动作连贯

点钞时各个动作之间相互连贯是加快点钞速度的必要条件之一。动作连贯包括两方面的要求：一是指点钞过程的各个环节必须紧张协调、环环扣紧。如点完100张蹾齐练功券后，左手持票，右手取腰条纸，同时左手的练功券跟上去，迅速扎好小把；在右手放票的同时，左手取另一把练功券准备清点，而右手顺手沾点钞蜡清点等。这样使扎把和持票及清点各环节紧密地衔接起来。二是指清点时的各个动作要连贯，即第一组动作和第二组动作之间，要尽量缩短和不留空隙时间，当第一组的最后一个动作即将完毕时，第二组动作的连续性，比如用手持式四指拨动点钞法清点时，当第一组的食指捻下第四张练功券时，第二组动作的小指要迅速跟上，不留空隙。这就要求在清点时双手动作协调，清点动作均匀，切忌忽快忽慢、忽多忽少。另外，在清点中尽量减少不必要的小动作、假动作，以免影响动作的连贯性和点钞速度。

6. 点、数协调

点和数是点钞过程的两个重要方面，这两个方面要相互配合、协调一致。点的速度快、记数跟不上，或点的速度慢、记数过快，都会造成点钞不准确，甚至造成差错。所以点和数必须一致，这是准确点钞的前提条件之一。为了使两者紧密结合，记数通常采用分组法。单指单张以十为一组记数，多指多张以清点的张数为一组记数，使点和数的速度能基本吻合。同时记数通常要用脑子记，尽量避免用口数。

二、点钞的基本环节

点钞是从一个连续、完整的过程，包括拆把持钞、清点、记数、蹾齐、扎把、盖章等环节。要加速点钞速度，提高点钞水平，必须把各个环节的工作做好。

1. 拆把持钞

成把清点时，首先需将腰条纸拆下。拆把时可将腰条纸脱去，保持其原状，也可将腰条纸用手指钩断。通常初点时采用脱去腰条纸的方法，以便复点时发现差错进行查找，复点时一般将腰条纸钩断。持钞的速度快慢、姿势是否正确，也会影响点钞速度。要注意每一种点钞的持钞方法。

2. 清点

清点是点钞的关键环节。清点的速度和准确性直接关系到点钞的准确与速度。因此，要勤学苦练清点基本功，做到清点既快又准。在清点过程中，还需将损伤券按规定标准剔出，以保持流通中票面的整洁。如该把练功券中夹杂着其他版面的练功券，应将其挑出。在点钞过程中如发现差错，应将差错情况记录在原腰条纸上，并把原腰条纸放在练功券上面一起扎把，不得将其扔掉，以便事后查明原因，另做处理。

3. 记数

记数也是点钞的基本环节，与清点相辅相成。在清点准确的基础上，必须做到记数准确。

4. 蹾齐

练功券清点完毕扎把前,先要将练功券蹾齐,以便扎把保持练功券外观整齐美观。练功券蹾齐要求四条边水平,不露头或不呈梯形错开,抚平卷角。蹾齐时双手松拢,先将练功券竖起,双手将练功券捏成瓦形在桌面上蹾齐,再将练功券横立并将其捏成瓦形在桌面上蹾齐。

5. 扎把

每把练功券清点完毕后,要扎好腰条纸。腰条纸要求扎在练功券的1/2处,左右偏差不得超过2厘米。同时要求扎紧,以提起任一张练功券不被抽出为准。

6. 盖章

盖章是点钞过程的最后一环,在腰条纸上加盖点钞员名章,表示对此把练功券的质量、数量负责,所以每个柜员点钞后均要盖章,而且图章要盖得清晰,以看得清行号、姓名为准。

三、手持式点钞法

(一)手持式单指单张点钞法

手持式单指单张点钞是一种适用面较广的点钞方法。可用于收款、付款和整点各种新旧大小练功券。这种点钞方法的优点是持票人持票所占的票面较小,视线可及票面的3/4,容易发现假票,挑剔残破券也较方便。手持式单指单张点钞法的具体操作如下。

1. 拆把持钞

拆把的方法有两种。

第一种:持把时左手拇指在练功券正面的左端,约在票面的1/4处,食指和中指在练功券背面与拇指一起捏住练功券,无名指和小指自然弯曲;捏起练功券后,无名指和小指伸向票前压住练功券的左下方,中指弯曲稍用力,与无名指和小指夹住练功券;食指伸直,拇指向上移动按住练功券的侧面将练功券压成瓦形,并使左手手心向下,然后用右手脱去练功券上的腰条。同时左手将练功券往桌面上轻轻擦,拇指借用桌面的摩擦力将练功券向上翻成微型票面。右手的拇指、食指、中指蘸点钞蜡做点钞准备。从上面可以看出,这种拆把方法不撕断纸条便于保留原纸条查看图章。这种拆把方法通常用于初点现金。

第二种:练功券横执,正面朝着身体,用左手的中指和无名指夹住票面的左上角,拇指按住练功券上边沿处,食指伸直,中指稍用力,把练功券放在桌面上,并使左端翘起成瓦形,然后用左手食指向前伸钩断腰条纸并抬起食指使腰条自然落在桌面上,左手大拇指翻起钞票同时用力向外推使练功券成微型扇面,右手拇指、食指、中指蘸点钞蜡,做好点钞准备。这种方法的特点是左右手可同时操作,拆把速度快,但腰条纸钩断后不能再使用。这种拆把方法通常用于复点现金。

拆把过程中的持钞方法除了上面介绍的以外,还可以用另外一种方法:练功券横执,练功券的反面朝着身体。用左手中指和无名指夹住练功券的左端中间,食指和中指在前面,中指弯曲,食指伸直,无名指和小指放在练功券后面并自然弯曲。左手拇指在钞票下边沿后侧约占票面的 1/3 处用力将练功券向上翻起呈瓦形,使练功券正面朝向身体,并用拇指捏住钞票里侧边缘向外推,食指协助拇指,使钞票打开呈微扇形状。

2. 清点

拆把后,左手持钞稍斜,正面对胸前,右手捻钞。捻钞从右上角开始,用右手拇指尖向下捻动钞票的右上角,拇指不要抬得太高,动作的幅度也不宜太大,以免影响速度。食指在钞票背面托住少量钞票配合拇指工作,随着钞票的捻出要向前移动,以及时托住另一部分练功券。无名指将捻下来的钞票往怀里方向弹,每捻下一张弹一次,要注意轻点快弹;中指跷起不要触及票面,以免妨碍无名指动作,在清点中拇指上的点钞蜡用完可向中指沾一下便可点完 100 张。同时,左手大拇指也要配合动作,当右手将练功券下捻时,大拇指要随即向后移动,并用指尖向外推动练功券,以利捻钞时下钞均匀。在这一环节中,要注意右手拇指捻钞时,主要负责将练功券捻开,下钞主要靠无名指弹拨。

3. 挑残破券

在清点过程中,如发现残破券应按剔旧标准将其挑出。为了不影响点钞速度,点钞时不要急于抽出残破券,只要用右手中指、无名指夹住残破券将其折向外边,待点完 100 张后再抽出残破券补上完整券。

4. 记数

在清点练功券的同时要记数。由于单指单张每次只捻一张练功券,记数也必须一张一张记,直至记到 100 张。从"1"到"100"的数中,绝大多数是两位数,记数速度往往跟不上捻钞速度,所以必须巧记。通常可采用分组计数法。分组记数法有两种方法:一种方法是 1、2、3、4、5、6、7、8、9、1;1、2、3、4、5、6、7、8、9、2;…;1、2、3、4、5、6、7、8、9、10。这样正好 100 张。这种方法是 100 个数编成 10 个组,每个组都由 10 个一位数组成,前面 9 个数都表示张数,最后一个数既表示这一组的第 10 张,又表示这个组的组序号码即第几组。这样在点数时记数的频率和捻钞的速度能基本吻合。另一种方法是 0、2、3、4、5、6、7、8、9、10;1、2、3、4、5、6、7、8、9、10;…;9、2、3、4、5、6、7、8、9、10。这种记数方法的原则与前种相同,不同的是把组的号码放在每组数的前面。这两种记数方法既简捷迅速又省力好记,有利于准确记数。记数时要注意不要用嘴念出声来,要用心记,做到心、眼、手三者密切配合。

(二)手持式一指多张点钞法

手持式一指多张点钞法是在手持式单指单张的基础上发展起来的,它适用于收款、付款和整点工作,各种练功券的清点都能使用这种点钞方法。其优点是点钞效率高,记数简单省力。但是由于一指一次捻下几张练功券,除第一张外,后面几张看到的票面较少,不易发现残破券和假币。这种点钞法的操作方法除了清点和记数外,其他均与手持式单指单张点钞方法相同。

1. 清点

清点时右手拇指肚放在练功券的右上角,拇指尖略超过票面。如点双张,先用拇指肚捻下第一张,拇指尖捻下第二张;如点 3 张及 3 张以上时,同样先用拇指肚捻下第一张,然后依次捻下后面一张,用拇指尖捻下最后一张,要注意拇指均衡用力,捻的幅度也不要太大,食指、中指在练功券后面配合拇指捻动,无名指向怀里弹。为增大审视面,并保证左手切数准确,点数时眼睛要从左侧向右看,这样容易看清张数和残破券、假币。

2. 记数

由于一次捻下多张,应采用分组记数法,以每次点的张数为组记数。如点 3 张,即以 3 张为组记数,每捻 3 张记一个数,33 组余 1 张就是 100 张;又如点 5 张,即以 5 张为组记数,每捻 5 张记一个数,20 组就是 100 张,以此类推。

(三) 手持式四指拨动点钞法

手持式四指拨动点钞法也称四指四张点钞法或手持式四指扒点法。它适用于收款、付款和整点工作,是一种适用广泛,比较适合柜面收付款业务的点钞方法。它的优点是速度快、效率高。由于每指点一张,票面可视幅度较大,看得较为清楚,有利于识别假币和挑剔损伤券。

1. 持钞

练功券横立,左手持钞。持钞时,手心朝胸前,手指向下,中指在票前,食指、无名指、小指在后,将练功券夹紧。以中指为轴心五指自然弯曲,中指第二关节顶住练功券,向外用力,小指、无名指、食指、拇指同时向手心方向用力,将练功券压成"U"形,"U"口朝里。这里注意食指和拇指要从右上侧将练功券往里下方轻压,打开微扇;手腕向里转动 90°,使练功券的凹面向左但略朝里,凸面朝外向右;中指和无名指夹住练功券,食指移到练功券外侧面,用指尖管住练功券,以防下滑,大拇指轻轻按住练功券外上侧,既防练功券下滑又要配合右手清点。最后,左手将练功券移至胸前约 20 厘米的位置,右手五指同时沾点钞蜡,做好清点准备。

2. 清点

两只手摆放要自然。一般左手持钞略低,右手手腕抬起高于左手。清点时,右手拇指轻轻托住内上角里侧的少量练功券;其余四指自然并拢,弯曲成弓形;食指在上,中指、无名指、小指依次略低,四个指尖呈一条斜线。然后从小指开始,四个指尖依次顺序各捻下一张,四指共捻四张。接着以同样的方法清点,循环往复,点完 25 次即点完 100 张。用这种方法清点要注意以下几个方面:一是捻练功券时动作要连续,下张时一次一次连续不断,当食指捻下本次最后一张时,小指要紧紧跟上,每次之间不要间歇。二是捻钞的幅度要小,手指离票面不要过远,四个指头要一起动作,加快往返速度。三是四个指头与票面接触面要小,应用指尖接触票面进行捻动。四是右手拇指随着练功券的不断下捻向前移动,托住练功券,但不能离开练功券。五是在右手捻钞的同时左手要配合动作,每当右手捻下一次练功券,左手拇指就要推动一次,二指同时松开,使捻出的练功券自然下落,再按住未点的钞,往复动作,使下钞顺畅自如。

3. 记数

采用分组记数法。以四个指头顺序捻下4张为一组,25组即为100张。

4. 扎把与盖章

扎把与盖章的方法与手持式单指单张点钞法相同。采用手持式四指拨动法点钞,清点前不必先折纸条,只要捆扎练功券的腰条纸挪移到练功券1/4处就可以开始清点,发现问题可保持原状,便于追查。清点完毕后,初点不用钩断腰条纸,复点完时顺便将腰条纸钩断,重新扎把盖章。

(四)手持式五指拨动点钞法

手持式五指拨动点钞法适用于收款、付款和整点工作。它的优点是效率高、记数省力,可减轻劳动强度。这种方法要求五个手指依次动作,动作难度较大。

1. 持钞

练功券横立,用左手持钞。持钞时,左手小指、拇指放在票面前,其余三个手指放在票后,拇指用力把练功券压成瓦形,用右手退下腰条纸。左手将练功券右边向右手拍打一下,并用右手顺势将练功券推起。左手变换各手指位置,即用无名指、小指夹住练功券左下端,中指和食指按在练功券外侧,食指在上,中指在下,拇指轻压在练功券上外侧使练功券成瓦形。

2. 清点

右手五个指头沾点钞蜡,从右角将练功券逐张向怀里方向拨动,以拇指开始,依次食指、中指、无名指,直至小指收尾为止。每指拨一张,一次为5张。

3. 记数

采用分组记数,每5张为一组记一个数,记满20组即为100张。

以上介绍的五指拨动法是单向拨动,即右手始终是从拇指开始依次向怀里方向拨动,直至小指收尾止。五指拨动法也可里外双向拨动,即先从拇指开始,食指、中指依次向怀里方向拨动,到无名指收尾为止,再从小指开始,依次无名指、中指向外方向拨动。直至食指收尾为止。这样来回拨动一次8张,点12个来回余4张即为100张。这种点钞方法虽然难度较大,但速度快、效率高。

四、手按式点钞法

手按式点钞法可分为手按式单张点钞法、手按式双张点钞法、手按式三张和四张点钞法、手持式四指拨动点钞法、手按式五张扳数点钞法等几种。

(一)手按式单张点钞法

这种点钞法适用于收款、付款和整点各种新、旧大小钞票。特别适宜于整点辅币及残破票多的钞票。此法看到的票面较大,便于挑剔残破票,但在速度上比手持式单张点钞法慢,劳动强度也大些。

操作时,把钞票横放在桌上,对正点钞员,用左手无名指、小指接住钞票的左上角,用右手拇指托起右下角的部分钞票;用右手食指捻动钞票,每捻起1张,左手拇指即往上推动送到食指和中指之间夹住,即完成了一次点钞动作,以后依次连续操作。点数至100张。

(二)手按式双张点钞法

这种方法的速度比手按式单张点钞法快一些,但挑残破币不方便,所以不适用于整点残破券的钞票。

操作时,把钞票斜放在桌上,左手的小指、无名指压住钞票的左上方约占3/4处;右手食指、中指沾点钞蜡,用拇指托起右下角的部分钞票。右臂倾向左前方,然后用中指向下捻起第一张,随即用食指再捻起第二张,捻起的这两张钞票由左手拇指向上送到食指和中指间夹住。分组记数,2张为一组,数到50组即为100张。

(三)手按式三张和四张点钞法

这种点钞法适用于收、付款和整点各种新旧主币、角币。它的速度较快,但除第一张外,其余各张能看到的票面小,不宜整点残破券较多的钞票。操作时,可以分为以下四个步骤:

1. 放票

把钞票斜放在桌上,使其右下角稍伸出桌面,坐的椅子要向右斜摆,使身体与桌子呈一个三角形,便于右手肘部枕在桌面上,操作起来省力。

2. 清点

以左手小指、无名指、中指按住钞票的左上角,右手肘部枕在桌面上,拇指托起右下角的部分钞票,小指弯曲。3张点钞是以无名指先捻起第一张,随即以中指、食指顺序各捻起一张;4张点钞则以小指先捻起第一张,随着无名指、中指、食指依顺序各捻起一张。捻起的3张(或4张)钞票用左手拇指向上推送到食指和中指间夹住。

3. 记数

采用分组记数,三张点钞是每3张为一组,记一个数,数到33最后剩余1张,即为100张。四张点钞是每4张为一组,记一个数,数到25正好是100张。

4. 挑残破票

点数时发现残破票,即用两个手指夹住,其他手指松开,抽出来后,补上完整票。

(四)手按式四指拨动点钞法

这种方法操作时,将钞票横放桌上,左手小指、无名指、中指压住钞票的左上角,右手食指、中指、无名指和小指沾点钞蜡后,用食指从钞票右上角向胸前拨动第一张钞票;紧接着,再用中指、无名指、小指分别拨起第二张、第三张、第四张钞票;每拨起 4 张钞票就以左手拇指向上推,用食指、中指夹住,即完成一组动作。记数时,与四张点钞法相同。

（五）手按式五张扳数点钞法

这种方法适用于整点各种主币及复点工作,速度快,但不便于挑剔残破票及鉴别假票。新旧残破票混在一起时,不宜用本方法。

操作时,双手持票,两手拇指在票前,其余各指在票后,捏住钞票的下半部将其竖立;然后以左手拇指向右推,右手 4 个手指向左推,下端约伸出桌面 2 厘米;左手中指、无名指、小指按住钞票右下角扳起钞票,使其向左散开,然后左手拇指在扳起的钞票中部一次扳 5 张,每扳一次用中指、食指夹住。

记数时,5 张为一组,记一个数,数到 20 即 100 张。

五、扇面式点钞法

扇面式点钞法,又称四指交替扇面点钞法,它是将钞票捻成扇面形,用四指交替拨动,分组点数,一次数点多张的方法,每组分点 5 张、10 张、12 张、14 张、16 张,工作效率高,适用于整点新票和复点工作。常用的扇面式点钞法主要有：扇面式一按五张及一按十张点钞法,扇面式四指多张点钞法,等等。

（一）扇面式一按 5 张及一按 10 张点钞法

1. 打扇面

钞票竖拿,左手拇指和食指、中指捏住钞票的右下角,无名指、小指弯曲靠手心,右手拇指按住钞票下半部正中间,食指按在钞票背面,其余三个指头弯向手心。

开扇时,以左手为轴,右手食指将钞票向左下方压,将压弯的钞票向左上方推起;食指、中指向右捻动,此时左手拇指必须配合右手动作。这样反复操作,右手拇指逐次由中部向下移动,移至右下角时即可将钞票堆成扇面形,然后用两手捧住钞票,将不均匀的地方抖开(钞票左半部向左方抖,右半部向右方抖)。使用此法开扇时,应注意两手的动作是同时并连续进行的。用一按十张点钞法时,扇面要开小些,才便于清点。

2. 点数

左手持扇面,右手中指、无名指、小指托住钞票背面,用拇指一次向下按 5 张或 10 张,按下后用食指压住,按时不要用力过大,按的部位是在钞票的右上端,离开上方 1 厘米左右。点数时,左手应随着点数的进度,以腕为轴微向内转,适应右手点数位置,右手右臂和肘部也随着点数的进度,自然向前移动,这样就不会因为右手向左手伸得太远而影响速度。

3. 记数

记数时用分组记数法,一按 5 张即每 5 张为一组,记一个数;一按 10 张即每 10 张为一组,记一个数。

4. 合扇面

清点完毕,即可合扇。将左手向右侧,右手用 4 个手指稍弯曲托住钞票的右侧,由右往左合拢,左右手指稍往中间一起用力,使钞票竖立在桌面上,两手轻蹾,然后再把钞票横执蹾齐做扎把准备。

(二)扇面式四指多张点钞法

扇面式四指多张点钞法,有点 6 张、7 张、8 张等,最多的点 16 张。操作时,打扇面与扇面式一按 5 张点钞法相同,左手持扇面,右手清点,一按 6 张(或 7 张等),点数时先用拇指查点第一个 6 张(7 张等)。然后食指沿钞票上端向前移动,接数第二个 6 张(7 张等);中指、无名指依次接点第三个、第四个 6 张(7 张等);右臂要随各指点数也轻轻向前移动,当无名指点完时,拇指则由里边迅速越上去接第五个 6 张(7 张等),开始第二轮的操作,四个手指依次轮流地反复清点。

六、扎把

点钞完毕后对钞票进行扎把,通常是 100 张捆扎成一把,分为缠绕式和扭结式两种方法。

(一)缠绕式

临柜收款采用此种方法,需使用牛皮纸腰条,其具体操作方法介绍如下:
(1) 将点过的钞票 100 张蹾齐。
(2) 左手从长的方向拦腰握着钞票,使之成为瓦状(瓦状的幅度影响扎钞的松紧,在捆扎中幅度不能变)。
(3) 右手握着腰条头将其从钞票的长的方向夹入钞票的中间(离一端 1/3～1/4 处)从凹面开始绕钞票两圈。
(4) 翻到钞票原度转角处将腰条向右折叠 90°,将腰条头绕捆钞票转两圈将腰条打结。
(5) 整理钞票。

(二)扭结式

考核、比赛采用此种方法,需使用绵纸腰条,其具体操作方法介绍如下:
(1) 将点过的钞票 100 张蹾齐。
(2) 左手握钞,使之成为瓦状。
(3) 右手将腰条从钞票凸面放置,将腰条头绕到凹面,左手食指、拇指分别按住腰条与钞票厚度交界处。
(4) 右手拇指、食指夹住其中一端腰条头,中指、无名指夹住另一端腰条头,并合在一起,右手顺时针转 180°,左手逆时针转 180°,将拇指和食指夹住的那一头从腰条与钞票之间绕过、打结。

（5）整理钞票。

第二节 传票算技能实训

传票算是一种综合性的计算技术，它包括压传票、找页、掀页、看数、打算盘等动作。这些动作需要手、头、眼的密切配合才能完成。传票算类似于记账凭证汇总的一种核算方式，它是会计核算中的一个基本技能，也是银行柜员的基本技能。

一、传票算的训练要点

（一）以准为主，准中求快

传票算打得好的标准是准确与快速，准确是必须达到的要求，快速是全力争取的目标。进行传票算计算，快而不准毫无意义，准而不快达不到要求、完不成任务。因此，在训练中要正确处理好准与快的关系，不能只追求一种指标，要在保证准确的前提下提高速度。要达到这样的要求，必须坚持天天训练。

（二）翻页的动作和找页

翻页和找页在传票算中是一项非常重要的基本功，其直接影响打传票算的速度。

1. 传票整理

（1）蹾齐。双手拿起传票侧立于桌面蹾齐。

（2）开扇。左手固定传票左上角，右手沿传票边沿轻折，打开呈扇形，扇形角度为20°～25°。

（3）固定。右手用夹子固定传票的左上角，防止翻打时散乱。

2. 传票翻页

（1）按。左手小指、无名指和中指按住传票的左下端。

（2）翻。左手大拇指逐页翻起传票，并交给食指夹住。

（三）分节看数，看算结合

打传票算要想既准又快，就要眼、手、脑协调配合。先翻一步，眼比手快，手脑并用，看比按快。初学者刚打传票时，训练看数与输数的配合是很重要的，应尽可能达到在看数的一瞬间就要把数输入。将一个金额数字分节来看，可以很好地分清数字的位数，很快看准、记住和输入数字。通过分节看数、看算结合的练习，时间长了，就可以使大脑形成一种条件反射，实现眼、脑、手有机结合，协调一致。

（四）加强手指分工的训练

在传票算训练中，以计算器作为计算工具，手指的分工与协调是一个重要的环节。初学者刚进行计算时，手指一定要按照要求进行分工，养成良好的习惯，一边进行看数，一边进行输入。初学者由于对键盘不熟悉，在计算时可看键盘，但一定要记准记住常用功能键的分布，形成脑像图，通过一段时间的训练后，争取达到盲打计算。

（五）持久训练

传票算是一门实际操作技能课程，要想真正掌握这门技术，不是一天或几天就能实现的，必须靠学习者每天有计划地限时训练，最重要的是坚持，不能间断。

二、训练方式

大拇指负责"0"；食指负责"1""4""7""NUM LOCK"；中指负责"2""5""8""/"；无名指负责"DEL""3""6""9""*"；小拇指负责"Enter""+""−"。在计算机小键盘上，将食指、中指、无名指放在数字键4、5、6上，向上移动，要落在数字键7、8、9上，然后回位；再向下移动，要落在数字键1、2、3上，然后再回位。这样反复进行三指联动或单指移动练习，直到手指能够上下移动自如、准确无误为止。

各手指要放在基本键上，输入数字时，每个手指只负责相应的几个键，不要混淆；手腕平直，手指弯曲自然，击键只限于手指指尖，身体其他部分不要接触工作台或键盘；输入时，手稍微抬起，只有要击键的手指才伸出击键，击完后立即收回，停留在基准键上；击键速度要均匀，用力要轻，有节奏感，不可用力过猛；在击键时，必须依靠手指和手腕的灵活运动，不能靠整个手臂的运动来打。

第三节　字符录入实训

银行字符录入以五笔字型输入法为基础，是依据其行业特殊性：客户名称的生僻性以及非联想性。五笔输入法的核心要点如下：

(1) 记忆五笔字根口诀，同时简单分析五笔字根的分布规则。
(2) 明白五笔拆分规则，记忆部分较为简单的五笔字根所在键位。
(3) 详细了解五笔字根的键位，通过五笔字根在线练习，进一步记忆字根键位。
(4) 学习汉字字根的拆分，尤其是成字字根的输入，记住以下拆分口诀，下面八句口诀所包含的原则：五笔字型均直观，依照笔顺把码编；键名汉字打四下，基本字根请照搬；一二三末取四码，顺序拆分大优先；不足四码要注意，交叉识别补后边。
(5) 学习一级简码、二级简码、三级简码、成字字根。
(6) 学习词组输入教程。

第三章 个人存款业务

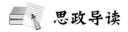 思政导读

河南村镇银行案件

自2022年4月18日起,河南(许昌农村商业银行股份有限公司、禹州新民生村镇银行有限公司、上蔡惠民村镇银行股份有限公司、柘城黄淮村镇银行股份有限公司、开封新东方村镇银行股份有限公司)、安徽(安徽固镇新淮河村镇银行股份有限公司、安徽黟县新淮河村镇银行股份有限公司)两地的几家村镇银行的多位储户陆续反映其银行的线上系统突然关闭,网上银行、手机银行App和微信小程序上电子账户中的存款,以及部分通过度小满等第三方互联网金融平台进行的存款,都不能取出。据悉,这些储户多为外地储户,线上取款基本是其唯一途径。

4月18日,禹州新民生村镇银行发布公告称:"为向您提供更优质的服务,我行将于2022年4月18日8:30对系统进行升级维护,我行网上银行、手机银行将暂停服务。"当日显示的系统升级预计完成时间为4月22日24时。次日,上蔡惠民村镇银行、柘城黄淮村镇银行、开封新东方村镇银行和固镇新淮河村镇银行、黟县新淮河村镇银行先后以系统升级名义发布"暂停线上服务"的公告,恢复日期为4月22日、23日不等。然而两天后系统并未恢复,升级公告中也均不再显示系统升级的完成日期。

面对储户的咨询,几家村镇银行的客服答复从"系统维护,何时恢复等通知"变成了否认与第三方互联网金融平台有任何线上合作、否认"掌上银行"小程序的线上存款,最后甚至否认银行存在"掌上银行"小程序。线上取款受阻的外地储户只好赶往银行欲通过线下网点取款,但银行关闭了ATM取款,仅支持柜面支取;柜面取款金额不得超过5万元,且不可连日支取。因而不只是外地储户,本地储户取款同样受限。

5月18日,银保监会接受新华社采访表示:"银行股东与新财富集团内外勾结,利用第三方平台、资金掮客等吸收公众资金,涉嫌违法犯罪,公安机关已立案侦察。"7月17日,银保监会有关部门负责人接受《中国银行保险报》记者采访:"经过3个月的努力,公安机关已初步查明案件主要事实,还原了事件真相。河南新财富集团操纵河南、安徽5家村镇银行,通过内外勾结、利用第三方平台以及资金掮客等方式非法吸收并占有公众资金,篡改原始业务数据,掩盖非法行为。根据目前所掌握证据,绝大多数账外业务普通客户对新

财富集团涉嫌犯罪行为不知情、不了解，而且也未获得额外的高息或补贴。因此处置方案确定对这些客户的本金分批垫付……我们坚持严格依法依规，以事实为依据，以法律为准绳，确定账外业务客户资金性质认定和分类分批处理政策，并同步开展资金垫付准备工作。"

案例分析：

案例解析

第一节　个人存款业务操作流程

一、个人活期储蓄开户

活期储蓄是指不规定存期，储户随时可以存取款，1元起存，存取金额不限，利息按季结算一次，并入本金起息的一种储蓄方式。适合于个人生活待用款和暂时不用的存储，也可将设置为缴费账户，由银行自动代缴各种日常费用。个人活期储蓄开户业务流程如图3.1所示。

二、个人活期储蓄有折存款

存户无须任何事先通知，携带个人活期存款存折即可随时存款，流程如图3.2所示。

三、个人活期储蓄无折存款

活期存折账号、户名无误的话，持现金到银行直接存入收款人账号即可，手续费是同行本地免费，跨行或者异地收取汇款金额的0.5‰，最低5元，最高50元。个人活期储蓄有/无折存款流程如图3.2所示。

四、个人活期储蓄取款

大额取现在5万元（不含）以上的，要求取款人应提前致电或者到柜台进行大额取现预约，取现当日并提供有效身份证件，代理取现需要提供存款人和代理人的有效身份证件，登记大额存取款登记簿并按规定向人民银行备案。通兑金额在5万元（含）以上的或一日内通兑次数三次以上的必须进行内部电话核对，并登记大额通兑电话核对登记簿。5

万元以下取款的,携带个人活期储蓄存折到银行即可办理,2万元以下取款在 ATM 机上即可支取。个人活期储蓄取款流程如图 3.3 所示。

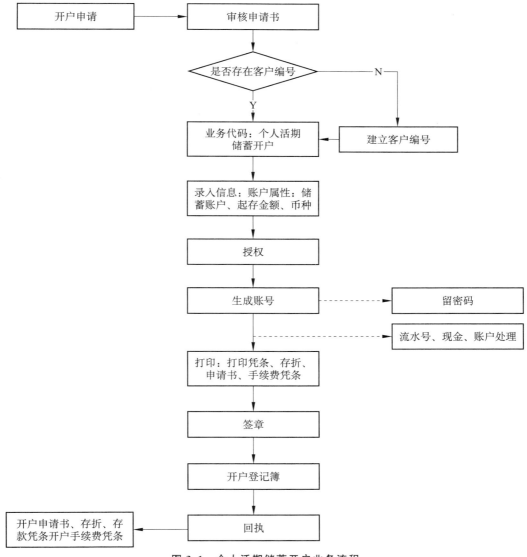

图 3.1 个人活期储蓄开户业务流程

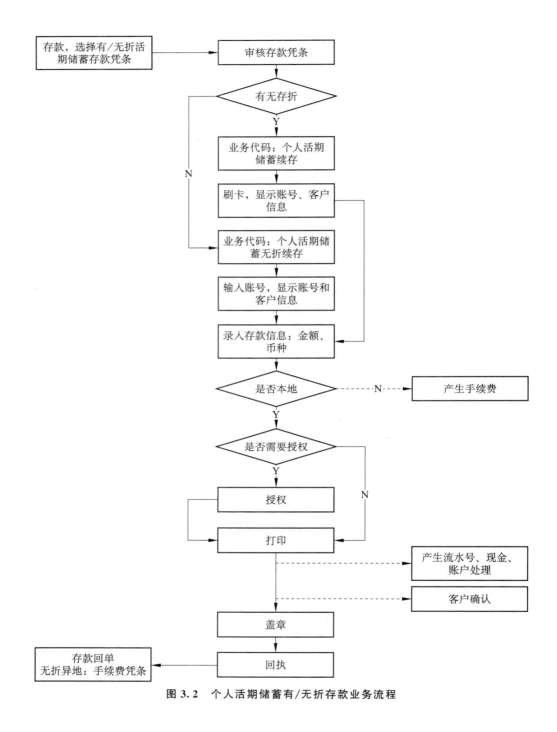

图 3.2　个人活期储蓄有/无折存款业务流程

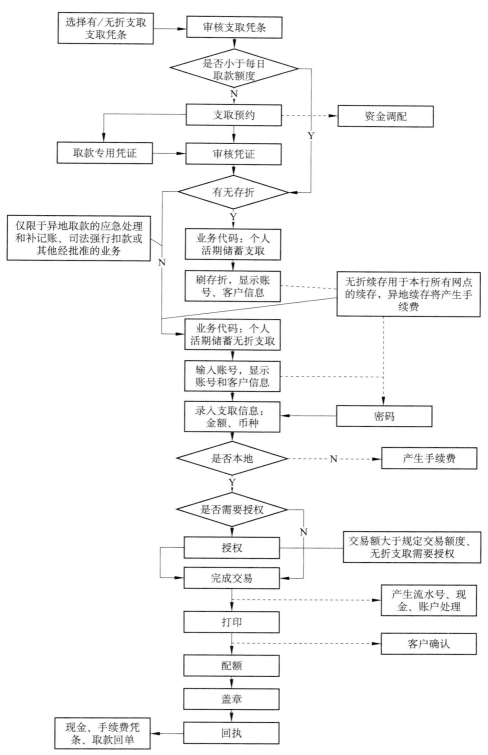

图 3.3　个人活期储蓄取款业务流程

五、个人活期储蓄转账

本地银行转账:在确定收款人提供的存折(单、卡)账号、户名无误的话,持现金到银行直接存入收款人账号即可。异地银行转账:将现金直接存入收款人账号,免手续费。设定每日累计转账最高限额[转账额度是指持存折(单、卡)人通过各种交易渠道办理跨行转账交易当日累计转出的最高限额,初始额度为5 000元人民币;转账额度可根据个人需要进行修改,但必须到银行发存折(单、卡)分行任一营业网点柜台约定转账金额],自主把握资金流量;还可指定转出资金的银行存折(单、卡)号,进行定向转账。为保证跨行转账资金安全,持存折(单、卡)人可到发存折(单、卡)分行书面申请办理存折(单、卡)定向转账服务,可指定、增加或减少约定转入的银行存折(单、卡)号。个人活期储蓄转账流程如图3.4所示。

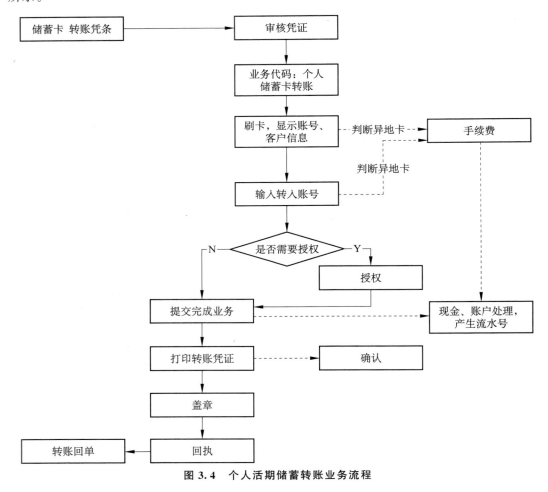

图 3.4 个人活期储蓄转账业务流程

六、个人活期储蓄挂失

（一）个人活期储蓄口头挂失

存折（单、卡）丢失，或密码错记、遗忘，印鉴丢失后，为了本人的资金安全，本人要立即向银行办理正式挂失或临时挂失。临时挂失又称口头挂失，是指本人在因紧急需要或其他原因不能到营业机构办理正式挂失的情况下，可通过面谈、函电、网络、客户服务中心等方式向营业机构进行存款账户临时止付的请求，营业机构对本人确认的存款进行临时冻结止付的挂失行为。本人在未带身份证件的情况下，或在非原存款营业机构办理挂失，或以函电、服务电话等方式申请挂失，均可进行口头挂失。个人活期储蓄口头挂失流程如图 3.5 所示。

（二）个人活期储蓄密码挂失

密码挂失必须回原开户机构办理。密码挂失业务挂失时只能由本人办理，本人需持人本人有效身份证件原件及复印件及账户所有人身份证原件及复印件。挂失业务需收取 10 元挂失费用。个人活期储蓄密码挂失业务流程如图 3.6 所示。

（三）个人活期储蓄正式挂失

正式挂失指持卡（单、折）人凭本人有效身份证件到发卡（单、折）行指定的营业网点办理的挂失。挂失时，要求持卡（单、折）人填写挂失申请书，并提供要挂失的储蓄卡（单、折）卡（单、折）号、姓名、本人有效身份证件和卡（单、折）内金额等相关资料，委托他人代为办理时还要同时出示代办人有效身份证件。发卡（单、折）行核对证件和相关信息无误后立即对该卡账户进行止付，并收取挂失手续费。正式挂失未经解挂、挂失补卡（单、折）或销卡（单、折）手续不得自动对卡账户进行解付处理。

七、个人活期储蓄挂失解挂

（一）个人活期储蓄口头挂失解挂

储蓄卡（单、折）挂失后当天即可解挂，解除挂失时，要求持卡（单、折）人提供要解挂的储蓄卡（单、折）、本人有效身份证件及相关凭证，发卡（单、折）行核对相关凭证和证件并验证储蓄卡（单、折）密码后，为持卡（单、折）人办理解挂手续；由持卡（单、折）人本人办理，不可委托他人代为办理。储户口头挂失以后要在 5 天以内带上本人身份证明尽快去银行办理正式挂失手续。否则由于储户没有在规定时限内办理正式挂失手续而自动解挂后所造成的损失，银行在法律上处于免责的地位。个人活期储蓄口头挂失解挂流程如图 3.7 所示。

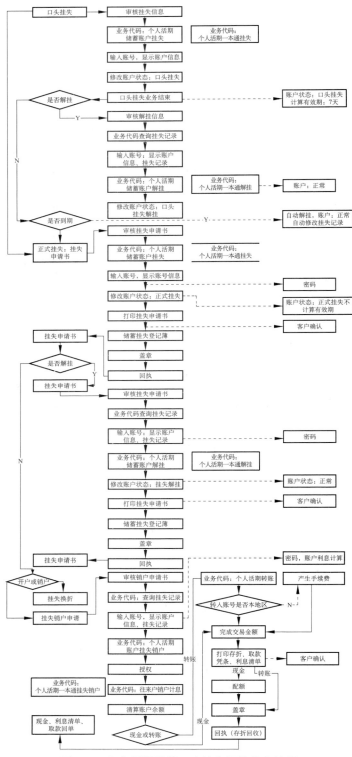

图 3.5 个人活期储蓄口头挂失解挂业务流程

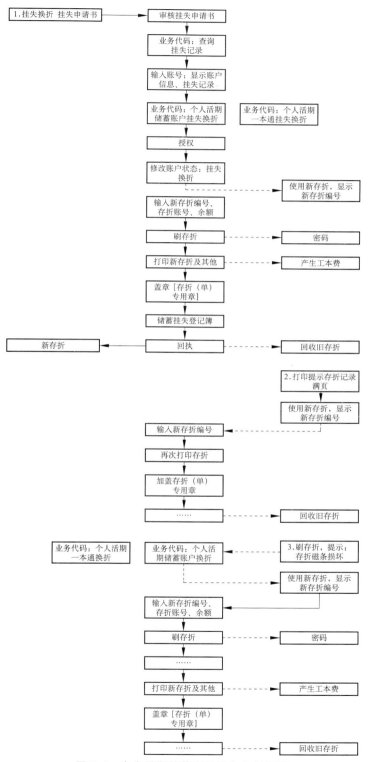

图 3.6 个人活期储蓄密码挂失业务流程

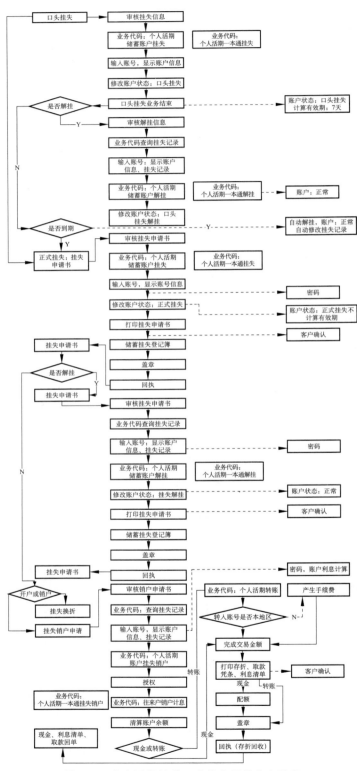

图 3.7 个人活期储蓄口头挂失解挂业务流程

（二）个人活期储蓄正式挂失解挂

正式挂失 7 日后,方可办理挂失补卡(单、折)或挂失销卡(单、折)手续。办理挂失补卡(单、折)或挂失销卡(单、折)手续时,要求持卡(单、折)人提供有效身份证件及相关凭证,发卡(单、折)行核对相关凭证和证件后,为持卡(单、折)人办理补卡(单、折)或销卡(单、折)手续;由持卡人本人办理,不可委托他人代为办理。

八、个人活期储蓄换折

持卡人(单、折)因卡片毁损、磁条消磁等原因申请换领新卡(单、折)的,须持本人有效身份证件到发卡(单、折)银行指定网点办理,并交回原储蓄卡(单、折)。发卡(单、折)行核对原储蓄卡(单、折)、验证原卡(单、折)密码后,为持卡(单、折)人办理换卡(单、折)手续,收取换卡(单、折)手续费。换卡应由持卡(单、折)人本人办理,不能代办。个人活期储蓄换折具体业务流程如图 3.6 所示。

九、个人活期账户修改密码

密码挂失 7 日后方可进行密码重置。办理密码重置时应要求持卡(折、单)人提供有效身份证件、要重置密码的储蓄卡(折、单)和相关凭证,发卡(折、单)行核对无误后,为持卡(折、单)人办理密码重置手续;由持卡(折、单)人本人申请,不可委托他人代为办理。

十、个人活期储蓄销户

活期储蓄销户是指将存折中某一币种的金额进行全额支取,系统同时结付利息。储户凭存折办理活期销户时,具体操作比照支取时的手续办理。个人活期储蓄销户流程如图 3.8 所示。

十一、个人整存整取

（一）整存整取账户开立

整存整取是一种由本人选择存款期限、整笔存入、到期提取本息的一种定期储蓄。客户可根据资金闲置时间的长短选择不同的期限,同时可办理定期存款到期约定转存或自动转存。整存整取储蓄存款一次存入,人民币最低起存金额 50 元,外币丙种存款起存金额为不低于人民币 50 元的等值外币,乙种存款起存金额为相当于人民币 500 元的等值外币。人民币存期分为三个月、六个月、一年、两年、三年、五年;外币存款分为一个月、三个月、六个月、一年、两年。个人整存整取账户开立业务流程如图 3.9 所示。

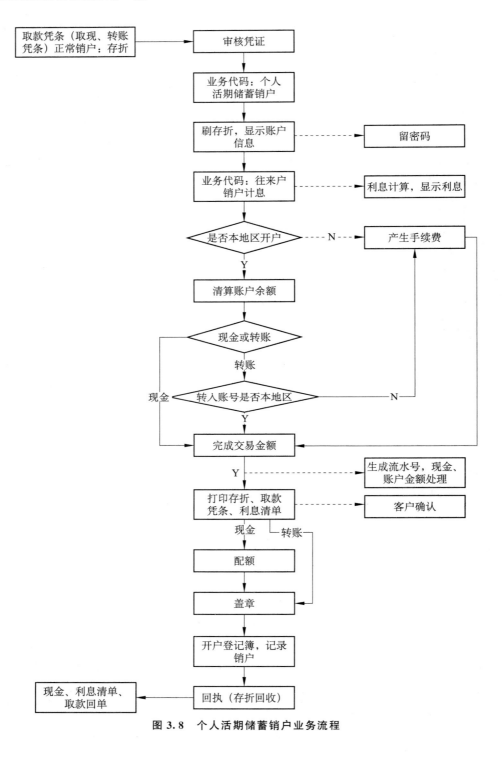

图 3.8 个人活期储蓄销户业务流程

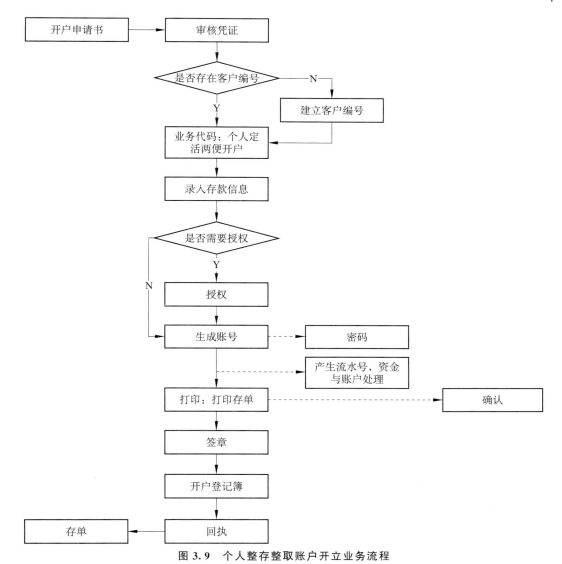

图 3.9 个人整存整取账户开立业务流程

(二) 整存整取账户提前支取

存款到期后可以自动转存,若存款尚未到期,储户急需用款,可以办理提前支取或部分提前支取,部分提前支取以一次为限。按章程规定处理后,结清旧户,未提前支取部分开立新户,分别销记、登记开销户登记簿。

十二、个人零存整取

(一) 零存整取

零存整取是指人民币存入银行储蓄机构,每月固定存额,集零成整,约定存款期限,到期一次支取本息的一种定期储蓄。一般5元起存,多存不限。存期分为一年、三年、五年。零存整取可以预存(次数不定)和漏存(如有漏存,应在次月补齐,但漏存次数累计不超过两次),账户漏存两次(含两次)以上的账户之后的存入金额按活期存款计息。

(二) 教育储蓄

教育储蓄本质属于零存整取,可办理通存通兑。教育储蓄实行利率优惠。一年期、三年期教育储蓄按开户日同档次整存整取定期储蓄存款利率计息;六年期按开户日五年期整存整取定期储蓄存款利率计息。教育储蓄在存期内遇利率调整,仍按开户日利率计息。教育储蓄到期支取时按实存金额和实际存期计算利息。教育储蓄到期支取时应遵循以下规定:客户凭存折和学校提供的正在接受非义务教育的学生身份证明(以下简称"证明")一次支取本金和利息。客户凭"证明"可以享受利率优惠,并免征储蓄存款利息所得税。客户不能提供"证明"的,其教育储蓄不享受利率优惠,即一年期、三年期按开户日同档次零存整取定期储蓄存款利率计付利息;六年期按开户日五年期零存整取定期储蓄存款利率计付利息。同时,应按有关规定征收储蓄存款利息所得税。

储户在存款到期前如需用款,可以提前支取,需凭存折和本人的身份证件办理全额支取,代他人支取的,还必须提供代理人的身份证件。受理时,柜员要认真审核存折上摘录的身份证件名称、号码,在存折上加盖"提前支取"戳记。其他手续同到期支取。

十三、个人存本取息

(一) 存本取息账户开立

存本取息是指所有的人民币一次性存入较大的金额,分次支取利息,到期支取本金的一种定期储蓄。5 000元起存,存期分为一年、三年、五年。储户凭有效身份证件办理开户,开户时由银行的按本金和约定的存期计算出每期应向储户支付的利息数,签发存折,储户凭存折分期取息。取息期确定后,中途不得变更。

(二) 存本取息账户取款

取利息时,必须持存折办理,按要求填写个人业务普通凭证,经柜员进行账务处理。经办员按业务流程规定处理后,储蓄取款(取息)凭条上加盖现金付讫章、经办员名章,做"应付利息"科目借方凭证,会计分录为:

借:应付利息
    贷:现金

个人存本取息业务流程如图3.10所示。

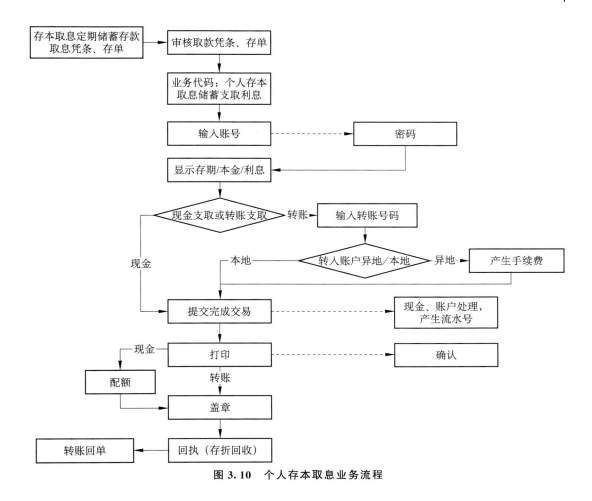

图 3.10 个人存本取息业务流程

十四、个人通知存款

(一) 个人通知存款账户开立

人民币通知存款必约定存期,支取时需提前通知银行,约定支取存款日期和金额方能支取的一种存款品种。人民币通知存款需一次性存入,支取可分一次或多次。不论实际存期多长,按存款人提前通知的期限长短划分为1天通知存款和7天通知存款两个品种,最低起存金额为5万元,最低支取金额为5万元。外币通知存款只设7天通知存款一个品种,最低起存金额为5万元人民币等值外汇;最低支取金额,个人为5万元人民币等值外汇。对于个人 300 万美元(含 300 万美元)以上等值外币存款,经与客户协商,可以办理外币大额通知存款。在支取时按照大额外币通知存款实际存期和支取日利率(支取日上一交易日国际市场利率－约定利差)计息。个人通知存款账户开立业务流程如图 3.11 所示。

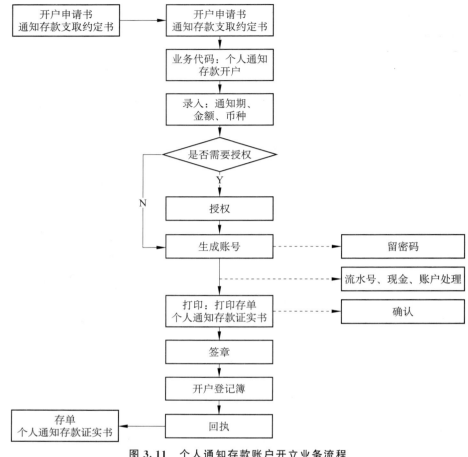

图 3.11 个人通知存款账户开立业务流程

(二) 个人通知存款取款通知

通知存款不管实际存期的长短,统一按存款人取款提前通知的期限长短划分为1天通知存款和7天通知存款两个品种。1天通知存款必须至少提前1天通知约定支取存款,7天通知存款必须至少提前7天通知约定支取存款。个人通知存款、取款通知流程如图3.12所示。

(三) 个人通知存款取款通知取款

通知存款存入时,存款人自由选择通知存款品种,但存款凭证上不注明存期和利率,按支取日挂牌公告的相应利率和实际存期计息,利随本清。部分支取的,支取部分按支取日相应档次的利率计付利息,留存部分仍从开户日计算存期。留存部分高于最低起存金额时,处理手续比照整存整取定期储蓄部分提前支取。留存部分低于最低起存金额时,予以清户,或根据储户意愿转为其他存款。销户时,处理手续比照整存整取定期储蓄存款销户。个人通知存款通知取款流程如图3.12所示。

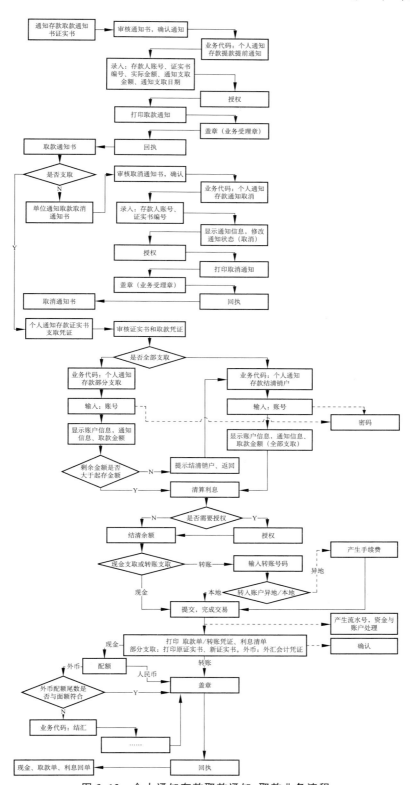

图 3.12 个人通知存款取款通知、取款业务流程

十五、个人定活两便

定活两便储蓄指的是客户一次性存入人民币本金,不约定存期,支取时一次性支付全部本金和税后利息。当存款天数达到或超过整存整取的相应存期(最长存期为一年)时,利率按支取日当日挂牌该定期整存整取存期利率档次下浮一定比率确定,不分段计息,存款天数达不到整存整取的最低存期时,按支取当日挂牌活期利率计算利息。存款期限不受限制,适合存款期限不确定的储户。储户凭此存单可一次或分次支取。定活两便无固定存期,取款时视实际存期计算利息,分为三个月、半年、一年。存期不满三个月的,计付活期利息;存期三个月以上(含三个月)不满半年的,按支取日整存整取三个月利率六折(可调)计算;存期半年以上(含半年)不满九个月的,按支取日整存整取半年利率六折(可调)计算;存期一年以上(含一年),按支取日整存整取一年利率六折(可调)计算。个人定活两便账户开立业务流程如图 3.13 所示。

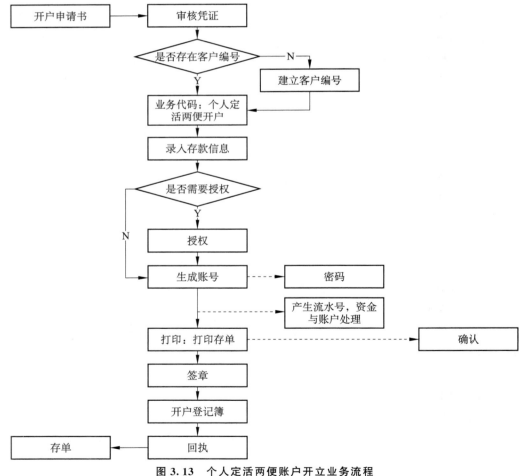

图 3.13 个人定活两便账户开立业务流程

十六、个人一本通账户

(一) 个人一本通账户的开立

定期一本通是指集人民币和外币等不同币种和不同档次的定期储蓄存款于一个存折的存款方式。使用一本存折实现了对人民币和外币多账户、多存期定期账户的归集管理。功能包括约定转存、自动转存、通存通兑、异地托收、取款、查询及口头挂失等。对于定期一本通存折下的整整账户，银行不提供单独的定期凭证。客户持本人有效身份证件可在银行任一储蓄网点办理定期一本通存折开户手续，即零金额开户。定期一本通开户时，如客户选择通存通兑，则必须选择凭密码支取，由客户预留密码。

(二) 个人一本通开存

客户在定期一本通账户内存入单笔定期整存整取存款时，根据资金使用计划将存款总金额进行等额拆分为若干笔定期整存整取存款，拆分笔数不超过10笔。每笔存款本金必须是100的整数倍，系统自动生成每笔存款的连续编号，如出现不够拆分的余额，余额编号为最后一笔存款编号。每笔拆分存款起息日、利率相同。个人一本通账户开立流程如图3.14所示。

(三) 个人一本通有折存款

定期一本通分主账户和子账户区别，子账户无须任何事先通知，存户持一本通主账户存折即可随时存款，存款金额1元（各银行可设置）起存。

(四) 个人一本通取款

定期一本通每笔存款交易按时间顺序在交易栏中打印存款序号和各类要素，并在下方预留一行取款栏位。在每笔存款支取时，在相应存款记录下打印取款记录。定期一本通取款分提前支取、到期自动转存、有折取款、无折取款，储户只需提供密码在营业点填写银行取款凭条即可取款。注意：当支取金额大于银行规定当日最大支取金额时，需要提前预约；无折取款只限于异地取款的应急处理和补记账，以及司法强行扣款或其他经批准的业务。定期一本通存款办理部分提前支取时，应在该笔存款相应取款栏打印原存款本金、部分提前支取本金的利息、税金等要素，并在摘要栏注明部分提前支取。另起存款栏位打印剩余本金、起息日、存期、利率等要素。其他比照定期储蓄存款部分提前支取办理，个人一本通取款业务流程如图3.14所示。

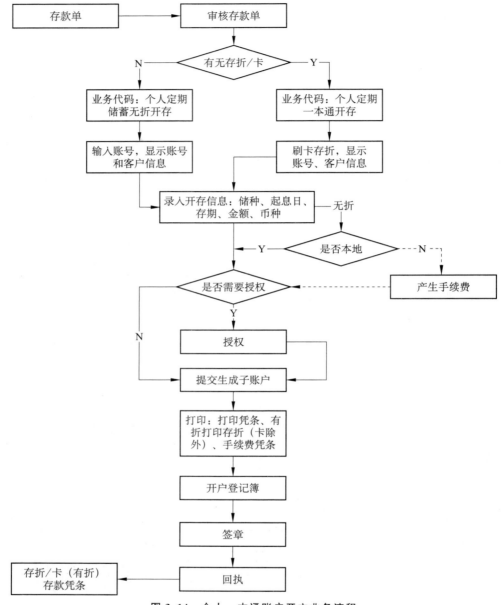

图 3.14 个人一本通账户开立业务流程

(五)个人一本通转定期存单

自动转存。"定期一本通"内各种存款到期后,均可按设定期限自动转存,无须本人亲自办理转存手续。"定期一本通"上的每笔存款均可以转换成存单,适合本人办理小额抵押贷款或不同需要。

第二节　个人存款业务实训

一、实训目标

存款是存款人基于对银行的信任而将资金存入银行，并可以随时或按约定时间支取款项的一种信用行为。存款是银行对存款人的负债，是银行最主要的资金来源。存款业务是银行的传统业务。通过实训使学生对存款业务中开户申请、活期账户、定期账户、定活两便账户和一本通账户有更深入的了解。

二、实训任务

（1）个人客户基本信息设置。
（2）了解柜员日常业务的基本流程。
（3）了解不同账户开立存在的区别。
（4）了解活期账户相关的业务操作。
（5）了解不同的定期账户所特有的存款性质。
（6）了解定活两便账户功能和账户特点。
（7）了解一本通账户功能和账户特点。

三、个人存款业务操作

柜员角色首先进行签到，输入柜员密码，表示正式进入工作流程。其次，申领材料：领用尾箱，并核实清点各自尾箱额度；领用凭证，领取日常业务凭证（利息凭证、汇票、本票、个人/企业的定期以及活期类凭证）；领用印章，领取日常常用印章（业务公章、业务清讫章、结算专用章、汇票专用章、结售汇业务专用章、票据结算专用章、存单（折）专用章、受理凭证专用章等）。

个人存款业务柜面业务，必须有客户来银行办理业务，柜员才能处理客户要求办理的业务。在实训中，必须先由个人客户填写业务申请后，并提交相关业务到柜台后，由银行柜台柜员受理该客户的业务请求。其中，个人活期账户选取开户、有折存款、无折存款、取款、转账、挂失、解挂、换折、修改密码、销户十项业务进行实训；个人定期账户选取整存整取、零存整取、存本取息、通知存款、定活两便以及一本通账户六项业务进行实训，操作如下：

1. 个人活期储蓄开户

（1）填写"开立个人银行结算账户申请书"。个人客户携带本人身份证，领取"开立个人银行结算账户申请书"，如图 3.15 所示。

××银行　开立个人银行结算账户申请书

编号：　　　　　　　申请日期：20××年×月×日　　　　　交易代码：

银行打印						
客户填写	姓名(中文)	丁丁		姓名(英文或拼音)		
	身份证件名称	身份证	证件号码	370624198304020012		
	代理人证件名称	身份证	证件号码			
	通信地址	浙江省杭州市文三路		邮政编码	310012	
	联系人	丁丁	联系电话		支取方式	印鉴□　密码☑　任意□
	是否办卡	是□ 否□	是否通兑	是☑ 否□	备注	

个人银行结算账户管理协议

根据《人民币银行结算账户管理办法》及相关法律法规，甲方（开户银行）与乙方（开户申请人）经协商一致，签订本协议。

第一条　乙方选择在甲方开立个人银行结算账户（下称结算账户），甲方接受乙方委托，为乙方提供结算账户服务。

第二条　乙方须按支付结算相关规定使用支付结算工具，并按甲方有关规定支付各项结算和服务费用。

第三条　乙方在甲方开立结算账户应填写开户申请书，并提供相应证明文件，接受甲方审核，甲方受理后，乙方应对开户申请书中甲方填写内容进行核对确认。

乙方承诺所提交的开户资料真实、有效，如有违反，承担相应责任。

乙方遗失或更换预留个人印章或更换签字样本的，应依照甲方规定向甲方提供经签名确认的书面申请及个人身份证件。

第四条　乙方撤销在甲方开立的结算账户，必须与甲方核对该账户存款余额，并交回各种重要空白票据及结算凭证，甲方核对无误后方可办理销户手续。乙方未交回各种重要空白票据及结算凭证的，须出具书面证明，由此造成的损失由乙方承担。

第五条　乙方在甲方开立、使用和撤销结算账户应遵守《人民币银行结算账户管理办法》及相关法律法规的规定。乙方使用结算账户办理结算业务时，应遵守甲方的相关制度规定。

第六条　乙方使用结算账户办理现金存取时应遵守中国人民银行关于现金管理的有关规定。

第七条　乙方不得利用结算账户进行偷逃税款、逃废债务、套取现金、洗钱及其他违法犯罪活动。

第八条　乙方不得出租、出借结算账户，不得利用结算账户套取银行信用。

第九条　乙方未按规定使用支付结算工具，违规使用结算服务或者未支付结算和服务费用的，甲方有权停止其结算账户的支付。

第十条　甲方依法为乙方在结算账户中的存款信息和有关资料保密。

第十一条　双方同意对乙方在甲方开立、使用和撤销结算账户及相关行为接受中国人民银行监管。

第十二条　本协议未尽事宜按《支付结算办法》《人民币银行结算账户管理办法》及相关法律法规执行。

第十三条　本协议于乙方在甲方开立的结算账户存款期间有效。如乙方撤销在甲方开立的结算账户，自正式销户之日起，本协议自动终止。

甲方[开户银行]签章　　　　　　　　　　　乙方[开户申请人]签章　丁丁

事后监督　　　　业务主管　　　　复核　　　　经办

图3.15　开立个人银行结算账户申请书

（2）填写"存款凭条"。领取"存款凭条"，填写户名、存入金额、确认签名，注意存款凭条中种类选择活期，如图3.16所示，可以从排队机上领取排队号码，等待柜员叫号。

```
            ××银行   存款凭条（Deposit Slip）                    ××银行
币别：人民币      20××年×月×日      流水号：              存款凭条（Deposit Slip）
```

	银行记录 For Bank's Record	册号 存入日　　　　　利率 余额　　　　　　凭证号　　　　　支取方式 利息积数

客户审核 For Customer's Verification

账号/卡号＿＿＿＿＿＿＿　　　户名　丁丁＿＿＿＿
Customer Code/Account Number　　Name of Account Holder

种类　活期＿＿　存期＿＿＿＿　钞（汇）　现钞＿
Category　　　　Term　　　　　Cash/Foreign Exchange

存入金额　10 000　　手续费＿＿＿＿　起息日＿＿＿＿
Amount

会计主管：　　授权：　　复核：　　录入：
存款人对"客户审核"栏内容确认签名　丁丁＿＿＿＿
Customer's signature to confirm the contents of the "For Customer's Verification" box

右侧：
户　名
账号/卡号
种　类
币　别　　　钞（汇）
存　期　　　起息日
存款金额：　　　　元
手续费：　　　　　元
流水号：
银行签章
客户回单

下方框：
户主姓名　＿＿＿＿＿＿＿＿　　客户备填：
To be filled in by the cunstomer:
户主证件名称　＿＿＿＿＿＿　　存款金额＿＿＿＿
Amount
户主证件号码　[□□□□□□□□□□□□□□□□□]　户　名＿＿＿＿
Name of Account Holder
代理人姓名　＿＿＿＿＿＿＿　　账　号＿＿＿＿
Account Number
代理人证件名称　＿＿＿＿＿
代理人证件号码　[□□□□□□□□□□□□□□□□□]

图 3.16　银行存款凭条

（3）柜员受理客户业务。点击"叫号器"，选择客户进行业务处理。

（4）查收客户提交的现钞。使用点钞机清点并检验客户的钞票，进行手工点钞核实并验钞，提醒客户确认金额。

（5）审核客户提交的凭证。扫描客户身份证，验证身份信息是否安全无误，检查"开立个人银行结算账户申请书""存款凭条"是否填写完整无误，凭证审核成功。

（6）输入业务数据。信息无误后，点击柜面上的计算机显示器，弹出"个人开立银行结算账户"输入窗口，输入新建立账户信息账号、储种、户名和初始金额后，让客户二次输入密码，信息填写完如图 3.17 所示。

```
              个人活期存款业务　存款
    账　号：　0100100101210000183       户名：丁丁＿＿＿＿＿
    储　种：　活期＿＿＿＿＿＿         支取方式：留密＿＿＿＿＿
    初始金额：　10 000＿＿＿＿元       密　码：******＿＿＿＿
    账号生成日期：20××-×-×
                       [保存]
```

图 3.17　个人活期存款业务输入

(7) 填写空白凭证。取出空白凭证"活期存折",如图 3.18 所示,并正确置放于报表打印机,进入存折和单据打印页面进行打印,存折和单据中显示存款信息。

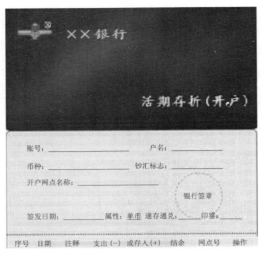

图 3.18　活期存折

(8) 盖章。向客户递交存款凭条以及银行业务收费凭证,请客户签字收回。柜员选取印章(业务专用章、现金讫章等),在开立个人银行结算账户申请书和活期存折加盖业务专用章,存款凭条和银行业务收费凭证盖现金讫章和经办员名章。整理归类不同凭证后,储蓄存款凭条做"活期储蓄存款"科目贷方记账凭证。向客户递交属于客户的个人银行结算账户申请书、活期存折、存款凭条和银行业务收费凭证,业务结束。

2. 个人活期储蓄有折存款

(1) 填写"存款凭条"。领取"存款凭条",填写存入金额、账户名等,如图 3.19 所示。

图 3.19　银行存款凭条

户主姓名	_____	客户备填：
		To be filled in by the customer:
户主证件名称	_____	存款金额 _____
		Amount
户主证件号码	☐☐☐☐☐☐☐☐☐☐☐☐☐☐☐☐☐☐	户　　名 _____
		Name of Account Holder
代理人姓名	_____	账　　号 _____
		Account Number
代理人证件名称	_____	
代理人证件号码	☐☐☐☐☐☐☐☐☐☐☐☐☐☐☐☐☐☐	

图 3.19 （续）

（2）柜员受理客户业务，点击"叫号器"，选择客户进行业务处理。

（3）查收客户提交的现钞，使用点钞机清点并检验客户的钞票，进行手工点钞核实并验钞，提醒客户确认金额。

（4）审核客户提交的凭证。客户提交"存款凭条"和活期存折。审核客户提交的凭证，扫描客户身份证，验证身份信息是否安全无误，检查"存款凭条"是否填写完整无误，凭证审核成功。

（5）输入业务数据。信息无误后，点击柜面上的计算机显示器，弹出"个人活期存款"业务数据输入窗口：在打开界面中输入账号、储种、户名和初始金额后，如图 3.20 所示。

个人活期存款业务　存款

账　号：01057101012100000186
存款金额：_____
户　名：吴晖　　　　　　　交易日期：2012-11-22
摘　要：存款　　　　　　　现钞现汇：现钞
余　额：30 000.00

[保存]

图 3.20　个人活期存款输入

（6）打印凭证。将客户的活期存折正确置放于报表打印机，进入存折和单据打印页面进行打印，存折和单据中显示存款信息。

（7）盖章。向客户递交存款凭条，请客户签字收回。柜员选取现金讫章和经办员名章，加盖在存款凭条上。整理归类不同凭证后，储蓄存款凭条做"活期储蓄存款"科目贷方记账凭证。向客户递交属于客户的活期存折和"存款凭条"，业务结束，如图 3.21 所示。

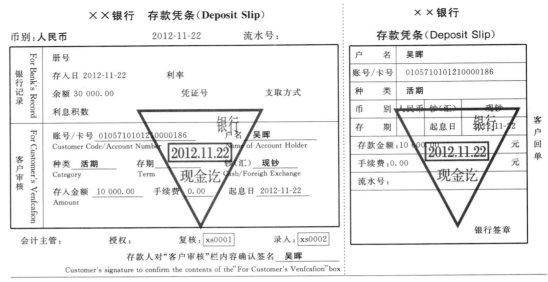

图 3.21　银行存款凭条完成

3. 个人活期储蓄无折存款

个人活期储蓄无折存款,客户在填写存款凭条时需要输入账号/卡号、户名和存款金额。在柜员操作过程中不需要使用存折。柜员操作的具体过程可参考个人活期储蓄有折存款。

4. 个人活期储蓄取款

(1)客户填写取款凭条。客户携带活期存折(见图 3.22),选择并填写"取款凭条"(见图 3.23),填写完成后将"取款凭条"和存折一起交由柜员受理。

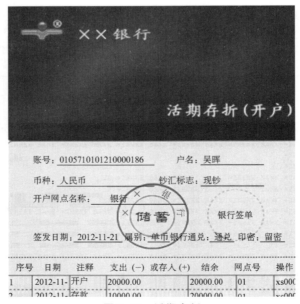

图 3.22　活期存折

××银行 取款凭条（Withdrawal Slip）			××银行	
币别：人民币　　20××年×月×日　　流水号：			取款凭条（Withdrawal Slip）	

客户审核 For Customer's Venfcafion	账号/卡号　010571010210000186 Customer Code/Account Number 种类　　活期 Category 支取金额　5 000　　手续费 Amount	户名　　吴晖 Name of Account Holder 钞（汇）　现金 Cash/Foreign Exchange 止息日	户　名 账号/卡号 种　类　　　　钞（汇） 币　别　　　　止息日 取款金额：　　　　　　　元 手续费：　　　　　　　　元 流水号： 银行签章	客户回单
银行记录 For Bank's Record	册号 支取日 利息	存期 授权号 利息积数	金额 利率 支取方式	

会计主管：　　授权：　　复核：　　录入：
取款人对"客户审核"栏内容确认签名　吴晖
Customer's signature to confirm the contents of the "For Customer's Venfcafion" box

图 3.23　个人活期存折和银行存款凭条

（2）柜员受理业务。柜员点击"叫号器"，选择客户进行业务处理。

（3）审核客户提交的凭证。柜员审核客户提交的凭证，确认填写完整无误，凭证审核成功。

（4）输入业务数据。信息无误后，点击柜面上的计算机显示器，在"个人活期存款取款"业务数据输入窗口，填写完整信息后，请客户输入密码。

（5）打印凭证。将客户的活期存折、"取款凭条"，正确置放于报表打印机，进入"存折和单据打印"页面进行打印。存折和单据中显示取款信息，单据和存折打印成功。

（6）盖章。向客户递交"取款凭条"，请客户签字收回。柜员选取现金讫章和经办员名章，在取款凭条上盖相应的图章。整理归类不同凭证后，"取款凭条"作为"活期储蓄存款"科目借方记账凭证。向客户递交属于客户的存折、"取款凭条"。

（7）从尾箱取出钱钞。柜员根据取款金额从尾箱取钱，用点钞机验证从尾箱中取出的钱钞，再手工点钞验证取出的钱钞是否正确。最后把属于客户的"取款凭条"、活期存折、现金交予客户核实。业务结束。

5. 个人活期储蓄转账

（1）客户提交"转账凭条"。领取"转账凭条"，注意：客户转账需要从一个银行账号转入另一个银行账户，客户也需填写收款账号、户名和转账金额，如图 3.24 所示。

（2）柜员受理客户业务。柜员点击"叫号器"，选择客户进行业务处理。

（3）审核客户提交的凭证。客户提交"转账凭条"和活期存折。审核客户提交的凭证，检查"转账凭条"是否填写完整无误，凭证审核成功。

（4）输入业务数据。信息无误后，点击柜面上的计算机显示器，弹出"个人活期转账"业务数据输入窗口，输入账号、转账金额、对方账号信息后，如图 3.25 所示，并请客户输入密码确认。

```
        ××银行   转账凭条(Transfer Slip)                    ××银行
币别:人民币      20××年×月×日    流水号:             转账凭条(Transfer Slip)
```

付款方户名		
付款账号/卡号		
收款方户名		
收款账号/卡号		
种类		
币别	钞汇	
存期	起息日	
转账金额		元
手续费		元
流水号		
授权号		

银行记录部分：
- 册号　　　　　　　　　　存入日
- 利率　　　凭证号　　　　支取方式
- 授权号　　受理行名　　　受理行号

客户审核部分：
- 付款账号/卡号 0105710101210000215　　户名 吴晖
  Accinnt Drbweer　　　　　　　　　　　Name of Account
- 收款账号/卡号 0105710101210000186　　户名 吴晖
  Accinnt Payaa　　　　　　　　　　　　Name of Account
- 种类 活期　　 存期　　　　 钞(汇) 现汇
  Category　　　Term　　　　Cash/Foreign Exchange
- 转账金额 5 000　 手续费　　　　起息日
  Transfer Amount　Handing Charge

会计主管：　授权：　复核：　录入：
客户对"客户审核"栏内容确认签名 吴晖

图 3.24　银行转账凭条

```
          个人活期存款业务    转账

    账号:     0105710101210000215
    转账金额:                       元
    密码:
    存折编号:  00000012
    户名:     吴晖
    交易日期:  20××-×-×
    摘要:     汇款
    余额:     5 000.00              元

                [保存]
```

图 3.25　个人活期存款账户转账输入

（5）打印凭证。将客户的活期存折和"转账凭条"正确置放于报表打印机,进入"存折和单据打印"页面进行打印,存折和单据中显示转账信息。

（6）盖章。向客户递交"转账凭条",请客户签字收回。柜员选取现金转讫章和经办员名章,在"转账凭条"上盖章。整理归类不同凭证后,将"转账凭条"作为"活期储蓄存款"科目借方记账凭证。向客户递交属于客户的活期存折和"转账凭条",业务结束,如图 3.26 所示。

6. 个人活期储蓄挂失

（1）客户提交挂失业务申请。客户携带身份证,领取"个人挂失业务申请书",完整无误填写信息,如图 3.27 所示。

××银行 转账凭条（Transfer Slip）

币别：人民币　　　　20××年×月×日　　　　流水号：

银行记录	册号		存入日 20××-×-×	
	利率		支取方式	
	授权号	凭证号	受理行名 ××银行	受理行号 0571—01
客户审核	付款账号/卡号 Accinnt Drbweer	0105710101210000215	户名 Name of Account	吴晖
	收款账号/卡号 Accinnt Payaa	0105710101210000186	户名 Name of Account	吴晖
	种类 活期 Category	存期 Term	钞（汇） 现汇 Cash/Foreign Exchange	
	转账金额 5 000 Transfer Amount	手续费 0.00 Handing Charge	起息日 20××-×-×	

（印章：××银行 2012.11.22 转讫）

会计主管：　　授权：　　复核：xs0001　　录入：xs0002

客户对"客户审核"栏内容确认签名 吴晖
Customer's signature to confirm the contents of the "For Customer's Venfcafion" box

户主姓名	_____
户主证件名称	_____
户主证件号码	□□□□□□□□□□□□□□□□□□
代理人姓名	_____
代理人证件名称	_____
代理人证件号码	□□□□□□□□□□□□□□□□□□

客户备填：
To be filled in by the cunstomer:
转账金额 _____
Transfer Amount
户 名 _____
Name of Account Holder
账 号 _____
Account Number

××银行 转账凭条（Transfer Slip）

付款方户名	吴晖
付款账号/卡号	0105710101210000215
收款方户名	吴晖
收款账号/卡号	0105710101210000186
种类 活期	
币别 人民币	钞（汇） 现汇
存期	起息日 20××-×-×
转账金额	5 000.00 元
手续费	0.00 元
流水号	
授权号	

（客户回单）（印章：××银行 2012.11.22 转讫）

图 3.26 银行转账凭条完成

××银行 个人挂失业务申请书

20××年×月×日　　　　挂失编号：

客户填写（口挂可免填）	存款种类	活期	挂失种类：正式□ 口头□ 密码☑ 印鉴□ 其他_____			
	账号/卡号	0105710101210000186	开户日期	20××-×-×	挂失金额	30 000.00
	户 名	吴晖		代理人资料	户 名	_____
	证件种类	身份证 号码 330122198610220027			证件种类 身份证 号码 _____	
	地 址	杭州市教工路			地 址	_____
	电 话	0571-88902251			电 话	_____
银行打印	受理挂失				以上申请事宜请按规定给予办理，倘日后发生纠葛，申请人及代理人愿负完全责任。 打印内容已核实无误 客签 户名	
	处理结果				打印内容已核实无误 客签 户名	

（第一联 申请人挂失受理回执 办理后续处理时交回银行留存）

1. 存单/折口头挂失的有效期为五天；存单/折、卡正式挂失七天后可办理补领新存单/折/卡或者销户取现的手续。
2. 存单/折的印鉴挂失更换和密码挂失重置自挂失日起七天后有效；卡密挂失重置自挂失日起五天后生效。
3. 密码挂失业务处理，存单、折、卡及印鉴挂失业务的后续处理必须由客户本人办理。

图 3.27 银行个人挂失业务申请书

(2) 柜员受理客户业务。柜员点击"叫号器",选择客户进行业务处理。

(3) 审核客户提交的凭证。客户提交"个人挂失业务申请书"和身份证。审核客户提交的凭证,扫描客户身份证,验证身份信息是否安全无误,检查"个人挂失业务申请书"是否填写完整无误,凭证审核成功。

(4) 输入业务数据。信息无误后,点击柜面上的计算机显示器,弹出"个人活期存款挂失"业务数据输入窗口,输入账号/卡号后,单击"显示信息"按钮,账户信息全部显示,选择密码挂失,信息填写,如图 3.28 所示。

图 3.28 账户挂失申请书输入

(5) 盖章。向客户递交"个人挂失业务申请书",请客户签字收回。柜员选取业务专用章,在"个人挂失业务申请书"上盖相应的图章。整理归类不同凭证后,向客户递交属于客户的"个人挂失业务申请书",业务结束,如图 3.29 所示。

××银行　个人挂失业务申请书
20××年×月×日　　　　挂失编号：

客户填写（□挂可免填）	存款种类	活期		挂失种类：正式□　口头□　密码☑　印鉴□　其他				
	账号/卡号	0105710101210000186		开户日期	20××-×-×		挂失金额	30 000.00
	户　名	吴晖		代理人资料	户　名			
	证件种类	身份证	号码 330122198610220027		证件种类	身份证	号码	
	地　址	杭州市教工路			地　址			
	电　话	0571-88902251			电　话			
银行打印	受理挂失	业务专用章			以上申请事宜请按规定给予办理,倘日后发生纠葛,申请人及代理人愿负完全责任。打印内容已核实无误　客签户名　吴晖				
	处理结果				打印内容已核实无误　客签户名　吴晖				

1. 存单/折口头挂失的有效期为五天;存单/折/卡正式挂失七天后可办理补领新存单/折/卡或者销户取现的手续。
2. 存单/折的印鉴挂失更换和密码挂失重置自挂失日起七天后有效;卡密挂失重置自挂失日起五天后生效。
3. 密码挂失业务处理,存单、折、卡及印鉴挂失业务的后续处理必须由客户本人办理。

图 3.29　银行个人挂失业务申请完成

个人活期账户密码挂失后,该账户只能操作密码挂失解挂、修改密码、正式挂失和销户,需密码挂失解挂后才可做其他操作。

个人活期账户口头挂失,客户只需要提交个人挂失业务申请书,不需要提交身份证。柜员只需审核凭证和录入业务数据,就可结束业务。这里不再详细描述,可参考密码挂失进行操作。口头挂失后只能操作口头挂失解挂、正式挂失、换折和销户。需口头挂失解挂后才可做其他操作。个人活期账户正式挂失操作与密码挂失操作相同,这里不做详细描述,可参考密码挂失进行操作。正式挂失后只能操作正式挂失解挂、换折和销户操作,需正式挂失解挂后才可做其他操作。

7. 个人活期储蓄挂失解挂

(1) 客户提交解挂申请。客户活期账户状态为"密码挂失中",客户携带身份证、个人挂失业务申请书(挂失解挂的银行默认为客户挂失的银行,只能由挂失银行进行解挂)。客户将个人挂失业务申请书和银行卡提交柜员,由柜员受理。

(2) 柜员业务受理。柜员点击"叫号器",选择客户进行业务处理。

(3) 审核客户提交的凭证。客户提交身份证、"个人挂失业务申请书"。审核客户提交的凭证,扫描客户身份证,验证身份信息是否安全无误,检查"个人挂失业务申请书"是否属实,凭证审核成功。

(4) 输入业务数据。信息无误后,点击柜面上的计算机显示器,弹出"个人活期存款解挂"业务数据输入窗口,客户活期账户状态为"密码挂失中",输入账号/卡号后,单击"显示信息"按钮,账号信息自动显示。单击"保存"按钮,业务数据输入成功,如图 3.30 所示。

解挂申请—账号信息

账号/卡号:0105710101210000186
存款种类:活期
挂失种类:密码挂失
开户日期:20××-×-×
挂失金额:30 000.00
户主:吴晖
证件种类:身份证
号码:330122198610220027

[保存]

图 3.30 个人挂失业务解挂申请输入

(5) 盖章。柜员选取业务专用章,在"个人挂失业务申请书"上盖相应的图章。整理归类不同凭证后,业务结束,如图 3.31 所示。

××银行　个人挂失业务申请书

20××年×月×日　　　　　　挂失编号：

客户填写(口挂可免填)	存款种类	活期	挂失种类：正式□　口头□　密码☑　印鉴□　其他_____					第一联 申请人挂失受理回执
	账号/卡号	0105710101210000186	开户日期	20××-×-×	挂失金额	30 000.00		
	户　名	吴晖			代理人资料	户　名	_____	
	证件种类	身份证	号码	330122198610220027		证件种类	身份证	号码 _____
	地　址	杭州市教工路				地　址	_____	
	电　话	0571-88902251				电　话	_____	
银行打印	受理挂失	（业务专用章）				以上申请事宜请按规定给予办理，倘日后发生纠葛，申请人及代理人愿负完全责任。 打印内容已核实无误 客签 户名　吴晖		办理后续处理时交回银行留存
	处理结果					打印内容已核实无误 客签 户名　吴晖		

1. 存单/折口头挂失的有效期为五天；存单/折/卡正式挂失七天后可办理补领新存单/折/卡或者销户取现的手续。
2. 存单/折的印鉴挂失更换和密码挂失重置自挂失日起七天后有效；卡密码挂失重置自挂失日起五天后生效。
3. 密码挂失业务处理，存单、折、卡及印鉴挂失业务的后续处理必须由客户本人办理。

图 3.31　银行个人挂失业务申请书

正式挂失解挂和口头挂失解挂的操作可参考密码挂失解挂操作，不再详细描述。

8. 个人活期储蓄换折

（1）客户提交换折申请。客户携带身份证和个人活期储蓄存折，领取"特殊业务申请书"，完整无误填写信息，如图 3.32 所示。

××银行　特殊业务申请书

20××年×月×日　　　　　　序号：

申请人填写栏	户名	丁丁		账(卡)号	0100100101210000176													
	证件名称	身份证		证件号码	3	7	0	6	2	4	1	9	8	3	0	4	0	2	0	0	1	2
	代理人姓名			证件号码														
	本人选择以下业务，并承诺提供的所有资料真实、合法、准确，如有违反，承担此引起的法律责任 1. 正常换存(单)折 ☑ 2. 挂失换存(单)折 □ 3. 损坏换存(单)折 □ 4. 修改密码 □																	
日期：20××-×-× 金额：10 000.00			日志号： 终端号：			交易码： 主管：			币种：001-人民币 柜员：			凭证种类： 凭证号码：						
打印栏												本人确认所申请业务与银行打印栏记录相符。 申请人签名：丁丁						

图 3.32　银行特殊业务申请书

(2) 柜员受理客户业务。柜员点击"叫号器",选择客户进行业务处理。

(3) 审核客户提交的凭证。客户提交身份证、活期存折、"特殊业务申请书"和换折的手续费。利用点钞机验证现金并同客户核实,审核客户提交的凭证,扫描客户身份证,验证身份信息是否安全无误,检查"特殊业务申请书"是否填写完整无误,凭证审核成功。

(4) 输入业务数据。信息无误后,点击柜面上的计算机显示器,弹出"特殊业务申请书—账号信息"数据输入窗口,输入账号/卡号后,单击"显示信息"按钮,账号信息自动显示,在打开界面中输入后,单击"保存"按钮,业务数据输入成功,信息填写如图 3.33 所示。

特殊业务申请书—账号信号	
账号:	0100100101210000176
密码:	******
存款种类:	活期
换折/单类型:	正常
开户日期:	20××-×-×
金额:	10 000.00
户主:	丁丁
证件种类:	身份证
号码:	370624198304020012
[输入密码]	

图 3.33 特殊业务申请书输入

单击"输入密码",由客户输入密码核实后,上级综合角色授权处理,如图 3.34 所示。

特殊业务申请书—账号信息	
账号:	0100100101210000176
密码:	******
存款种类:	活期
换折/单类型:	正常
开户日期:	20××-×-×
金额:	10 000.00
户主:	丁丁
证件种类:	身份证
号码:	370624198304020012
[授权]	

图 3.34 特殊业务申请书授权

(5) 填写空白凭证。取出新的空白凭证活期存折以及"银行业务收费凭证"(见图 3.35),并正确置放于报表打印机,进入"存折和单据打印"页面进行打印。

银行业务收费凭证

币别：　　　　　　　　　　　　　　　　年　月　日　　　　　　　　　　　流水号：

付款人			账号	
费率种类	单价	数量		合计金额
金额(大写)：				
付款方式				
备注：			科目(贷)	
			双方科目(借)	

会计主管：　　　　　授权：　　　　　复核：　　　　　录入：

图 3.35　银行业务收费凭证

（6）盖章。柜员选取业务专用章，加盖在"银行业务收费凭证"上。整理归类不同凭证后，向客户递交属于客户的"银行业务收费凭证"客户联和新的活期存折，收回已作废存折，业务结束。

9. 个人活期账户修改密码

（1）客户提交特殊业务申请。客户携带身份证和个人活期储蓄存折，领取"银行特殊业务申请书"，完整无误填写信息，注意选择"修改密码"事项。

（2）柜员受理客户业务。柜员点击"叫号器"，选择客户进行业务处理。

（3）审核客户提交的凭证。客户提交身份证、活期存折和"特殊业务申请书"。审核客户提交的凭证，扫描客户身份证，验证身份信息是否安全无误，检查"特殊业务申请书"是否填写完整无误，凭证审核成功。

（4）业务数据输入。信息无误后，点击柜面上的计算机显示器，弹出"个人活期存款修改密码"业务数据输入窗口，输入账号/卡号后单击"显示信息"按钮，账号信息自动显示，在打开界面中输入后，单击"保存"按钮，业务数据输入成功。单击"输入密码"，由客户输入密码核实之后，上级综合角色授权处理。接着请客户输入两次新的密码，正确后，密码修改完成。

（5）盖章。柜员选取业务专用章，在"特殊业务申请书"上盖相应的图章。整理归类不同凭证后，向客户递交属于客户的"特殊业务申请书"，业务结束，如图 3.36 所示。

××银行　特殊业务申请书

20××-×-×　　　　　　　　　　　　　　　　　　　序号：

	户名	吴晖	账(卡)号	0105710101210000186
申请人填写栏	证件名称	身份证	证件号码	3 3 0 1 2 2 1 9 8 6 1 0 2 2 0 0 2 7
	代理人姓名		证件号码	
	本人选择以下业务，并承诺提供的所有资料真实、合法、准确，如有违反，承担由此引起的法律责任 1. 正常换存(单)折 □ 2. 挂失换存(单)折 □ 3. 损坏换存(单)折 □ 4. 修改密码 ☑			
	日期：20××-×-× 金额：30 000.00	日志号： 终端号：	交易码： 主管：	币种：人民币 柜员：xs0002	凭证种类： 凭证号码：
打印栏			本人确认所申请业务与银行打印栏记录相符。 申请人签名：吴晖		

（第一联　银行留存）

图 3.36　银行特殊业务申请书

10. 个人活期储蓄销户

（1）客户提交销户申请。客户携带身份证和个人活期储蓄存折，领取"销户申请书""取款凭条"，完整无误填写信息，如图3.37所示。

销户申请书

编号：

	申请人姓名	[吴晖]		
	证件类型	[身份证]	证件号码	[330122198610220027]
	联系电话	[0571-88902251]	邮编	[310012]
	地址	[杭州市教工路]		

客户填写

本人于[20××-×-×在××银行申请开立0105710101210000215]账号

账号：[0105710101210000215]　附属卡：[　　　]

账户类型：
○活期　○整存整取　○零存整取　○存本取息　○教育结算　○一本通　○通知取款　○定活两便　○借记卡　○贷记卡

支取方式：[留密]　通兑标志：[通兑]

因[　　　　　　　　　　]原因向贵行申请销户。

账户余额处理方式：

申请签字：[吴晖]　　日期：[20××-×-×]

⊙现金　○转账

银行填写

开户行审核意见：[　　　]

经办人盖章：

审核日期：[　　　]

图3.37　销户申请书

（2）柜员受理客户业务。柜员点击"叫号器"，选择客户进行业务处理。

（3）审核客户提交的凭证。客户提交的"销户申请书"、身份证、存折和"取款凭条"。审核客户提交的凭证，扫描客户身份证，验证身份信息是否安全无误，检查"销户申请书""取款凭条"是否填写完整无误，凭证审核成功。填写开户行审核意见"同意销户"。

（4）输入业务数据。信息无误后，点击柜面上的计算机显示器，弹出"个人活期存款销户"业务数据输入窗口，输入账号/卡号后单击"显示信息"按钮，账号信息自动显示。在打开界面中输入后，单击"保存"按钮，业务数据输入成功，接着单击"输入密码"，由客户输入密码核实之后，上级综合角色授权处理，信息填写如图3.38所示。

图 3.38 销户申请书输入

(5) 打印凭证。将客户的存折、"取款凭条"和"存款利息清单",正确置放于报表打印机,进入存折和单据打印页面进行打印。

(6) 盖章。向客户递交"取款凭条"和"存款利息清单"盖章,请客户签字收回。柜员选取现金讫章和经办员名章,在存折、"取款凭条"和"存款利息清单"上盖相应的图章,如图 3.39 所示。存折加盖销户章,做记账凭证附件。

销户申请书

编号:

	申请人姓名	吴晖		
客户填写	证件类型	身份证	证件号码	330122198610220027
	地址	杭州市教工路	邮编	310012
	联系电话	0571-88902251		
	本人于 20××-×-×在××银行申请开立 0105710101210000215 账号			
	账号:0105710101210000215 附属卡:			
	账户类型: ⦿活期 ○整存整取 ○零存整取 ○存本取息 ○教育储蓄 ○一本通 ○通知存款 ○定活两便			
	支取方式: 通兑标志:			
	因原因向贵行申请销户。			
	账户余额处理方式:			
	⦿现金支取			
	○转账支取账号:			

图 3.39 销户申请书完成

(7) 从尾箱取出钱钞。柜员根据取款金额从尾箱取钱,并用点钞机验证从尾箱中取出的钱钞,再手工点钞验证取出的钱钞是否正确。最后把属于客户的"取款凭条"、现金交予客户核实,并收回客户的活期存折,业务结束。

11. 个人整存整取

客户先开立一个整存整取定期账户,注意选择存款种类的时候,填写整存整取账户,经办员按业务流程规定处理后,登记开销户登记簿。储蓄存款凭条上加盖现金讫章、经办员名章。其余流程和个人活期储蓄开户相似,不再重复叙述。整存整取储种可操作的业务(提交支取、密码挂失、修改密码、口头挂失、正式挂失、换单、销户)。现在对个人整存整取提前支取的业务操作如下。

(1) 客户提交储蓄存单提前支取。客户携带身份证(代办取款时须出示储户本人及代办取款人身份证件)、银行整存整取储蓄存单,并选择现金支取或转账支取。选择现金支出则应该还要填写"取款凭条"(若选择转账支取则应该选取"转账凭条")。

(2) 柜员受理客户业务。柜员点击"叫号器",选择客户进行业务处理。

(3) 审核客户提交的凭证。客户提交身份证、储蓄存单和"取款凭条"。审核客户提交的凭证,扫描客户身份证,验证身份信息是否安全无误,检查"取款凭条"是否填写完整无误,凭证审核成功。

(4) 输入业务数据。信息无误后,点击柜面上的计算机显示器,弹出"个人整存整取提前支取"业务数据输入窗口,输入账号/卡号后单击"显示信息"按钮,账号信息自动显示,在打开界面中输入后,单击"保存"按钮,业务数据输入成功,信息填写如图 3.40 所示。单击"输入密码",由客户输入密码核实之后,上级综合角色授权处理。

```
           定期储蓄     整存整取提前支取
   账号    0105710101210000144    收款账号 _____
   支取金额  10 000        (元)   收款户名 _____
   户名    吴晖                 存期    一年
   余额    0.00                 交易日期 20××-×-×
   密码    ******
                    [授权]
```

图 3.40 整存整取提前支取输入

(5) 打印凭证。将客户的"储蓄存单""利息清单"和"取款凭条",正确置放于报表打印机,进入存折和单据打印页面进行打印。

(6) 盖章。在原储蓄存单加盖销户章、经办员名章,做"××整存整取储蓄存款"科目借方凭证。存款利息清单加盖现金讫章,做"应付利息"科目借方凭证。"取款凭条"上盖现金讫章,做"××整存整取储蓄存款"科目借方凭证。整理归类不同凭证后,向客户递交属于客户的利息清单和"取款凭条",业务结束。

整存整取账户密码挂失、修改密码、口头挂失、正式挂失、换单、销户可参考活期账户进行操作,不再详细描述。

12. 个人零存整取

客户先开立一个零存整取定期账户,流程和个人活期储蓄开户相似,注意选择存款种类的时候,填写零存整取账户。零存整取在开户时需要提交存款凭条和设置月存入额,根据月存入额每月存款。零存整取在存款时,客户提交的存款凭条中存款金额默认为开户时设置的月存入金额。经办员按业务流程规定处理后,登记开销户登记簿。储蓄存款凭条上加盖现金讫章、经办员名章,做"××零存整取储蓄存款"科目贷方凭证。零存整取业务都可参考活期账户的操作,这里不再详细描述。

教育储蓄本质属于零存整取的一种,因此其业务操作不再详细描述,参照零存整取。

13. 个人存本取息

客户先开立一个存本取息定期账户,流程和个人活期储蓄开户相似,注意选择存款种类的时候,填写存本取息账户。存本取息在开户时起存金额不能小于 10 000 元,并且需要设置支取次数。存本取息客户在取款操作时支取金额根据开户时存入金额和支取次数自动计算,支取方式可选择现金支取和转账支取。根据开户时设置的支取数据,可操作该存本取息账户的取款次数,到期后支取本金。经办员按业务流程规定处理后,登记开销户登记簿。储蓄存款凭条上加盖现金讫章、经办员名章,做"××存本取息储蓄存款"科目贷方凭证。存本取息的业务操作可参考活期账户,不再详细描述。

14. 个人通知存款

客户先开立一个通知存款定期账户,流程和个人活期储蓄开户相似,注意选择存款种类的时候,填写通知存款账户。通知存款开户时存入金额不能低于 50 000 元,可分多次支取,支取时须先知道银行,预定支取日期和金额方能支取。通知存款可操作未通知取款,发送取款通知、取款、密码挂失、修改密码、口头挂失、正式挂失、换折和销户。存本取息的业务操作可参考活期账户,不再详细描述。主要阐述发送取款通知和发送取款通知取款的流程。

1) 发送取款通知

发送取款通知,客户本人到银行或者收到传真通知,但支取时须向银行递交正式通知书。以下以客户本人到银行通知为例进行阐述。

(1) 客户提交存款通知书。客户领取"个人通知存款通知书",完整无误填写信息,签约金额不能少于 50 000 元,若取款后账户余额小于 50 000 元,必须同时全部取出。如图 3.41 所示。

××银行 个人通知存款通知书

通知号 1	通知存款种类:一天☑ 七天☐
账　号　0105710101210000380	客户名称　吴晖
开 户 日　20××-×-×	账户余额　50 000.00
签约金额　50 000	签约日期　20××-×-×
操 作 员	客户签字　吴晖

支取日/撤销日　20××-×-×	
账号　0105710101210000380	
	操作员

第一联 客户留存

图 3.41　银行个人通知存款通知书

(2) 客户业务受理。柜员点击"叫号器",选择客户进行业务处理。

(3) 审核客户提交的凭证。客户提交身份证和"个人通知存款通知书"。审核客户提交的凭证,扫描客户身份证,验证身份信息是否安全无误,检查"个人通知存款通知书"是否填写完整无误,凭证审核成功。

(4) 输入业务数据。信息无误后,点击柜面上的计算机显示器,弹出个人定期通知存款业务数据输入窗口,输入账号/卡号后单击"显示信息"按钮,账号信息自动显示,在打开界面中输入后,单击"保存"按钮,业务数据输入成功。如图3.42所示。

图 3.42 储蓄业务通知输入

（5）盖章。柜员选取业务专用章,在"个人通知存款通知书"上盖相应的图章。整理归类不同凭证后,向客户递交属于客户的"个人通知存款通知书",业务结束。

2）个人通知存款取款通知取款

（1）客户提交单据提前支取。客户须携带"个人通知存款通知书""储蓄存单""取款凭条"和身份证,填写"取款凭条"的金额应等于取款通知单中的金额。单据提交成功,由柜员受理。

（2）柜员受理客户业务。柜员点击"叫号器",选择客户进行业务处理。

（3）审核客户提交的桌面凭证。客户提交身份证、"个人通知存款通知书"、储蓄存单和"取款凭条"。审核客户提交的凭证,扫描客户身份证,验证身份信息是否安全无误,检查"取款凭条"是否填写完整无误,凭证审核成功。

（4）输入业务数据。信息无误后,点击柜面上的计算机显示器,弹出"通知存款取款"业务数据输入窗口,输入账号/卡号后单击"显示信息"按钮,账号信息自动显示,在打开界面中输入后,单击"保存"按钮,业务数据输入成功,信息填写如图3.43所示。

图 3.43 储蓄业务通知存款取款输入

（5）打印凭证。将客户的储蓄存单、"取款凭条"和"存款利息清单"，正确置放于报表打印机，进入存折和单据打印页面进行打印，单据打印成功。

（6）盖章。向客户递交"取款凭条"和"存款利息清单"，请客户签字收回。柜员选取现金讫章，在储蓄存单、"取款凭条"和"存款利息清单"处盖上相应的图章。整理归类不同凭证后，向客户递交属于客户的"取款凭条"和"存款利息清单"，业务结束。

（7）从尾箱内取出钱钞。柜员根据取款金额从尾箱取钱，用点钞机验证从尾箱中取出的钱钞，再手工点钞验证取出的钱钞是否正确。最后把属于客户的"取款凭条"、活期存折、现金交予客户核实，业务结束。

15. 个人定活两便

定活两便是指客户在存款时，不约定存期，可以随时支取，利率随存期的长短而变化的储蓄存款。定活两便销户后直接取款，不能部分支取。密码挂失、修改密码、口头挂失、正式挂失、换单和销户的操作可参考个人活期账户，不再详细描述。

16. 个人一本通账户

一本通账户操作的个人活期账户开户操作流程相同，只是柜员在领取空白凭证时领取的是一本通存折。一本通账户开户不再详细描述。

1）开存

（1）客户提交一本通开存申请单。客户领取一本通开存申请单，完整无误填写信息，一本通开存申请单页面储种和存期需进行选择。储种可选择：整存整取、零存整取、教育储蓄、存本取息、定活两便和通知存款；存期有三个月、半年、一年、两年、三年、五年。可通过现金存入，也可通过转账的方式存入。现金存入需填写存入金额；转账存入该客户需要有正常的并且一定金额的活期账户。如图3.44所示。

××银行　一本通开存申请单

20××年×月×日

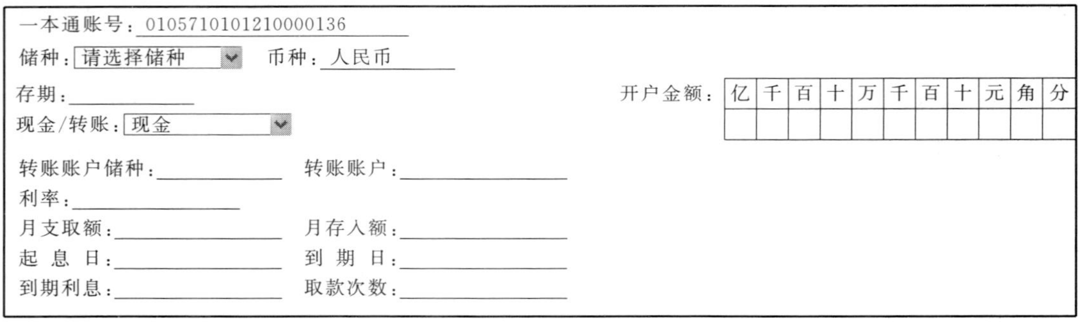

一本通账号：0105710101210000136
储种：请选择储种　　币种：人民币
存期：　　　　　　　开户金额：亿 千 百 十 万 千 百 十 元 角 分
现金/转账：现金
转账账户储种：　　　　转账账户：
利率：
月支取额：　　　　　　月存入额：
起息日：　　　　　　　到期日：
到期利息：　　　　　　取款次数：

图3.44　银行一本通开存申请单

（2）柜员受理客户业务。柜员点击"叫号器"，选择客户进行业务处理。

（3）查收客户提交的钱钞。使用点钞机清点并检验客户的钞票，进行手工点钞核实并验钞，提醒客户确认金额。

（4）审核客户提交的凭证。客户提交"一本通开存申请单"、身份证和一本通存折。审核客户提交的凭证，扫描客户身份证，验证身份信息是否安全无误，检查"一本通开存申请单"是否填写完整无误,凭证审核成功。

(5) 输入业务数据。信息无误后,点击柜面上的计算机显示器,弹出"一本通开存"业务数据输入窗口,输入账号/卡号后单击"显示信息"按钮,账号信息自动显示,在打开界面中输入后,单击"保存"按钮,业务数据输入成功,信息填写如图 3.45 所示。

图 3.45　一本通开存输入

(6) 打印凭证。将客户的"一本通开存申请单"、一本通存折(见图 3.46)和业务收费凭证,正确置放于报表打印机,进入"存折和单据打印"页面进行打印。

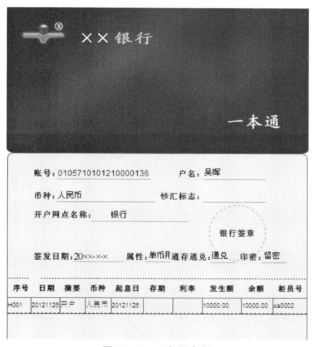

图 3.46　一本通存折

(7) 盖章。向客户递交"一本通开存申请单"和"业务收费凭证",请客户签字收回。柜员选取现金讫章和业务专用章盖章。整理归类不同凭证后,"一本通开存申请单"做"定期一本通储蓄存款"科目贷方记账凭证。向客户递交属于客户的"一本通开存申请单"、一本通存折和"业务收费凭证",业务结束。

2）子账号（存折修改）

一本通账户的"子账号"操作方法,请参阅活期账户或定期账户中的相关操作。一本通账户密码挂失、修改密码、口头挂失、正式挂失、换折和销户业务可参考活期账户进行操作,不再详细描述。

第四章 个人银行卡业务

第一节 个人银行卡业务操作流程

一、借记卡开卡申请

（一）借记卡开卡

借记卡是一种不具备透支功能的银行卡。借记卡按功能不同分为转账卡、专用卡和储值卡。借记卡是一种具有存取款功能的卡，另外，各个银行还根据自身的特色，为其附加了转账结算、买卖基金、炒股、炒汇等众多理财等功能，提供了大量增值服务。可以0元起存，多存不限，由银行发卡，凭卡存取，借记卡实名制记名，可以挂失；利息每季结算一次，并入本金起息，利随本清。申办简易：在开立活期储蓄存款账户时即可申请、取卡，无须担保、简单快捷。借记卡开卡业务流程如图4.1所示。

（二）个人银行卡签约电子银行

客户需提供及填写的资料：户主本人身份证原件；个人银行卡；《个人账户及电子银行业务综合申请表》（可不填写）；《电子银行服务协议》；防电信诈骗安全提示单；银行卡业务权限确认单。

营业部审核：核实办理人员提供的身份证件是否为本人，身份证是否在有效期限内；进行身份证联网核查，并打印结果在身份证复印件背面，双人签章确认。复印件正面加盖与原件核对一致的印章，双人签章确认；审核申请书填写是否完整准确、客户是否签字确认；审核申请书上所有选项是否均已勾选，不选择的业务需打叉；提醒客户仔细阅读《电子银行服务协议》；柜员需进行电话核实并录音；需要客户在银行卡业务权限确认单上设置合理的日累计转账限额、日累计转账笔数以及年累计转账限额。

二、借记卡存现

用银行的借记卡可以消费,但不能透支,必须在卡中事先存上钱才能消费,借记卡存现业务流程如图 4.2 所示。

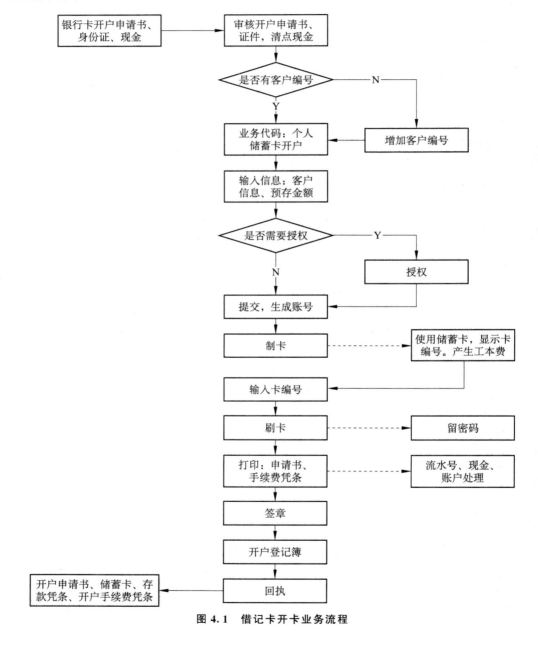

图 4.1 借记卡开卡业务流程

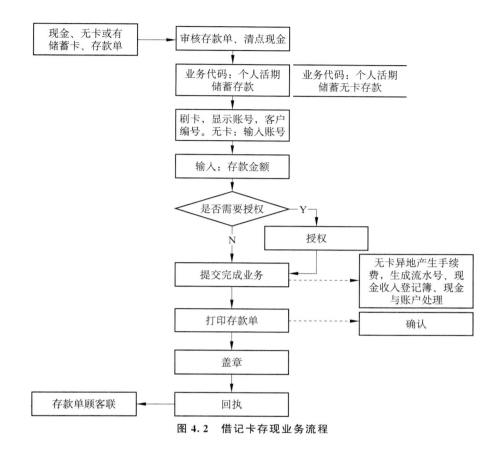

图 4.2 借记卡存现业务流程

三、借记卡取现、转账

客户可以持有借记卡随时在营业部或者 ATM 机上进行取现及转账,限额为借记卡余额。同时使用网上银行向任意他人账户或本人非网银注册账户转账或汇款,需要开通网上银行的"对外转账功能",同时追加电子银行安全介质 U 盾或电子口令卡。借记卡取现流程如图 4.3 所示。

四、贷记卡开卡申请

贷记卡是指发卡银行给予持卡人一定的信用额度,持卡人可在信用额度内先消费、后还款的信用卡。贷记卡是真正意义上的信用卡,具有信用消费、转账结算、存取现金等功能。值得注意的是,钱存入借记卡,银行给按活期计息,而钱存入贷记卡,按规定银行不但不给计息,取款时还要收取一定数额(0.5%~3%)的手续费。因此,为了减少不必要的经济损失,最好别用贷记卡存大额现金。它具有以下特点:先消费后还款,享有免息缴款期(最长可达 56 天),并设有最低还款额(一般银行设定额是你上月透支总额的 10%),客户出现透支可自主分期还款。贷记卡持卡人不需要在银行备用金,即可在发卡银行规定的信用额度内透支信用卡,一般透支最大数额为 30 000~50 000 元,不同银行最大透支的数额是不同的,而且根据每

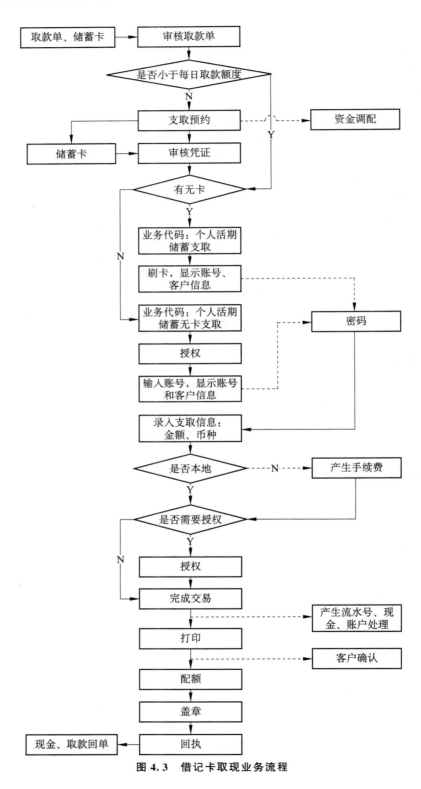

图 4.3 借记卡取现业务流程

个人的信用记录的不同,透支最大数额也会不同。透支预期未还的处理:透支后,要加收透支利息,每天万分之五,时间为 3 个月,如 3 个月内无任何归还现象,按金融诈骗罪定论,一般 1 个月不偿还的就会被银行列为黑户观察,越早还越好,最长时间为 3 个月。

第二节 个人银行卡业务实训

一、实训目标

银行卡是由商业银行向社会发行的具有消费信用、转账结算、存取现金等全部或部分功能的信用支付工具。通过银行卡的借记卡和贷记卡的业务实验的操作,能更深入地了解银行卡方便客户消费、结算等优点。

二、实训任务

(1) 了解银行卡的分类和各类型银行卡的功能。
(2) 了解银行卡的申办、使用流程。

三、个人银行卡业务操作

1. 银行卡账户开户申请

(1) 客户填写借贷记卡开卡申请书。客户携带身份证,领取"银行借贷记卡开卡申请书",并进行相关信息的填写:借贷类别;开户金额;是否有关联账号选择"是",该客户下需有正常状态下的活期账户;选择"否"不需选择账户。填写信息如图 4.4 所示。

银行借贷记卡开卡申请书

20××年×月×日

借贷类别 □借 □贷		
姓 名 吴晖	拼音或英文姓名 _____	性别 男
币 别 人民币	开户金额 0	钞汇标志 ☑钞 □汇
证件类型 身份证	证件号码 330122198610220027	
联系电话 _____	邮政编码 _____	
联系地址 _____		
银行打印		

会计主管: 　　　　授权: 　　　　复核: 　　　　录入:
是否有关联账号 □是 □否

图 4.4 银行借贷记卡开卡申请书

（2）柜员受理客户业务。柜员点击"叫号器"，选择客户进行业务处理。

（3）查收客户提交的钱钞。使用点钞机清点并检验客户的钞票，进行手工点钞核实并验钞，提醒客户确认金额。

（4）审核客户提交的凭证。客户提交身份证、"存款凭条"和"银行借贷记卡开卡申请书"。审核客户提交的凭证，扫描客户身份证，验证身份信息是否安全无误，检查"存款凭条"和"银行借贷记卡开卡申请书"是否填写完整无误，凭证审核成功。

（5）输入业务数据。信息无误后，点击柜面上的计算机显示器，弹出"银行卡"业务数据输入窗口，新建账户，输入名字及匹配卡号，选择银行卡类型"借记卡"，其他信息自动显示，在打开界面中，请客户两次输入密码确认，业务数据输入成功，如图4.5所示。

银行卡信息

卡号：0105710101210000123
户名：吴晖
申请书类型：借记卡
初始金额：10 000.00（人民币）
卡号生成日期：20××-×-×
密码：

[输入密码]

图 4.5　银行卡输入

（6）取出相关重要空白凭证。柜员取出储蓄借记卡，银行卡领取成功。

（7）打印凭证。取出"银行借贷记卡开卡申请书"和"业务收费凭证"，正确置放于报表打印机，凭证打印成功。

（8）盖章。向客户递交"业务收费凭证"，请客户签字收回。柜员选取业务专用章，在"业务收费凭证"上盖相应的图章。整理归类不同凭证后，向客户递交属于客户的借记卡，如图4.6所示，业务完成。

图 4.6　借记卡

2. 银行卡账户存款

（1）客户提交银行卡存款信息。客户持有借记卡，等待柜员叫号。

（2）柜员受理客户业务。柜员点击"叫号器"，选择客户进行业务处理。

（3）查收客户提交的钱钞。使用点钞机清点并检验客户的钞票，进行手工点钞核实并验钞,提醒客户确认金额。

(4) 审核客户提交的凭证。客户提交借记卡,凭证审核成功。

(5) 输入业务数据。信息无误后,点击柜面上的计算机显示器,弹出"个人活期存款"业务数据输入窗口,输入账号/卡号后单击"显示信息"按钮,账号信息自动显示,在打开界面中输入后,单击"保存"按钮,业务数据输入成功,信息填写如图 4.7 所示。

银行卡存现信息	
银行卡号:	[0105710101210000123]
存款金额:	[1 000]
用户名称:	吴晖
存款日期:	20××-×-×
密码:	[输入密码]

图 4.7 银行卡存现输入

(6) 打印凭证。取出空白凭证"银行卡存款凭条",正确置放于报表打印机进行打印,如图 4.8 所示。

××银行　银行卡存款凭条
　　　20××年×月×日　　　传票号

持卡人姓名:**吴晖**　　证件号码:　　　证件号码:
卡　　号:0105710101210000123　对方账号:　　授权号码:
交易类型:**现金存款**　　缴费项目:　　　用户证号:
交易金额(小写):1 000.00　　手续费金额(小写):0.00
币　种:**人民币**　总计金额(大写):**壹仟元整**
　　　　　　　　　持卡人签名:**吴晖**　电话:

日　期:**20××-×-×**　日志号:　交易号:　币种:**人民币**　票据种类:
金　额:**1 000.00**　终端号:　授权主管:　柜员:　票据号码:

票 面	100元	50元	30元	10元	辅币	抵现	现金合计
张 数	10	0	0	0	0		1 000.00

复核:

××银行
银行卡存款凭条

卡号:0105710101210000123
持卡人姓名:**吴晖**
交易类型:**现金存款**
交易日期:20××-×-×
交易金额:1 000.00
手续费金额:0.00
总计金额:1 000.00
变动后余额(小写):11 000.00
转存账号:
转存期限:
请持卡人妥善保管
(银行盖章)

图 4.8 银行卡存款凭条

(7) 盖章。向客户递交"银行卡存款凭条",请客户签字收回。柜员选取现金讫章,在"银行卡存款凭条"上盖相应的图章。整理归类不同凭证后,向客户递交属于客户的银行卡及"银行卡存款凭条"客户联,业务结束,如图 4.9 所示。

3. 银行卡账户取款

(1) 客户提交银行卡取款信息。客户持有借记卡,等待柜员叫号。

(2) 柜员受理客户业务。柜员点击"叫号器",选择客户进行业务处理。

(3) 审核客户提交的凭证。客户提交借记卡,凭证审核成功。

××银行　银行卡存款凭条

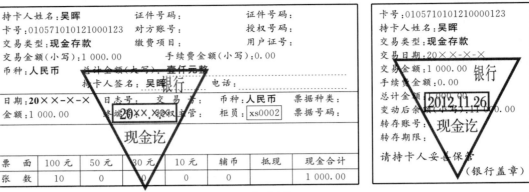

图 4.9　银行卡存款凭条完成

（4）输入业务数据。信息无误后，点击柜面上的计算机显示器，弹出"个人活期存款"业务数据输入窗口，输入账号/卡号后单击"显示信息"按钮，账号信息自动显示，在打开界面中输入后，单击"保存"按钮，业务数据输入成功，信息填写如图 4.10 所示。

银行卡取现信息

银行卡号：0105710101210000123
取款金额：2 000
用户名称：吴晖
取款日期：20××-×-×
密码：

[输入密码]

图 4.10　银行卡取现输入

（5）打印空白凭证。取出空白凭证"银行卡取款凭条"，正确置放于报表打印机打印，如图 4.11 所示。

××银行　银行卡取款凭条

持卡人姓名：吴晖	证件号码：	证件号码：
卡号：0105710101210000123	对方账号：	授权号码：
交易类型：现金取款	缴费项目：	用户证号：
交易金额（小写）：2 000.00	手续费金额（小写）：0.00	
币种：人民币	总计金额（大写）：贰仟元整	
	持卡人签名：吴晖	电话：

日期：20××-×-×	日志号：	交易号：	币种：人民币	票据种类：
金额：2 000.00	终端号：	授权主管：	柜员：	票据号码：

票面	100元	50元	30元	10元	辅币	抵现	现金合计
张数							2 000.00

复核：

××银行
银行卡取款凭条

卡号：0105710101210000123
持卡人姓名：吴晖
交易类型：现金取款
交易日期：20××-×-×
交易金额：2 000.00
手续费金额：0.00
总计金额：2 000.00
变动后余额（小写）：9 000.00
转存账号：
转存期限：
请持卡人妥善保管
（银行盖章）

图 4.11　银行卡取款凭条

(6)盖章。向客户递交"银行卡取款凭条",请客户签字收回。柜员选取现金讫章,在存款凭条上盖相应的图章。整理归类不同凭证后,向客户递交属于客户的"银行卡取款凭条",业务结束。

(7)从尾箱取出钱钞。柜员根据取款金额从尾箱取钱,并用点钞机验证从尾箱中取出的钱钞,再手工点钞验证取出的钱钞是否正确。最后把属于客户的"取款凭条"、活期存折、现金交予客户核实,业务结束。

银行卡账户挂失、解挂和销户的操作流程与个人活期存款账户相同,只是柜员在领取空白凭证时领取的是银行卡。银行卡账户开立不再详细描述。

第五章 个人贷款业务

第一节 个人贷款业务操作流程

一、个人住房贷款

(一) 个人住房贷款申请

住房贷款是指银行向借款人发放的,用于借款人购买住房的贷款。以下以一手房按揭贷款为例进行阐述。贷款金额:建筑面积在 90 平方米以上的,最高贷款金额为所购住房成交价格的 70%;建筑面积在 90 平方米及以下的,最高贷款金额为所购住房成交价格的 80%。贷款期限:贷款期限最长 30 年;借款人年龄与贷款期限之和最长 70 年。贷款利率:住房贷款利率执行中国人民银行规定的同期同档次贷款利率;有浮动利率、固定利率、混合利率 3 种利率确定方式可供选择;不同地区利率执行根据不同时期房地产市场发展状况以及信贷资金紧缺程度而上下调整。还款方式:等额本息法/等额本金法,等比递增法/等比递减法,等额递增法/等额递减法,及银行规定的其他还款方法。借款合同是明确各方权利义务关系的协议,是银行和借款人订立的,约定借款的条件后提供资金给借款方使用,借款方按约定的用途使用该资金,并按时偿还本息的协议。借款合同是确定银行和借款人权利义务的法律依据,其主要内容包括:贷款种类、借款用途、金额、利息、期限、还款资金来源及还款方式、保证条款、违约责任、双方当事人商定的其他条款。借款合同的内容相当于当事人之间的法律,任何一方违反任何一款都构成违约,都应承担相应的违约责任。最后,商业银行应将发放的个人住房贷款情况登记在当地人民银行的信贷登记咨询系统,详细记载借款人的借款金额、贷款期限、借款人及其配偶的身份证号码。商业银行在发放个人住房贷款前,应到信贷登记咨询系统进行查询。

申请个人住房贷款需具备的条件:具有完全民事行为能力和合法有效身份;婚姻状况证明;有偿还贷款本息的能力;信用状况良好,无连续逾期 90 天以上的贷款记录(有此记录的,须提供整笔贷款已结清的凭证原件),申请贷款时无逾期的贷款本息;有合法有效的购房合同或协议,且所购房屋用途为住宅;有不低于最低规定比例的首付款证明;同意以所购住房作为抵押物,或提供银行认可的其他担保方式。

(1) 抵押贷款指贷款行以借款人或第三人提供的、经贷款行认可的符合规定条件的财产作为抵押物而向借款人发放的贷款。抵押物价值按照抵押物的市场成交价或评估价确定。需要评估抵押物其评估费用由借款人负担。借款人以所购住房作为贷款抵押物的,必须将住房价值全额用于贷款抵押,其贷款额度不得超过所购住房价值的80%;若以贷款行认可的其他财产作为抵押物,其贷款额度不得超过抵押物价值的70%。贷款行与抵押人签订抵押合同后,双方必须依照法律规定办理抵押登记,抵押登记费用由借款人负担。抵押权设定后,所有能够证明抵押物权属的证明文件(原件),均应由贷款行保管并承担保管责任。贷款行收到上述文件后,应向抵押人出具保管证明。抵押人对设定抵押的财产在抵押期内必须妥善保管,负有维修、保养、保证完好无损的责任,并随时接受贷款行的监督检查。对设定的抵押物,在贷款本息未清偿前,未经贷款行书面同意,抵押人不得将抵押物转让、出租、重复抵押或以其他方式处分。抵押担保的期限自抵押登记完成之日起至担保的债权全部清偿之日止,抵押终止后,当事人应按合同的约定到原登记部门办理抵押注销登记手续,解除抵押权。

(2) 质押贷款指贷款行以借款人或第三人提供的、贷款行认可的符合规定条件的权利凭证作为质押权利而向借款人发放的贷款。个人住房贷款可以用1999年以后(含1999年)财政部发行的凭证式国债、国家重点建设债券、金融债券、AAA级企业债券、单位定期存单、个人定期储蓄存款存单等有价证券质押。借款人以符合条件的有价证券作质押,其贷款额度最高不得超过质押权利凭证票面价值的90%。贷款行应对出质人提交的有价证券进行查询和认证,并将有价证券质押的事实书面通知出具有价证券的金融机构。质押期间,出质人对用作质押的权利凭证不得以任何理由挂失。贷款行与出质人签订质押合同的同时,出质人应将确认后的质押权利凭证交付贷款行。质押担保的期限自权利凭证交付之日起至借款人还清全部贷款本息之日止。贷款行负有妥善保管质押权利凭证的责任。因保管不善造成质押权利凭证灭失或毁损的,贷款行应承担民事责任。质押权利凭证兑现日期先于贷款到期日的,可以选择以下方式处理,并应在质押合同中注明:到期兑现用于提前清偿贷款;转换为定期储蓄存单继续用于质押;转换为贷款行认可的有价证券继续用于质押;用贷款行认可的等额债券、存款单调换到期债券、存款单;用贷款行认可的财产替换质押权利用于抵押。用凭证式国债质押的、贷款期限最长不得超过凭证式国债的到期日。若用不同期限的多张凭证式国债作质押,以距离到期日最近者确定贷款期限。

(3) 保证贷款指贷款行为借款人提供的、贷款行认可的具有代为清偿债务能力的人、其他经济组织或自然人作为保证人而向借款人发放的贷款。保证人是法人、其他经济组织的,必须具有代为偿还全部贷款本息的能力。保证人为自然人的,必须有稳定的经济来源,具有足够代偿贷款本息的能力,并在贷款行存有一定数额的保证金。保证人应与贷款行签订保证合同,保证人为借款人提供的贷款担保为全额连带责任保证。保证期间,保证人为法人或其他经济组织的,如发生变更、撤销或破产等,借款人应提前 30 天书面通知贷款行,保证合同项下的全部权利、义务由变更后的机构承担或由对保证人做出撤销决定的机构承担。如贷款行认为变更后的机构不具备完全的保证能力,变更后的机构或做出撤销决定的机构有义务落实为贷款行所接受的新的保证人。保证人为自然人时,如发生死亡、宣告失踪或丧失民事行为能力等,借款人应立即通知贷款行,贷款行有权要求借款人提供新的担保。借款人之间、借款人与保证人之间不得相互提供保证。仅提供保证担保方式的,只适用于贷款期限不超过 5 年(含 5 年)的贷款,其贷款额度不得超过所购(建造、大修)住房价值的 50%。

(4) 抵押加阶段性保证贷款指贷款行以借款人提供的所购住房作抵押,在借款人取得该住房的房屋所有权证和办妥抵押登记之前,由售房人提供阶段性连带责任保证而向借款人发放的贷款。保证人必须是贷款行与之签订了《商品房销售贷款合作协议书》的,且又是借款人所购住房的开发商或售房单位。本方式涉及的抵押、保证担保按上级规定办理。在所抵押的住房取得房屋所有权证并办妥抵押登记后,根据合同约定,保证人不再履行保证责任。采用本贷款担保方式的,贷款行应与借款人、抵押人、保证人同时签订借款合同。

个人住房贷款申请业务流程如图 5.1 所示。

(二) 个人住房贷款还款

借款人应按借款合同约定的还款计划、还款方式偿还贷款本息。借款人可采取以下方式偿还贷款本息:委托扣款方式和柜面还款方式。其中,委托扣款方式即借款人委托贷款行在其于银行开立的信用卡、储蓄卡或储蓄存折账户中直接扣划还款。采用委托扣款方式的,借款人须事先向贷款行提出申请、并签订个人住房贷款委托扣款协议。柜面还款方式即借款人直接以现金、支票或信用卡、储蓄卡到贷款行规定的营业柜台还款。

贷款期限在 1 年以内(含 1 年)的,实行到期本息一次性清偿的还款方法。贷款期限在 1 年以上的,可采用等额本息还款法和等额本金还款法。借款人可以根据需要选择还款方法,但一笔借款合同只能选择一种还款方法,合同签订后,不得更改。

1. 等额本息还款法

等额本息还款法即借款人每月以相等的金额偿还贷款本息,计算公式为

$$每月还款额 = \frac{贷款本金 \times 月利率 \times (1+月利率)^{还款期数}}{(1+月利率)^{还款期数} - 1}$$

2. 等额本金还款法

等额本金还款法即借款人每月等额偿还本金,贷款利息随本金逐月递减,计算公式为

$$每月还款额 = \frac{贷款本金}{还款期数} + (贷款本金 - 累计已还本金) \times 月利率$$

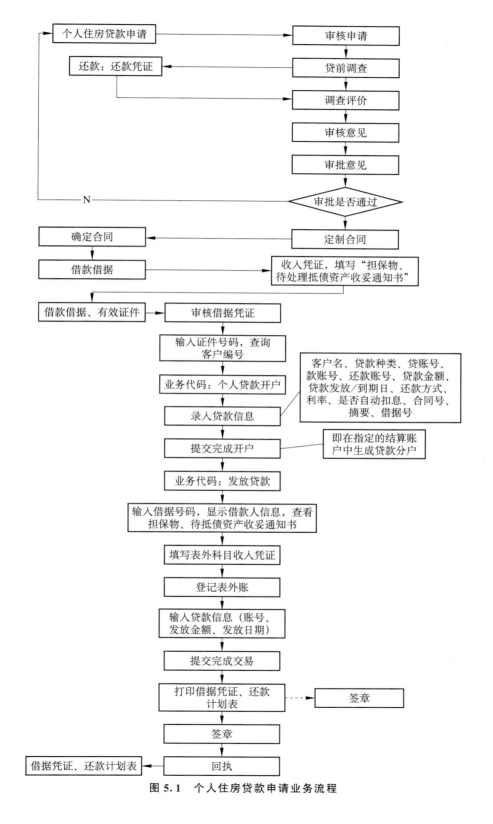

图 5.1 个人住房贷款申请业务流程

在第一期和最后一期还款时，按照借款人的借款余额和合同约定期限的利率按实际占用的天数计算借款利息。借款人需要填写还款凭证，持现金或转账到银行直接存入收款人账号即可，记录每一笔还款记录。

（三）个人住房贷款转账逾期还款

借款人在原合同履行期间，如不能按照原还款计划按期归还贷款，可向贷款行提出延长借款期限的书面申请，经贷款行批准后，签订个人住房借款延期还款协议并办理有关手续，同时担保人在延期还款协议上签字。抵押物、质押权利、保证人发生变更的，担保人应与贷款行重新签订相应的担保合同。抵押物、质押权利、保证人未发生变更的，担保人只需与借款人和贷款行签订延期还款协议、同意继续履行担保责任，而无须与贷款行重新签订相应的担保合同。借款人申请借款延期只限一次，原借款期限与延长期限之和最长为30年，原借款期限加上延长期限达到新的利率期限档次时，从延期之日起，贷款利息按新的期限档次利率计收。已计收的利息不再调整。借款人需要填写还款凭证，持现金或转账到银行直接存入收款人账号即可。银行审核各有效凭证后，记录每一笔还款记录。

个人住房贷款转账逾期还款流程如图5.2所示。

（四）个人住房贷款提前还款

贷款期限在1年以内（含1年）的，在借款期内，经贷款行同意，借款人可以提前结清全部贷款，并按原合同利率按实际使用期限结计利息，但不得提前部分还本。贷款期限在1年以上的，在借款期内，借款人向银行提出提前还款书面申请后，经贷款行同意，可提前部分还本或提前清偿全部贷款本息，提前清偿的部分在以后期限不再计息，此前已计收的贷款利息也不再调整；提前清偿全部贷款的，经贷款行同意，根据合同约定期限的利率和贷款余额按照实际占用天数计收利息。调整还款计划的提前部分还本，应有一定的限制额度，超过限额提前还款的，借款人可根据需要调整还款计划，即还款期限不变，分期还款额作相应调整，低于限额提前还款的不调整还款计划。借款人需要填写还款凭证，持现金或转账到银行直接存入收款人账号即可。银行审核各有效凭证后，记录每一笔还款记录。

个人住房贷款提前还款流程如图5.3所示。

第五章 个人贷款业务

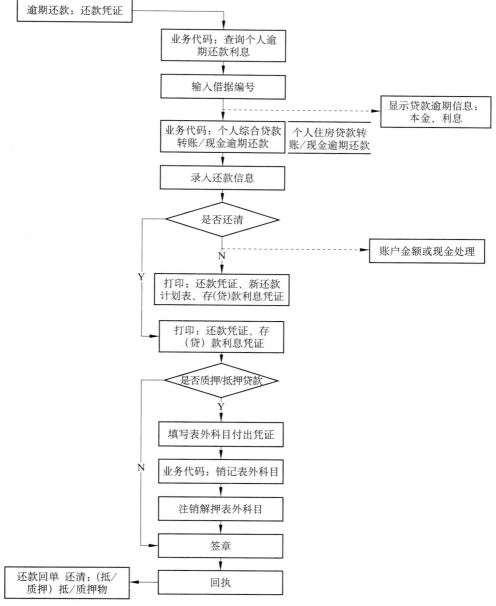

图 5.2 个人住房贷款转账逾期还款业务流程

82 | 商业银行业务实训教程(第二版)

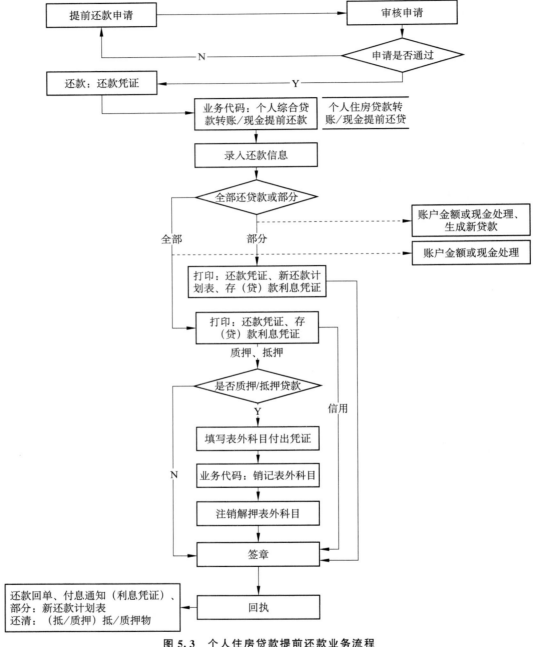

图 5.3 个人住房贷款提前还款业务流程

二、个人综合贷款

个人综合贷款包括个人消费、汽车、教育助学、生产经营、质押贷款等贷款。下面以个人汽车贷款业务为例来具体阐述个人综合贷款。个人汽车贷款是指授权开办汽车贷款业务的银行经办机构向个人借款人发放购买汽车(含二手车)的贷款业务,包括个人自用车贷款和个人商用车贷款。自用车是指借款人通过汽车贷款购买的、不以营利为目的的汽车。自用车主要包括轿车、多功能车(MPV)和越野车(SUV)等各种车辆。商用车是指借款人通过汽车贷款购买的、以营利为目的的汽车。商用车主要包括客运车、货运车和推土机、挖掘机、搅拌机、泵机等各种工程车辆、半挂牵引车等专用车辆。二手车是指从办理完机动车注册登记手续到规定报废年限1年之前进行所有权变更并依法办理过户手续的汽车。

（一）个人综合贷款申请

汽车贷款的贷款期限不得超过5年，其中，二手车贷款的贷款期限不得超过3年。其功能主要是能满足消费者因购买汽车时资金不足的融资需求。适用对象为个人客户和公司客户。汽车贷款的申请人必备的条件如下：具有有效身份证明、固定和详细住址且具有完全民事行为能力；具有稳定的合法收入或足够偿还贷款本息的个人合法资产（职业和经济收入证明，包括但不限于单位开具的收入证明、银行存单、信用卡对账单、纳税证明等）；个人信用良好；与经销商签订的购车协议、合同或者购车意向书；担保所需的证明或文件；已缴付首期购车款的相关证明；能提供贷款行认可的有效担保；借款申请书；银行要求提供的其他文件资料。

汽车贷款的月供利率：按照银行的贷款利率规定执行。贷款成数：所购车辆为自用车的，贷款金额不超过所购汽车价格的80%；所购车辆为商用车的，贷款金额不超过所购汽车价格的70%，其中，商用载货车贷款金额不得超过所购汽车价格的60%；所购车辆为二手车的，贷款金额不得超过借款人所购汽车价格的50%，且贷款额度不超过20万元。贷款期限：如所购车辆为自用车，贷款期限不超过5年；所购车辆为商用车或二手车，贷款期限不超过3年。担保方式：借款人需提供一定的担保措施，包括质押、以贷款所购车辆作抵押、房地产抵押、第三方保证等。还可采取购买个人汽车贷款履约保证保险的方式。

汽车贷款发放首先由经办行对借款人提交的申请材料进行初审，对借款人进行资信调查和客户评价；对通过初审和资信调查，符合贷款条件的贷款申请进行审批；通过审批的，通知借款人办理合同签订、放款、抵押或质押等相关手续；未通过审批的，须向借款人进行说明；借款合同生效后，经办银行发放贷款。采取专项放款方式，即根据借款合同的约定，经办行直接将贷款转入借款人购车的经销商账户。现有个人住房贷款客户，已持续还款一定时期、偿还一定规模的贷款且还款情况良好的，可以优先发放个人汽车贷款。

个人综合贷款申请流程如图5.4所示。

（二）个人综合贷款还款

期限在1年（含）以内的个人汽车贷款，实行到期一次还本付息，利随本清；也可实行按月（或按季）计息，到期结清贷款本息。期限在1年以上的个人汽车贷款，本息偿还可采用等额本息还款法、等额本金还款法或其他银行认可的还款方式。借款本息偿还完毕，所签订的《汽车消费借款合同》自行终止。银行在合同终止日办理抵押登记注销手续，并将物权证明等凭证退还给借款人。还款的个人客户可在当地的银行储蓄网点于还款日（结息日）前将当期应还款项存入信用卡或储蓄卡，由经办行划收。个人汽车贷款转账还款时，借款人需要填写还款凭证，持现金或转账到银行直接存入收款人账号，流程如图5.5所示。

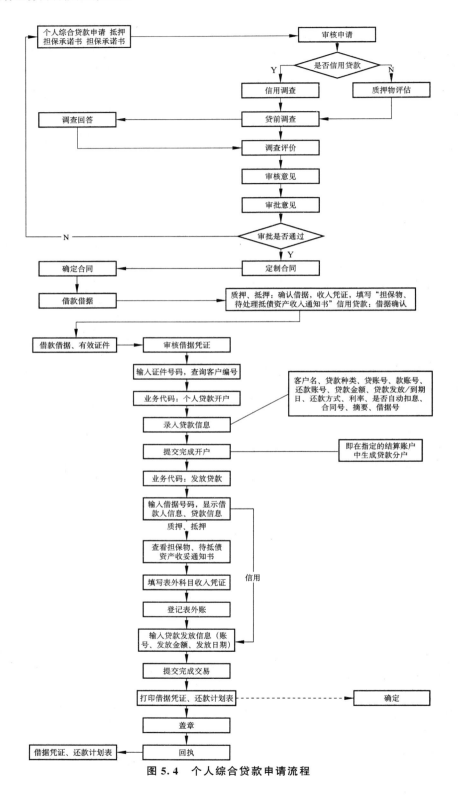

图 5.4 个人综合贷款申请流程

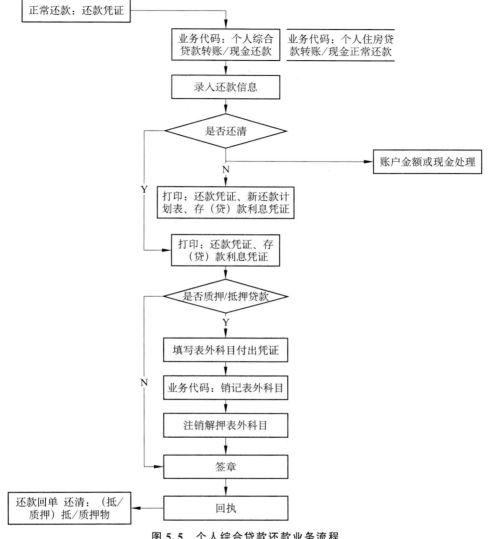

图 5.5 个人综合贷款还款业务流程

（三）个人综合贷款逾期还款

借款人未按借款合同规定按月偿还贷款本息的，逾期部分按银行有关规定计收逾期利息。当发生下列情况之一时，贷款银行除就逾期部分计收逾期利息外，有权会同有关部门处理抵押物或质押物：借款人超过借款合同最后还款期限3个月仍未还清贷款本息的；借款人在还款期内连续6个月未偿还贷款本息的。逾期贷款的借款人还款时需要填写还款凭证，持现金或转账到银行直接存入收款人账号即可。银行审核各有效凭证后，记录每一笔还款记录。个人综合贷款逾期还款流程如图5.6所示。

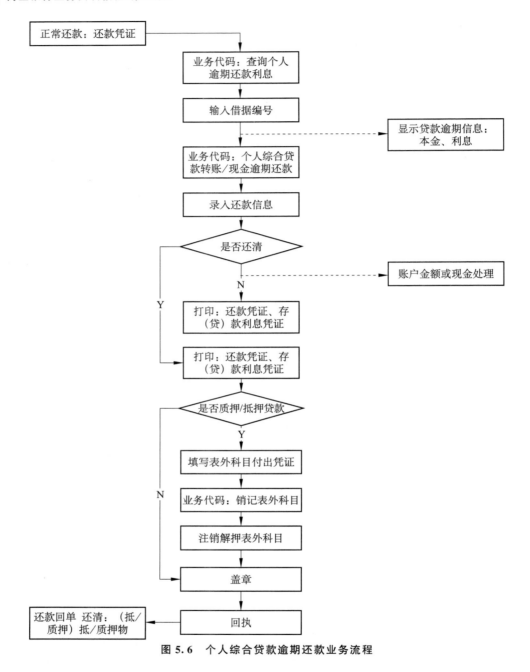

图 5.6　个人综合贷款逾期还款业务流程

（四）个人综合贷款转账提前还款

借款人提前归还贷款本息的,应当至少提前 1 天通知银行,并征得银行的同意。提前还贷是借款人根据自己将来的现金流,重新规划贷款的行为,其本质是为了省利息。提前还贷方式总的来说分为全部提前还款和部分提前还款两大类。其中,全部提前还款法毋庸置疑是最节省利息的方法,办理手续也最简单。但值得注意的是,借款人选择这种方法要量力而行,不能为全部提前还清银行债务而打乱其他资金计划,要正确比较隐性成本和利息之间的差异。另一大类是部分提前还款法,这种还款法有三种方式:月供不变,将还款期限缩短;减少月供,还款期限不变;月供减少,还款期限也缩短。月供、贷款年限同时减少的还款方式最节省利息。假如借款人手头没有足够资金可提前还款,但又想节省利息,那么还有缩短贷款年限和变更还款方式两种方法可选择。个人综合贷款转账提前还款流程如图 5.7 所示。

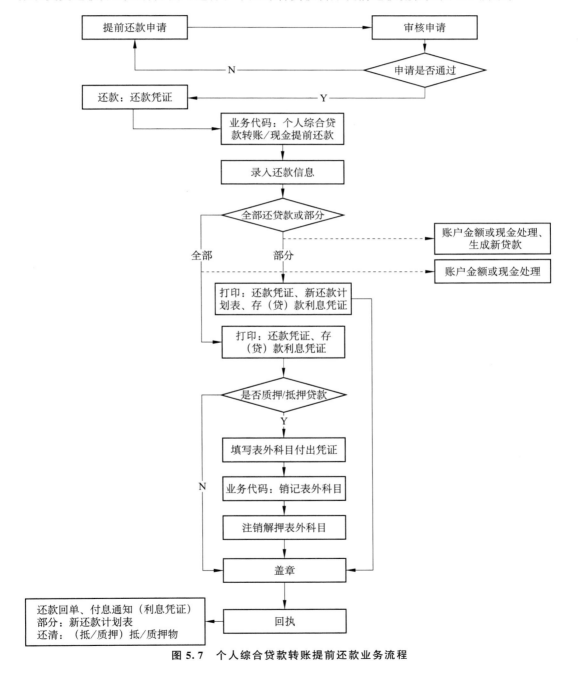

图 5.7 个人综合贷款转账提前还款业务流程

第二节 个人贷款业务实训

一、实训目标

了解贷款业务是商业银行最重要的资产业务,通过放款收回本金和利息,扣除成本后获得利润,所以信贷是商业银行的主要盈利手段。通过实验,了解银行在住房贷款和综合消费贷款中盈利的方式。

二、实训任务

(1)了解个人住房贷款申请、调查、回访、还款等过程。
(2)了解个人综合贷款通过物质抵押担保的贷款过程。

三、个人贷款业务操作

1. 住房贷款

1)住房贷款申请

(1)客户提交住房贷款申请。客户填写"个人住房借款申请表",如图5.8所示。客户需填写本人基本信息、拟购住房情况,填写完成后交由客户经理受理。

××银行个人住房借款申请表

贷款行:	银行			编号:0001		
一、申请人情况						
	姓名:	吴晖	性别:	男	出生年月:	19××-×-×
	身份证:	330122198610220027			婚姻状况:	□已婚 ☑未婚 □其他
	户口所在地:	杭州市教工路			现家庭地址:	杭州市教工路
	家庭电话:	0571-88902251			手机号码:	13588276510
	工作单位:	××有限公司			单位地址:	杭州市文三路
	单位电话:				邮编:	
	文化程度:	本科			职务:	
	月收入金额:				个人公积金账号:	
家庭基本情况	配偶姓名:				身份证号:	
	工作单位:				联系电话:	
	工作单位地址:				供养人数:	0
二、拟购住房情况						
	详细地址:	杭州市大关路302号			售房人(单位)名称:	××有限公司
	地址:	杭州市大关路302号			邮编:	310012
	联系电话:	88253321			拟购住房建筑面积:	105.00 平方米
	每平方米售价:	8 000.00	元/平方米		拟购住房总价格:	840 000.00 元
	首付款金额:	252 000.00	元		申请借款金额:	588 000.00 元
	申请借款期限:	20	年		借款占总价格比例:	70 %

图5.8 个人住房借款申请表

续表

家庭月收入：	20 000.00	元/月	每月拟还款金额：	5 000.00	元
占家庭月收入比例：	25	%	收入来源：	工资	
申请人月收入来源	工资		配偶月收入来源依据：	工资	
家庭成员月收入来源依据：	工资				
三、银行审核					
调查意见：			（签章）20××年×月×日		
审查意见：			（签章）		
审批意见：			（签章）		

（2）客户经理贷前问卷调查。信贷部门的客户经理提供"住房贷款调查试卷"，如图 5.9 所示，由客户经理与客户采取问答形式填写。

住房贷款调查试卷

1. 您的家庭年收入？

2. 您能接受的房价最高价位是多少？

3. 您想买的房子的户型？

4. 您会选择哪种付款方式？

5. 若您选择银行贷款，准备贷款时长是多久？

图 5.9 住房贷款调查试卷

（3）银行信贷部门调查审核和定制合同。客户申请住房贷款所在银行的客户经理，查看客户填写的问卷后,进入银行调查页面填写。综合角色在审核调查意见输入框中输入调查意见后,调查成功。进入个人贷款下的住房贷款页面,操作个人住房贷款审批(由"综合角色",分管权力等同于银行分管信贷部的行长),填写审批意见后,个人住房贷款审批完成。客户经理为客户提供个人住房贷款合同范本,客户如实填写,由客户经理录入系统,合同定制成功,如图5.10所示。

住房贷款　　借款合同

合同编号:

甲方(即借款人):吴晖　　　　　　　　乙方:　　银行
身份证号码:330122198610220027　　　　地址:杭州市西湖区文三路26号
家庭地址:杭州市教工路　　　　　　　　邮政编码:
邮政编码:310012　　　　　　　　　　　负责人:xs0001
电话:0571-88902251　　　　　　　　　　电话:
甲方因　　　　　　的需要,向乙方申请贷款,甲乙双方根据国家有关法律、法规,经过充分协商,在平等资源的基础上订立本合同条款,共同遵照执行。
第一条　贷款金额
乙方根据甲方社区,同意向甲方发放 588 000.00　　　贷款,总计金额为 588 000.00　　　元(大写:伍拾捌万捌仟元整)。
第二条　贷款用途
本合同项下的贷款用途　　　　　　(具体见贷款申请表)
第三条　贷款期限
20　　　年,从贷款发放之日起240　　　　　月,贷款总期限240　　　　　月。
第四条　贷款利率
本合同项下的贷款利率按贷款发放日中国人民银行颁布的贷款利率执行。计息方法:利息从本合同项下的贷款发放之日起,按实际用款额和实际用款天数计算,计算基数为360天,当前月利率为0.00。
根据中国人民银行当前利率管理办法,贷款期限在1年以内(包括1年)的,遇法定利率调整,本合同项下人民币贷款利率不作调整,贷款期限在1年以上的,遇法定利率调整,本合同项下贷款利率将从次年1月1日起按当日人民银行的贷款利率作相应调整,并以此确定甲方新的月供款额。
第五条　如甲方未按还款计划还款,且又未就展期事宜与乙方达成协议,即构成逾期贷款。乙方有权就逾期贷款部分按人民银行规定的逾期利率计收逾期利息。
第六条　在满足一下所述的条件后,乙方将再五个工作日内发放贷款:
(一)甲方已向提供贷款用途证明文件;
(二)甲方已在乙方处开立存款账户;
(三)本借款合同及相关附件已正式生效;
(四)与本合同相关的费用已经付清;
(五)甲方来出现或潜在出现本合同项下的违约情形,以及无任何可能或将来可能影响乙方权益的事件发生;
(六)双方约定的其他条件。
第七条　贷款还款事件自　　　　起,每期的还款日为对应月的　　　　日(如遇国家规定节假日则顺延)。
第八条　还款方式
由甲、乙双方约定采用 等额本息还款 ▼ 还款法,甲方按第七条规定的还款事件逐月还款。
(一)等额本息还款法,即在贷款期内每月以相等额度平均偿还贷款本息,每月供款额计算公司如下:
(二)等额本金还款法,即每期等额偿还贷款本金,贷款利息随本金逐月递减。
每期供款额=+(贷款本金-累计已偿还本金)×当期天数×月利率/30
(三)于　　　　一次性偿还贷款本息。
第九条　甲方因特殊情况不能按期归还贷款本息,应提前30个工作日向乙方申请展期。展期申请经乙方审查批准后,甲乙双方签订贷款展期协议,展期期间贷款利息有甲方余额承担。
第十条　本合同未尽事宜,按中华人民共和国有关法律、法规和金融规章执行。
本合同正本一式份,甲方,乙方各一份。
　(签字)　　　　　　乙方:(或授权贷款)　　银行　　　(公章)
签订

图5.10　个人住房借款合同

(4) 客户签订住房贷款合同。客户经理打印住房贷款借款合同。甲方(个人客户)签字后,住房贷款借款合同签订完成。客户填写贷款借款凭证,注意填写收款人账号和委托扣款账号,如图 5.11 所示。

××银行　个人(住房)贷款借款凭证
20××年×月×日

借款人	吴晖		收款人账号	0105710101210000186								
借款凭证号码	0001		委托扣款账号	0105710101210000186								
借款用途	购房	借款种类	住房贷款	借贷月利率‰		0.00						
借款日期	20××年×月×日	到期日期	20××年×月×日	还款方式		等额本息还款						
借款金额 (人民币大写)	伍拾捌万捌仟元整			千	百	十	万	千	百	十	元	角	分
						5	8	8	0	0	0	0
银行打印确认栏:												
上列贷款已按合同约定转入收款人存款账户 　　　　　　　　　　　　　　　　　　　银行会计部门转讫章												
上列贷款按合同号(0001)农行_____字(　)第(　)号借款合同执行												

图 5.11　个人贷款借款凭证

(5) 客户经理受理客户业务。客户经理审核"个人(住房)贷款借款凭证"。

(6) 盖章。在"个人住房贷款借款凭证"上,银行加盖转讫章,业务完成,如图 5.12 所示。

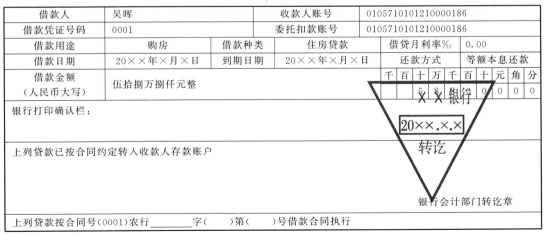

图 5.12　个人(住房)贷款借款凭证完成

2) 住房贷款回访

(1) 银行进行贷后回访。信贷部门客户经理携带"个人贷款客户回访记录"表(见

图 5.13),在贷款发放后,可以通过电话回访、面谈回访以及实地上门回访等方式进行。

××银行　个人贷款客户回访记录

合同号:0001　　　　回访时间:20××-×-×
借款人姓名:吴晖　　　配偶姓名:
☑电话回访　　　联系电话　　　　　　　□面谈回访　□实地回访
面谈,实地回访
□借款人居住地　□抵押物所在地　□经营场所　□其他
回房时贷款状态　☑正常　□关注　□次级　□可疑　□损失　□正常　□逾期
回访对象　　　　☑借款人本人　□配偶　□亲属　□单位同事　□担保人　□抵押人　□其他相关人员
贷款用途　　　　购房

回访问题
1. 您能承受当月还款贷款额度吗?

可以承受

回访调查结论　　完成

调查人(签字):吴晖

审核意见

部门经理(签字):

图 5.13　个人消费类贷款客户回访记录

(2) 客户回答回访问题。客户经理向客户回访并填写回访调查结论,进入个人贷款客户回访记录页面,并录入电脑。

3) 住房贷款还款

(1) 客户提交还款申请。客户填写"还贷凭证",如图 5.14 所示。

××银行　还贷凭证

还贷日期:20××年×月×日　　　　　　　　　　　　　　　　编号:

还款人	吴晖		借款人	吴晖									
存款户账号	0105710101210000186		贷款户账号	0105710101210000186									
开户银行	银行		开户银行	银行									
收贷金额 (本金)	币种 (大写)	零元整			亿	千	百	十	万	千	百	十	元	角	分
													0	0	0
收回 20××年 × 月 × 日发放 20×× 年 × 月 × 日到期的贷款,该笔贷款尚欠本金(大写) 588 000.00 元。															
记账　　复核				还款人签章											

图 5.14　还贷凭证

（2）柜员业务受理。柜员点击"叫号器"，选择客户进行业务处理。

（3）审核客户提交的凭证。审查客户提交"还贷凭条"，检查"还贷凭证"是否填写完整无误，凭证审核成功。

（4）输入业务数据。信息无误后，点击柜面上的计算机显示器，弹出"还贷业务"数据输入窗口，输入还款人和还款金额后单击"显示信息"按钮，账号信息自动显示，如图5.15所示。

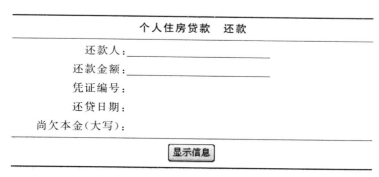

图5.15　个人住房贷款还款输入

（5）盖章。柜员选取转讫章，在"还贷凭证"盖上相应的印章。整理归类不同凭证后，向客户递交属于客户的"还贷凭证"，业务结束，如图5.16所示。

还贷凭证

还贷日期:20××年×月×日　　　　　　　　　　　　　　　编号：

还款人	吴晖	借款人	吴晖
存款户账号	0105710101210000186	贷款户账号	0105710101210000186
开户银行	银行	开户银行	银行
收贷金额（本金）	币种（大写）零元整	亿 千 百 十 万 千 百 十 元 角 分	0 0 0
收回 20××年 × 月 × 日发放 20×× 年 × 月 × 日到期的贷款，该笔贷款尚欠本金（大写） 588 000.00 元。记账　　　复核			还款人签章

图5.16　还贷凭证完成

2. 综合消费贷款

个人综合消费贷款指以借款人本人或第三人所有的依法有权处分的住房作抵押，或以银行接受的质物，或其他抵（质）押的方式作担保，以个人综合消费为用途而发放的贷款。可用于购买房产、汽车、装修、教育、旅游、医疗、家具家电等用途。综合消费贷款操作可参考个人住房贷款业务，不再详细说明。

第六章 个人汇款业务

第一节 个人汇款业务操作流程

一、人民币境内汇款及退汇

（一）人民币汇款

汇兑是汇款人委托银行将其款项支付给收款人的结算方式，汇款手续简便，有利于汇款者向异地主动汇款，不受金额起点的限制，汇款可实现系统内实时到账，跨系统，通过中国人民银行现代化支付系统或全国电子联行系统，资金到账时间大大缩短。汇款人只要准确知道收款人的姓名就能汇款，收款人无须将本人账号或卡号告诉汇款人，保证账户信息的安全。流程如图 6.1 所示。

（二）人民币退汇

退还汇款人的汇款为退汇。汇款退汇有下列几种情况：汇款人交汇汇款后，因故自己要求将汇款退汇；收款人拒收汇款或逾期仍不来领取；地址不详或无此收款人，汇款通知无法投递。

汇款人申请退汇后，银行的处理方式：

（1）汇款人交汇的汇款，在汇套尚未封发离局时或汇款电报未拍发前要求退汇，经核验原汇款收据及汇款人身份证件无误后，由汇款人填写"汇兑事项申请书"，收取撤回汇款手续费，以邮票贴在申请书上用日戳盖销。然后，将汇款、汇费、电报汇款的电报费及附言费一起退还汇款人。收回的汇款收据与相关汇票、票根、收据存根或电汇报账单、电汇存根合并一起，批明"退汇作废"字样，一并上缴。退还汇款时，汇款人要在申请书上批明证件节目并签章，申请书放在汇款收据存根相关作废汇票号码的位置上，顺序存档备查。

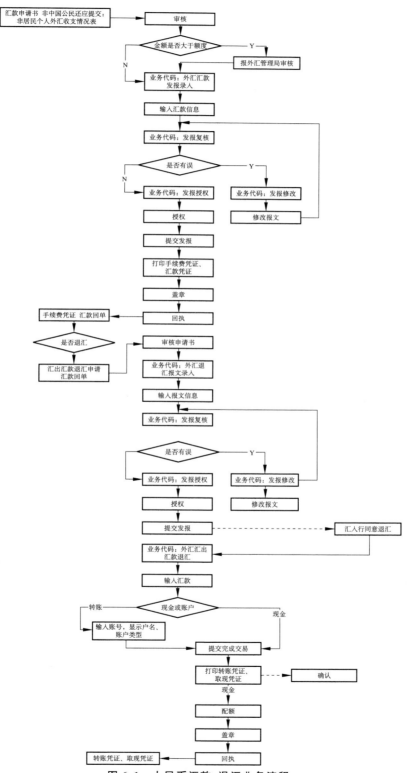

图 6.1 人民币汇款、退汇业务流程

（2）汇款人交汇后，汇套已寄出或汇款电报已拍发后申请退汇，应核验原汇款收据和汇款人身份证件无误后，由汇款人填写"汇兑事项申请书"，收取退汇费，购成邮票贴在申请书上用日戳盖销。如汇款人要求用电报办理退汇，还应加收电报费，并在汇款收据和收据存根上批明申请"退汇"或申请"电退"等字样，加盖日戳，将汇款收据退还汇款人，"汇兑事项申请书"送交汇兑检查员处理。

（3）遇收款人因某种原因拒收汇款，并将汇款通知交回邮局时，应请收款人在汇款通知上批明拒收原因并签章，营业员接收时应出给"接收交回给据邮件收据"，然后，抽取相关待兑汇票，并与汇款通知核对相符，在"进口汇票登记簿"登记该号汇票的备注栏，批明拒收原因和退回日期，将汇票和汇款通知交汇兑检查员处理。汇检员应在汇款通知上粘贴"退汇改汇小条"，批明原因，在汇票上加盖"退汇"戳记，并登"汇兑事项登记簿"备查。然后，将汇票和汇款通知另装"邮政公事"信封，按挂号寄退收汇局。

（4）遇收款人地址不详或无此收款人等原因，汇款通知无法投递时，相关投递员要在汇款通知上粘贴"改退批条"，批注退回原因，加盖日戳、名章后，由投递部门将汇款通知交汇兑检查员处理。

人民币汇款、退款业务流程如图 6.1 所示。

二、跨境汇款

跨境汇款是客户在规定的限额之内，向大陆以外地区银行开户的收款人进行外汇汇款的业务，主要采取电汇形式。电汇，即将款项通过国际银行间电信系统直接汇达收款人的账户。适合已知晓收款人名称、账号及收款银行信息，并对汇款到账时间和安全性有较高要求的客户。电汇的费用分两部分，一部分与电汇金额有关，即 0.1% 的手续费；另一部分与汇款的金额无关，而与笔数有关，即每汇出一笔就要收取一次电讯费。不同的银行收费标准差距较大，客户在选择汇款银行时可做好比较。在柜台汇款：手续费 0.1%，最低 50 元人民币，最高 260 元人民币，电讯费 80 元人民币。网上银行汇款：按柜台手续费的八折收取。

客户需提供及填写的资料：户主本人身份证原件。直系亲属可以代办，提供本人和代办人身份证，直系亲属关系证明，授权书；《境外汇款申请书》；个人业务凭证（签单）。

营业部需审核：核实办理人员提供的身份证件是否为本人，身份证是否在有效期限内。进行身份证联网核查，并打印结果在身份证复印件背面，双人签章确认。复印件正面加盖与原件核对一致的印章，双人签章确认。审核申请书填写是否完整准确、客户是否签字确认。境外个人手持外币现钞汇出，当日累计等值 1 万美元以下（含）的，凭本人有效身份证件办理；超过上述金额的，还应提供经海关签章的《中华人民共和国海关进境旅客行李物品申报单》或本人原存款银行外币现钞提取单据办理。境内个人外汇储蓄账户内外汇汇出境外当日累计等值 5 万美元以下（含）的，凭本人有效身份证件在银行办理；超过上述金额的，凭经常项目项下有交易额的真实性凭证办理。境外汇款金额超过等值 5 万美元以上（含）的，需进行电话核实或者当面核实。

第二节 个人汇款业务实训

一、实训目标

汇款是指银行与银行之间或者跨地区的金额寄汇,学生通过汇款业务的实验,可了解用户去银行汇款和退汇的所有流程。

二、实训任务

(1)了解汇款是银行资金转移的一种方式。
(2)熟悉银行汇款和退汇的过程。

三、个人汇款业务操作

1. 人民币汇款

(1)客户提交"个人结算业务申请书"。客户持有身份证,领取"个人结算业务申请书",并进行相关信息的填写,如图6.2所示。

××银行 个人结算业务申请书

申请日期:20××年×月×日　　　　　　　　　　　　　　　　序号:1

客户填写	业务类型（每栏必选一项打钩）		⊙现金 ○转账		□加急汇兑 ☑普通汇兑 □汇兑 □本票 □其他_____			第一联 银行记账联
	申请人	全称	吴晖	收款人	全称	吴晖		
		账号或地址	01057101011210000186		账号或地址	01057101011210000589		
		开户行名称	××银行		开户行名称	××银行浙江省杭州市分行		
		身份证件类型及号码	330122198610220027	附加信息及用途:				
		联系电话	□居民身份证 ☑其他 住宅电话号码					
	金额(大写)人民币 捌仟元整				亿 千 百 十 万 千 百 十 元 角 分			
					8 0 0 0 0 0			
银行打印								

本人确认以上结算业务信息真实有效。客户签名:吴晖　　　复核:　　　记账:

图6.2　个人结算业务申请书

(2)柜员业务受理。柜员点击"叫号器",选择客户进行业务处理。
(3)查收客户提交的钱钞。使用点钞机清点并检验客户的钞票,进行手工点钞核实并验钞,提醒客户确认金额。

(4) 审核客户提交的凭证。客户提交身份证和"个人结算业务申请书"。审核客户提交的凭证,扫描客户身份证,验证身份信息是否安全无误,检查"个人结算业务申请书"是否填写完整无误,凭证审核成功。

(5) 输入业务数据。信息无误后,点击柜面上的计算机显示器,弹出"人民币汇款"业务数据输入窗口,输入后,单击"保存"按钮,业务数据输入成功,信息填写如图 6.3 所示。

个人结算业务信息

收款单据类型:现金	业务类型:普通汇兑
申请人:吴晖	收款人:吴晖
申请人开户行:××银行	收款人开户行:××银行浙江省杭州市分行
申请人证件号:330122198610220027	申请人联系方式:
转账金额:8 000.00	(人民币)

保存

图 6.3　个人结算业务输入

(6) 打印凭证。将"银行业务收费凭证"置放于报表打印机,进入单据打印页面打印,如图 6.4 所示。

银行业务收费凭证

币别:人民币　　　　20××年×月×日　　　　流水号:

付款人	吴晖	账号	
费率种类	单价	数量	合计金额
人民币汇款业务	4.00	1	4.00(人民币)
金额(大写):肆元整			
付款方式	现金		
备注:		科目(贷) 双方科目(借)	

会计主管:　　　　授权:　　　　复核:　　　　录入:

图 6.4　银行业务收费凭证

(7) 盖章。向客户递交"银行业务收费凭证"和"个人结算业务申请书",请客户签字收回。柜员选取现金讫章,在"银行业务收费凭证"和"个人结算业务申请书上"盖相应的图章。整理归类不同凭证后,向客户递交属于客户的"业务收费凭证"和"个人结算业务申请书"。

2. 人民币退汇

(1) 客户提交退汇申请。客户持有身份证和"个人结算业务申请书",领取"退汇申请书",并进行相关信息的填写,注意根据"个人结算业务申请书"序号填写,如图 6.5 所示。

退汇申请书	
个人结算申请书序号:	6
退汇理由:	
申请日期:	20××-×-×

图 6.5　个人退汇申请书

（2）柜员业务受理。柜员点击"叫号器",选择客户进行业务处理。

（3）审核客户提交的凭证。客户提交身份证、"个人结算业务申请书"和"退汇申请书"。审核客户提交的凭证,扫描客户身份证和"个人结算申请书",检查"退汇申请书"是否填写完整无误,凭证审核成功。

（4）输入业务数据。信息无误后,点击柜面上的计算机显示器,弹出"个人结算申请书"业务数据输入窗口,输入账号/卡号后单击"显示信息"按钮,账号信息自动显示,在打开界面中输入后,单击"保存"按钮,业务数据输入成功。如图 6.6 所示。

退汇申请书	
个人结算申请书序号:	6
退汇理由:	汇款金额有误。
申请日期:	20××-×-×
	保存

图 6.6　个人退汇输入

（5）盖章。向客户递交"退汇申请书",请客户签字收回。柜员选取业务专用章,在"个人结算业务申请书"和"退汇申请书"上盖相应的图章。整理归类不同凭证后,向客户递交属于客户的"个人结算业务申请书"和"退汇申请书",业务结束,如图 6.7 所示。

（6）从尾箱中取出钱钞。柜员根据取款金额从尾箱取钱,并用点钞机验证从尾箱中取出的钱钞,再手工点钞验证取出的钱钞是否正确。最后把属于客户的"取款凭条"、活期存折、现金交予客户核实。业务结束。

××银行　个人结算业务申请书

申请日期：20××年×月×日　　　　　　　　　　　　　序号：

客户填写	业务类型 （每栏必选一项打钩）	⊙现金 ○转账		□加急汇兑 ☑普通汇兑 □汇兑 □本票 □其他_____		
	申请人	全称	吴晖	收款人	全称	吴晖
		账号或地址	01057101011210000186		账号或地址	01057101011210000589
		开户行名称	××银行		开户行名称	××银行浙江省杭州市分行
		身份证件类型及号码	330122198610220027		附加信息及用途：	
		联系电话	□居民身份证　☑其他　住宅电话号码			
银行打印	金额（大写）人民币 捌仟元整				亿 千 百 十 万 千 百 十 元 角 分 　　　　　　　　8 0 0 0 0 0

（业务专用章）　（业务专用章）　　（××银行 20××.×.× 现金讫）

本人确认以上结算业务信息真实有效。客户签名：吴晖　　复核：xs0001　　记账：xs0002

图6.7　个人退汇结算业务申请书完成

第七章 个人外汇业务

第一节 个人外汇业务操作流程

一、结汇业务

结汇是指外汇收入所有者将其外汇收入出售给外汇指定银行,外汇指定银行按一定汇率付给等值的本币的行为。结汇有强制结汇、意愿结汇和限额结汇等多种形式。强制结汇是指所有外汇收入必须卖给外汇指定银行,不允许保留外汇;意愿结汇是指外汇收入既可以卖给外汇指定银行,也可以开立外汇账户保留,结汇与否由外汇收入所有者自己决定;限额结汇是指外汇收入在国家核定的数额内可不结汇,超过限额的必须卖给外汇指定银行。目前,我国主要实行的是强制结汇制,部分企业经批准实行限额结汇制;对境内居民个人实行意愿结汇制。

出口货物装出之后,进出口公司即应按照信用证的规定,正确缮制(箱单、发票、提单、出口产地证明、出口结汇)等单据。在信用证规定的交单有效期内,递交银行办理议付结汇手续。除采用信用证结汇外,其他付款的汇款方式一般有电汇[TELEGRAPHIC TRANSFER(T/T)]、票汇[DEMAND DRAFT(D/D)]、信汇[MAIL TRANDFER(M/T)]等方式,由于电子化的高速发展,现在汇款主要使用电汇方式。需强制结汇的外汇收入主要有以下几种:出口或者先支后收转口货物及其他交易行为收入的外汇。其中用跟单信用证/保函和跟单托收方式结算的贸易出口外汇可以凭有效商业单据结汇,用汇款方式结算的贸易出口外汇持出口收汇核销单结汇;境外贷款项下国际招标中标收入的外汇;海关监管下境内经营免税商品收入的外汇;交通运输(包括各种运输方式)及港口(含空港)、邮电(不包括国际汇兑款)、广告、咨询、展览、寄售、维修等行业及各类代理业务提供商品或者服务收入的外汇;行政、司法机关收入的各项外汇规费、罚没款等;土地使用权、著作权、商标权、专利权、非专利技术、商誉等无形资产转让收入的外汇,但上述无形资产属于个人所有的,可不结汇;境外投资企业汇回的外汇利润、对外经援项下收回的外汇和境外资产的外汇收入;对外索赔收入的外汇、退回的外汇保证金等;出租房地产和其他外汇资产收入的外汇;保险机构受理外汇保险所得外汇收入;取得《经营外汇业务许可证》的金融机构经营外汇业务的净收入；国外捐赠、资助及援助收入的外汇；国家外汇管理局规定的其他应当结汇的外汇。外商投资企业经常项目下外汇收入可在外汇局核定的最高金额以内保留外汇，超出部分应当卖给外汇指定银行，或者通过外汇调剂中心卖出。

结汇业务流程如图7.1所示。

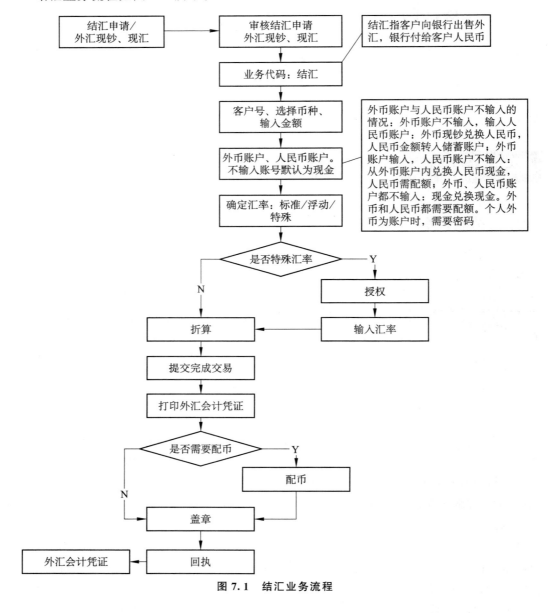

图7.1 结汇业务流程

二、售汇业务

售汇是指外汇指定银行将外汇卖给外汇使用者，并根据交易行为发生之日的人民币汇率收取等值人民币的行为。

境内机构进行下列贸易及非贸易经营性对外支付用汇,持与支付方式相应的有效商业单据和所列有效凭证到外汇指定银行兑付:实行进口配额管理或特定产品进口管理的货物进口,持有关部门签发的许可证或进口证明以及相应的进口合同;实行自动登记制的货物进口,持相应的登记文件和进口合同;除上述两项以外,其他符合国家进口管理规定的货物进口,持进口合同;上述1～3项进口项下的预付款(规定比例以内)、开证保证金、尾款、运输费、保险费及从属费用和出口项下的佣金(规定比例以内)、运输费、保险费及从属费用,持1～3项规定的有效凭证或有关批准文件;从保税区、保税库购买商品以及购买国外入境展览展品的用汇,持1～3项规定的有效凭证;专利权、著作权、商标、计算机软件等无形资产的进口,持进口合同或协议;出口项下对外退赔外汇,持结汇水单、索赔协议、理赔证明及退汇证明;境外承包工程的投标保证金持投标文件、履约保证金及垫付工程款项合同。

境内机构进行下列贸易及非贸易经营性对外支付,外汇指定银行凭用户提出的支付清单先兑付,事后核查:进料加工生产再出口商品的进口,持外经贸部门批准的进料加工合同;经国务院批准的免税品公司按规定范围经营免税商品的进口支付;民航、海运、铁道部门(机构)支付境外国际联运费、设备维修费、站场港口使用费、燃料供应费、保险费、非融资性租赁费及其他服务费用;民航、海运、铁道部门(机构)支付国际营运人员伙食、津贴补助;邮电部门支付国际邮政、电信业务费用。

境内机构下列贸易及非贸易经营性对外支付,持外汇局核发的售汇通知单到外汇指定银行兑付:超过规定比例的预付货款、佣金;转口贸易项下先支后收发生的对外支付。

财政预算内的机关、事业单位和社会团体的非贸易非经营性用汇,按《非贸易非经营性外汇财务管理暂行规定》办理。

财政预算外的境内机构下列非经营性用汇,持外汇局核发的售汇通知单到外汇指定银行兑付。

售汇业务流程如图7.2所示。

三、套汇业务

套汇利用不同市场的对冲价格,通过买入或卖出信用工具,同时在相应市场中买入相同金额但方向相反的头寸,以便从细微价格差额中获利。套汇一般可以分为地点套汇、时间套汇和套利三种形式。地点套汇又分两种,第一种是直接套汇,又称为两地套汇,是利用在两个不同的外汇市场上某种货币汇率发生的差异,同时在两地市场贱买贵卖,从而赚取汇率的差额利润。第二种是间接套汇,又称三地套汇,是在三个或三个以上地方发生汇率差异时,利用同一种货币在同一时间内进行贱买贵卖,从中赚取差额利润。时间套汇又称为调期交易,它是一种即期买卖和远期买卖相结合的交易方式,是以保值为目的的。一般是在两个资金所有人之间同时进行即期与远期两笔交易,从而避免因汇率变动而引起的风险。套利又称利息套汇,是利用两个国家外汇市场的利率差异,把短期资金从低利率市场调到高利率的市场,从而赚取利息收入。套汇业务流程如图7.3所示。

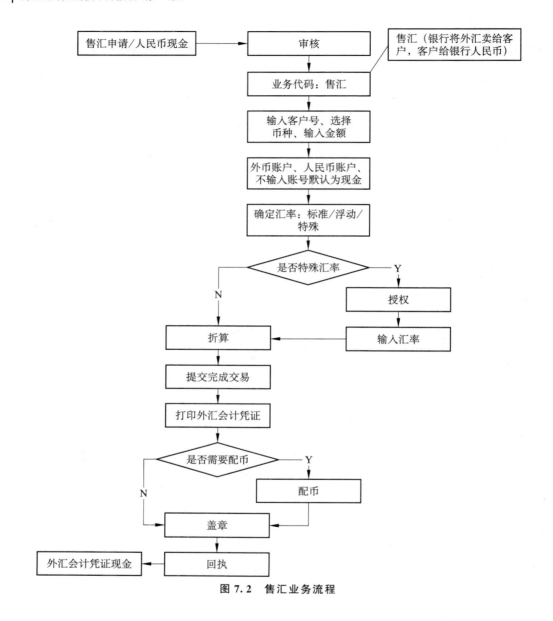

图 7.2 售汇业务流程

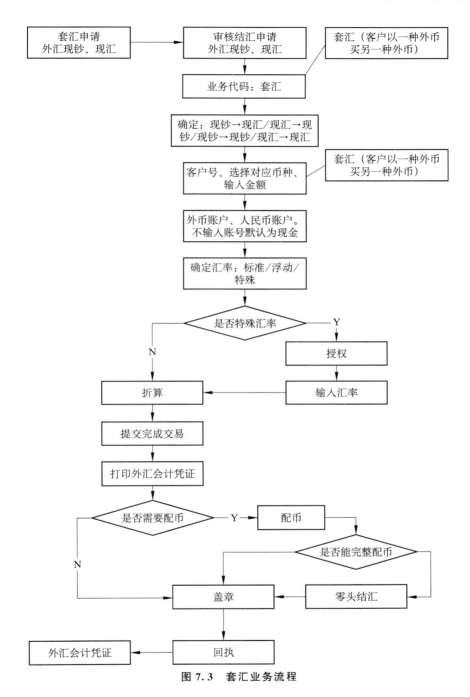

图 7.3 套汇业务流程

第二节 个人外汇业务实训

一、实训目标

学生通过外汇业务的实训,熟悉结汇、售汇和套汇三种外汇业务的过程与区别。

二、实训任务

(1) 熟悉结汇业务的受理过程。
(2) 熟悉售汇业务的受理过程。
(3) 熟悉套汇业务的受理过程。

三、个人外汇业务操作

1. 结汇

(1) 客户提交结汇业务申请。客户领取"结/售汇申请书",并填写结汇相关信息,并等待柜员叫号处理,如图 7.4 所示。

结/售汇申请书

_____银行：

我公司/个人按国家外汇管理局有关规定向贵社提出结售汇申请,并附有关单证,请审核并按实际结汇牌价办理结售汇。

单位/个人名称:	丁丁	组织结构代码/身份证号码:	370624198304020012
联系电话:	13255621231	邮编:	310012
地址:	浙江省杭州市文三路		
代理人姓名:		代理人身份证号码:	
结/售汇:	⊙结汇 ○售汇		
申请结/售汇币种:	100 美元	结/售汇金额:	10 000
人民币账户性质:	☑现钞 □现汇	外币账户性质:	☑现钞 □现汇
人民币账号储种:		外币账号储种:	
人民币账号:		外币账号:	
备注:	无		

申请人盖章：丁丁
年月日：20××-×-×

图 7.4 结汇申请书

（2）柜员受理客户业务。柜员点击"叫号器"，选择客户进行业务处理。

（3）查收客户提交的现钞。使用点钞机清点并检验客户的钞票，进行手工点钞核实并验钞，提醒客户确认金额。

（4）审核客户提交的凭证。客户提交身份证和"结/售汇申请书"。审核客户提交的凭证，扫描客户身份证，验证身份信息是否安全无误，检查"结/售汇申请书"是否填写完整无误，凭证审核成功。

（5）输入业务数据。信息无误后，点击柜面上的计算机显示器，弹出"结汇"业务数据输入窗口，输入信息，自动显示，业务数据输入成功。信息填写如图 7.5 所示。

图 7.5　个人结汇信息输入

（6）取出空白凭证并打印。取出空白凭证——"结售汇单"，将其正确置放于报表打印机，进入存折和单据打印页面进行打印，"结售汇单"显示存款信息，如图 7.6 所示。

××银行　结售汇单
20××年×月×日

客户名称	吴晖		业务编号	0004
付款账号			交易日	20××-×-×
收款账号			交割日	20××-×-×
外汇金额		汇率		人民币金额
1 000.00		635.55		635 550.00
摘要				
币种	账号	科目	借/贷	金额

授权　　　　　　　复核　　　　　　　记账

图 7.6　银行结售汇单

（7）盖章。向客户递交"结/售汇申请书"和"结售汇单"，请客户签字收回。柜员选取现金讫章，在"存款凭条"上盖相应的图章。整理归类不同凭证后，向客户递交属于客户的"结/售汇申请书"和"结售汇单"，业务结束，如图 7.7 所示。

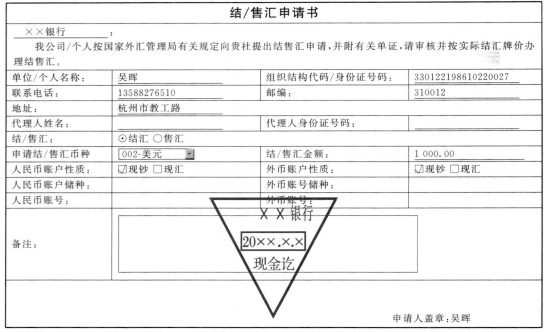

图 7.7 结售汇申请书完成

2. 售汇

(1) 客户提交结汇业务申请。客户领取"结/售汇申请书",填写结汇相关信息,并等待柜员叫号处理。

(2) 柜员受理客户业务。柜员点击"叫号器",选择客户进行业务处理。

(3) 查收客户提交的现钞。使用点钞机清点并检验客户的钞票,进行手工点钞核实并验钞,提醒客户确认金额。

(4) 审核客户提交的凭证。客户提交身份证和"结/售汇申请书"。审核客户提交的凭证,扫描客户身份证,验证身份信息是否安全无误,检查"结/售汇申请书"是否填写完整无误,凭证审核成功。

(5) 输入业务数据。信息无误后,点击柜面上的计算机显示器,弹出"结汇业务"数据输入窗口,输入信息,自动显示,业务数据输入成功,信息填写如图 7.8 所示。

图 7.8 售汇业务输入

（6）取出空白凭证并打印。取出空白凭证——"结售汇单"，将其正确置放于报表打印机，进入存折和单据打印页面进行打印，"结售汇单"显示存款信息，如图7.9所示。

×× 银行　结售汇单
20××年×月×日

客户名称	吴晖		业务编号	0004
付款账号			交易日	20××-×-×
收款账号			交割日	20××-×-×
外汇金额		汇率		人民币金额
1 000.00		635.55		635 550.00
摘要				
币种	账号	科目	借/贷	金额

授权　　　　复核　　　　记账

图 7.9　结售汇单

（7）盖章。向客户递交"结/售汇申请书"和"结售汇单"，请客户签字收回。柜员选取"现金讫章"，在"存款凭条"上盖相应的图章。整理归类不同凭证后，向客户递交属于客户的"结/售汇申请书"和"结售汇单"，业务结束。

3. 套汇

套汇是指利用不同的外汇市场、不同的货币种类、不同的交割时间以及一些货币汇率和利率上的差异，进行从低价一方买进，高价一方卖出，从中赚取利润的外汇买卖。套汇一般可以分为地点套汇、时间套汇和套利三种形式。流程参照结售汇业务，不再详细描述。

第八章 个人代理业务

第一节 个人代理业务操作流程

一、凭证式国债

凭证式国债,是指国家采取不印刷实物券,而用填制国库券收款凭证的方式发行的国债。它是以国债收款凭单的形式作为债权证明,不可上市流通转让,但可以提前兑付。凭证式国债是一种国家储蓄债,可记名、挂失,以"凭证式国债收款凭证"记录债权,不能上市流通,从购买之日起计息。在持有期内,持券人如遇特殊情况需要换取现金,可以到购买网点提前兑取。提前兑取时,除偿还本金外,利息按实际持有天数及相应的利率档次计算,经办机构按兑付本金的0.2%收取手续费。

(一)凭证式国债现金买入业务

凭证式国债主要面向个人投资者发行。其发售和兑付是通过各大银行的储蓄网点、邮政储蓄部门的网点以及财政部门的国债服务部办理。投资者购买凭证式国债可在发行期间到各网点持款填单购买。由发行点填制"凭证式国债收款凭单",其内容包括购买日期、购买人姓名、购买券种、购买金额、身份证件号码等,填完后交给购买者收妥。办理手续和银行定期存款办理手续类似。凭证式国债以百元为起点整数发售,按面值购买。发行期过后,对于客户提前兑取的凭证式国债,可由指定的经办机构在控制指标内继续向社会发售。投资者在发行期后购买时,银行将重新填制"凭证式国债收款凭单",投资者购买时仍按面值购买。购买日即为起息日。兑付时按实际持有天数、按相应档次利率计付利息(利息计算到到期时兑付期的最后一日)。凭证式国债业务流程如图8.1所示。

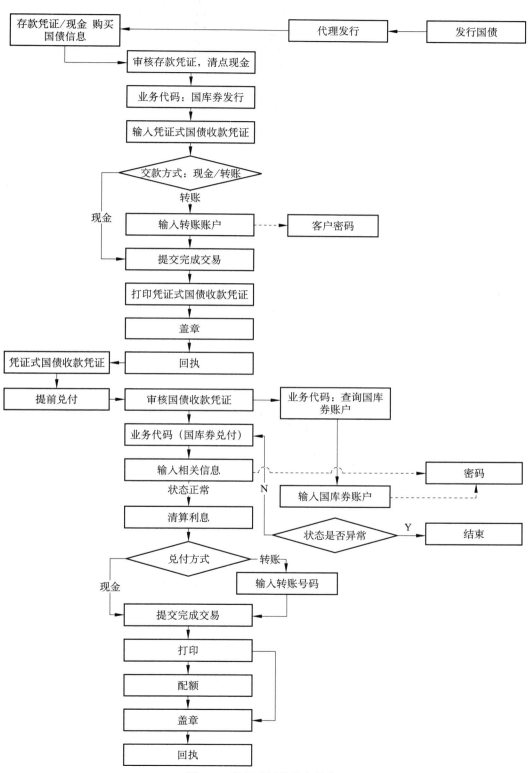

图 8.1 凭证式国债业务流程

(二)凭证式国债兑付现金业务

为提高国债的流动性,商业银行承诺,从银行购买的国债在急需资金时,可随时到原购买网点办理提前兑取,也可在银行各网点办理质押贷款。持有的国债到期时,可到银行任一网点兑付;需要提前变现时,可携带有效身份证件到原购买网点办理提前兑取手续。如投资者因保管不善造成国库券污损,根据财政部、人民银行的规定,符合下列条件的可以兑付:残破污损的国债券,号码不全或完全失掉号码,但能够鉴别确属真券,其留存部分超过原券2/3的,可以按照原券面金额兑付本息。残破污损的国债券,票面在1/2以上(含1/2),并能辨认确属真券及金额的,可在还本付息的后期按照原券面金额兑付半数本息。合乎上述兑付条件的国债券,由于熏焦、霉烂、腐变等特殊情况,不宜继续保存到兑付期时,由持券人及所在单位提交书面证明,经银行审查批准,可予以提前兑付。

兑付资金转存或转账程序。持券人要求将兑付债券资金转账存入银行(或其他银行)时,填制一联"兑付债券清单"(他行开户的填两份),列明收款单位、开户银行、账号和本金,连同"凭证式国债收款凭证"一并交给经办人员。经办人员在审查"凭证式国债收款凭证"和"兑付债券清单"无误后,计算出利息和本息总额。在银行转存或转购新券的,按在银行存款或购买债券处理;转存他行的,由持券人依据债券本息金额填写两联进账单,由银行按同业往来的手续将兑付债券款项和两联进账单一并划转其他开户行,在一份"兑付清单"上加盖业务章并注明"委托划款回单,不作收款依据"字样,由交券人收执。

凭证式国债兑付现金业务流程如图8.1所示。

二、记账式国债

记账式国债是指没有实物形态的票券,投资者持有的国债登记于证券账户中,投资者仅取得收据或对账单以证实其所有权的一种国债。如果投资者进行记账式债券的买卖,就必须在证券交易所设立账户。所以,记账式国债又称无纸化国债。柜台交易记账式国债的交易价格是由市场决定的,买卖价格(净价)有可能高于或低于发行面值。当卖出价格高于买入价格时,表明卖出者不仅获得了持有期间的国债利息,同时还获得了部分价差收益;当卖出价格低于买入价格时,表明卖出者虽然获得了持有期间的国债利息,但同时也付出了部分价差损失。因此,投资者购买记账式国债于到期前卖出,其价格是不能提前预知的,要承担一定的利率变动风险。

(一)记账式国债债券托管账户开户

个人投资人可通过债券承销商在中央结算公司开立一级托管账户,也可在二级托管人(运行柜台系统的债券承销商)处开立二级托管账户。通过债券承销商开立的一级托管账户和在二级托管人处开立的二级托管账户只能办理企业债券托管。

在具备办理企业债券二级托管条件的机构处直接开立二级托管账户的投资人认购债

券后,除可直接向该机构查询托管余额外,还可通过电话语音查询系统查询。通过电话语音查询系统查询的债券余额应与具备办理企业债券二级托管条件的机构提供的债券余额相等。如有异议,投资人应立刻向该机构进行询问,也可向公司反映。个人应在银行开立人民币活期结算账户作为资金账户。与银行签订一式两份《债券托管协议书》,填写《债券托管账户开户申请书》。记账式国债业务流程如图 8.2 所示。

（二）记账式国债债券买入业务

记账式国债通过交易所交易系统以记账的方式办理发行。投资者购买记账式国债必须在交易所开立证券账户或国债专用账户,并委托证券机构代理进行。因此,投资者必须拥有证券交易所的证券账户,并在证券经营机构开立资金账户才能购买记账式国债。

已开立上海证券账户卡的客户则只需带本人身份证、上海证券账户卡(或国债账户卡、基金账户卡)和券商指定的银行存折到代理本期国债销售的证券营业部,填写预约认购单,开立保证金账户,转入认购资金,一般 1 000 元为一手,然后办理认购手续。除金融机构外的各类投资者,均可在商业银行柜台开立国债托管账户买卖记账式国债,开户费为 10 元/户。认购一般无须手续费。新国债成功认购后,将在指定日期在上交所挂牌上市。国债上市后,投资者便可通过证券营业部提供的电话委托系统或网上交易系统,查询到投资者账户内的国债认购数量,并可通过其进行委托买卖,或可通过其代理所认购债券的还本付息,十分方便。如果购买该国债到期兑付的话,记账式国债有固定的年利率,利息每年支付一次,证券公司自动将投资者应得本金和利息转入其保证金账户,同时转入账户的本息资金会按活期存款利率记付利息,免收利息税。提前赎回的话,投资者就要在交易所将该国债抛出,然后具体的资金出入也是体现在保证金账户上。记账式国债认购不用收取投资者任何手续费,买卖券商一般要收 0.1% 左右的手续费。

记账式国债债券买入业务流程如图 8.2 所示。

（三）记账式国债债券卖出业务

到期前卖出收益预知程度不同。记账式国债二级市场交易价格是由市场决定的,买卖价格(净价)有可能高于或低于发行面值。当卖出价格高于买入价格时,表明卖出者不仅获得了持有期间的国债利息,同时还获得了部分价差收益;当卖出价格低于买入价格时,表明卖出者虽然获得了持有期间的国债利息,但同时也付出了部分价差损失。因此,投资者购买记账式国债于到期前卖出,其收益是不能提前预知的。而凭证式国债在发行时就将持有不同时间提前兑取的分档利率做了规定,投资者提前兑取凭证式国债,按其实际持有时间及相应的利率档次计付利息。也就是说,投资者提前兑取凭证式国债所能获得的收益是提前预知的,不会随市场利率的变动而变动。

记账式国债债券卖出业务流程如图 8.2 所示。

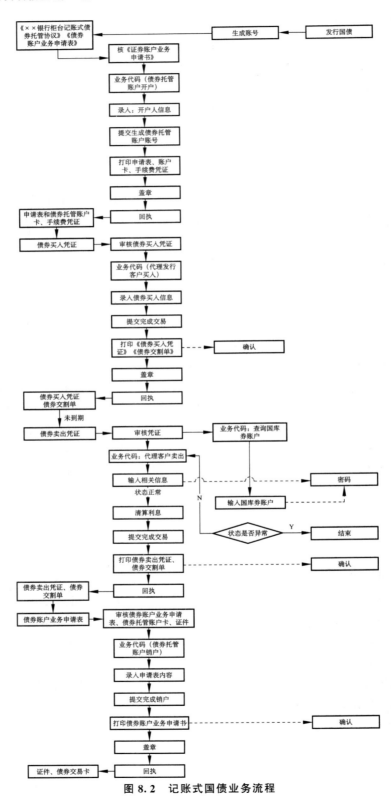

图 8.2 记账式国债业务流程

(四)记账式国债债券托管账户销户

如投资者办理证券转托管及撤销指定交易业务后同时提出办理撤销三方存管及证券账户,资金账户销户的按如下流程办理,结构为 T 日(证券转托管及撤销指定交易办理日):

(1)(个人投资者)投资者本人持有效身份证件、证券账户卡、银行卡及相关资料,填写"业务申请表"办理撤销三方存管及销户业务;(机构投资者)授权经办人办理的,经办人应持本人持有效身份证件、证券账户卡以及营业执照(或注册登记证书)副本原件、加盖公章的法定代表人证明书、法定代表人授权委托书和法定代表人身份证复印件及相关资料,填写"业务申请表"办理撤销三方存管及销户业务。营业部柜台人员按业务规定审核投资者提供身份证件的真实性、预留印鉴(机构投资者)的真实有效性,以及资金账户状态是否正常,在投资者证券资金密码校验无误后,为投资者办理。

(2)资金账户的结息手续,并发起交易将投资者结息总额通知银行。

(3)投资者当天应将资金账户中全部余额,以银证转账方式从证券方全部转出。

如投资者办理证券转托管及撤销指定交易业务后同时提出办理撤销三方存管及证券账户,资金账户销户的按如下流程办理,结构为 $T+1$ 日:

(1)撤销存管银行。第二个工作日,营业部柜台人员通过柜台系统将投资者撤销存管银行交易请求发送银行,银行系统解除该投资者交易结算资金管理账户与证券公司资金台账的对应关系,投资者取消第三方存管业务完成。

(2)投资者销户。取消第三方存管业务后,投资者在营业部柜台办理证券账户、资金账户销户及投资者销户手续。

记账式国债债券托管账户销户流程如图 8.2 所示。

三、基金业务

(一)基金开户

投资者可在 T 日使用临时基金账号或交易账号进行交易。如该投资者开户确认成功,则注册登记机构将为其分配一个正式的基金账号,投资者可在 $T+2$ 查询到该基金账号。投资者在直销柜台办理基金账户开户业务,必须遵循《××基金管理有限公司开放式基金业务管理规则》以及其他有关法规、文件的规定。

个人投资者开户需准备以下资料:有效身份证件原件,提供复印件(包括中华人民共和国居民身份证、中华人民共和国护照、军官证、士兵证、文职证及警官证)。除上述明确列举的有效身份证件以外,投资者提交其他证件的,由注册登记机构最后认定其是否有效。同名的银行卡或储蓄存折或指定银行账户开户证明原件,提供复印件以及填妥的"开放式基金日常账户业务申请表"。基金开户必须由投资者亲自办理。

基金开户、认购流程如图 8.3 所示。

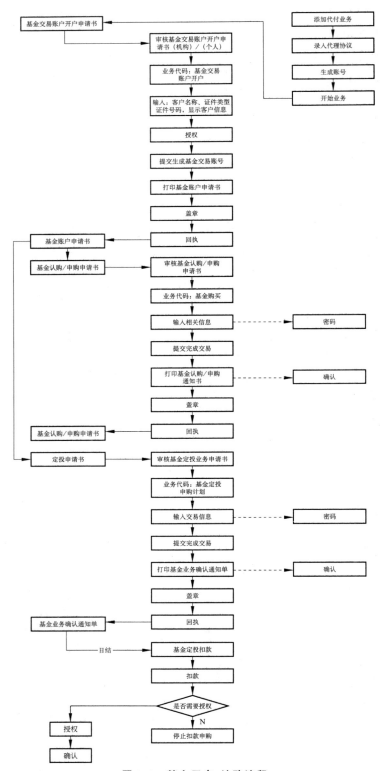

图 8.3 基金开户、认购流程

(二) 基金认(申)购

基金认购是指投资者在开放式基金募集期间、基金尚未成立时购买基金单位的过程。通常认购价为基金单位面值(1元)加上一定的销售费用。投资者认购基金应在基金销售点填写认购申请书,交付认购款项。基金购买分认购期和申购期。基金首次发售基金份额称为基金募集,在基金募集期内购买基金份额的行为称为基金的认购,一般认购期最长为1个月。而投资者在募集期结束后,申请购买基金份额的行为通常叫作基金的申购。在基金募集期内认购,一般会享受一定的费率优惠。以购买100万以下华富竞争力为例,认购费率为1%,而申购费率为1.5%。但在认购期间购买的基金一般要经过封闭期才能赎回,这个时间是基金经理用来建仓的,不能买卖,而申购的基金在第二个工作日就可以赎回。

个人投资者认购基金必须提供以下材料:本人身份证件;基金账户卡(投资者开户时代销网点当场发放);代销网点当地城市的本人银行借记卡(卡内必须有足够的认购资金);已填写好的"银行代销基金认购申请表(个人)"。

投资者可以在基金成立之后向各基金销售机构咨询认购结果,并且也可以到各基金销售网点打印成交确认单;此外,基金管理人将在基金成立之后按预留地址将"客户信息确认书"和"交易确认书"邮寄给投资者。

基金认(申)购业务流程如图8.3所示。

(三) 基金赎回

若客户申请将手中持有的基金单位按公布的价格卖出并收回现金,习惯上称为基金赎回。基金赎回,就是卖出。上市的封闭式基金,卖出方法同一般股票。开放式基金是以本人手上持有基金的全部或一部分,申请卖给基金公司,赎回本人的价金。赎回所得金额,是卖出基金的单位数乘以卖出当日净值。基金单个开放日,基金赎回申请超过上一日基金总份额的10%时,为巨额赎回。巨额赎回申请发生时,基金管理人可选择以下两种方式进行处理:

(1) 全额赎回。当基金管理人认为有能力兑付投资者的赎回申请时,按正常赎回程序执行。

(2) 部分赎回。基金管理人将以不低于单位总份额10%的份额按比例分配投资者的申请赎回数;投资者为能赎回部分,投资者在提交赎回申请时应做出延期赎回或取消赎回的明示。注册登记中心默认的方式为投资者取消赎回。选择延期赎回的,将自动转入下一个开放日继续赎回,直到全部赎回为止;选择取消赎回的,当日未获赎回的部分申请将被撤销。延期的赎回申请与下一个开放日赎回申请一并处理,无优先权并以该开放日的基金单位净值为基础计算赎回金额。发生巨额赎回并延期支付时,基金管理人通过招募说明书规定的方式(如公司网站、销售机构的网点等),在招募说明书规定的时间内通知投资者,并说明有关处理方法,同时在中国证监会制定的媒体上进行公告。基金连续发生巨额赎回,基金管理人可以按照基金契约和招募说明书暂停接受赎回申请;已经接受单位被确认的赎回申请可以延缓支付赎回款项,但不得超过正常支付时间20个工作日,并在中国证监会制定的媒体上进行公告。

基金赎回业务流程如图8.4所示。

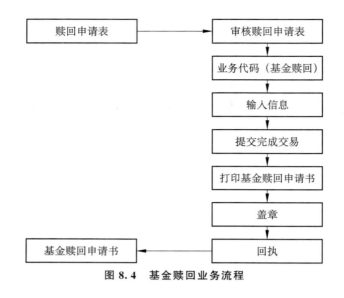

图 8.4　基金赎回业务流程

四、代理缴费业务

代理业务是银行利用自己的资源（如营业网点、网络、人员）优势为政府、企业、个人提供的代理业务。它是银行为适应社会发展和居民经济生活需求，以代理人的身份替客户办理收付和其他委托事项，提供各类金融服务并适当收取手续费的业务。代缴与居民家庭日常生活有关的公用事业费：水费、电费、煤气费、固定电话费、移动电话费、寻呼费、房租费、物业管理费、有线电视费、报刊订阅费、人寿保险费及其他公用事业费等。代收代缴企事业单位之间或单位与个人之间的收费项目：环保费、养路费、税款、社会保险基金、劳保基金、管理费、法院诉讼费、各类罚没款等。

银行代理收费业务申请：按照与委托单位签订的协议，为委托单位收取某项费用，并通过归集、转账的方式将资金划至委托单位账户的业务。客户要开通网上银行代收费业务，必须同时向开户行申请企业网上银行高级用户和网上银行代收费功能，并提交与扣费方签署的《委托银行代收费合同》和与银行签署的《委托××银行代收付协议书》，同时客户还需向支行提供代收费代扣账户的清单（Excel 格式）。代理缴费业务流程如图 8.5 所示。

五、代理续缴费

根据代理续缴费业务的相关规定：银行与委托单位签订有关代收费业务的协议；银行根据委托单位确定的时间、金额收取各项费用，缴费客户就有关收取的时间、金额等问题需向委托单位咨询；欠费由委托单位追缴，银行不负责追讨工作，不垫付资金；如因余额不足而未能按时足额扣轧，银行代扣系统会代扣滞纳金，该滞纳金由相关收费单位按规定收取；办理代缴业务时，只负责办理具体由银行办理的收缴手续，不负责处理收、缴双方任何经济纠纷；代收费银行为缴费单位（个人）提供收费单位应提供的一切单据凭证。

向缴费对象收缴足额相关费用，不垫付资金也不多扣资金，并在费用缴清之后向缴费对象提供相应的单位凭证。须严格按照代收费单位所规定的缴费周期进行收缴。最好在收缴之前先行查询一下该户号是否有欠款、滞纳金等,以明示客户,让其明确了解应缴纳的费用,以免产生不必要的纠纷。代理续缴费业务流程如图8.5所示。

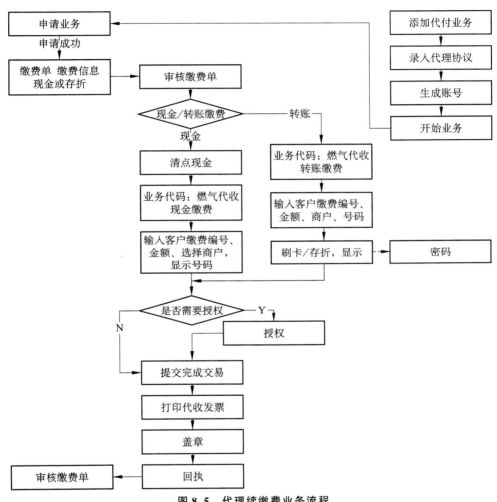

图 8.5 代理续缴费业务流程

六、银证转账

银行活期存折资金转入证券资金账户交易,即所谓银证转账是指将股民在银行开立的个人结算存款账户(或借记卡)与证券公司的资金账户建立对应关系,通过银行的电话银行、网上银行、网点自助设备和证券公司的电话、网上交易系统及证券公司营业部的自助设备将资金在银行和证券公司之间划转,为股民存取款提供便利。办理流程:开立或持有银行卡或活期存折;在银行联网券商处开立证券交易资金账户卡;凭有效身份证件、证券账户卡、资金账户卡即可办理。资费标准:仅B股银证转账收取费用,标准:按划转金额0.1%收取,最低不低于1美元(10港元),最高不高于40美元(或300港元)。银证转账业务流程如图8.6所示。

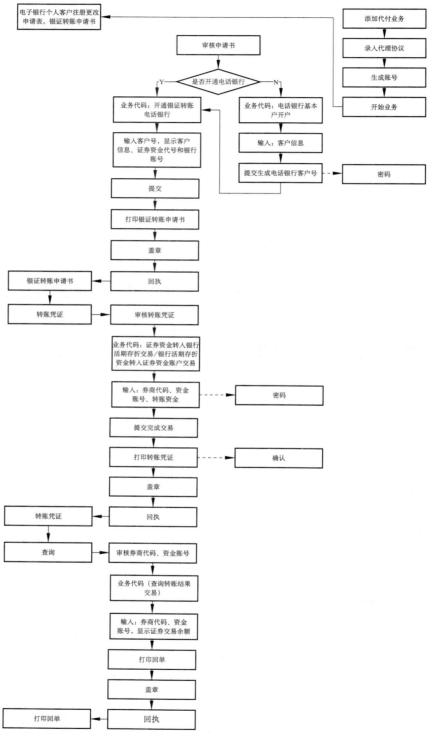

图 8.6 银证转账业务流程

七、个人资信证明

资信证明业务指银行接受客户申请,在银行记录资料的范围内,通过对客户的资金活动记录及相关信息的收集整理,以对外出具资信证明函件的形式,证明客户信誉状况的一种咨询见证类中间业务。也有定义为:资信证明是指由银行或其他金融机构出具的足以证明他人资产、信用状况的各种文件、凭证等。此类证明文件不论以何种名义、形式出具,核心都是证明他人拥有某项资产、债权或具有何种程度经济实力等。银行为客户办理资信证明业务分综合资信证明及单项/多项证明。综合资信证明指银行对客户在银行的记录资料做较全面的描述并对该客户信誉状况进行评价的证明文件。单项/多项证明指银行对客户在银行记录的各单项资料与往来情况的证明文件,一般不包括银行对客户的评价。单项/多项证明主要包括存款余额证明、授信额度证明、抵质押证明及开户证明等。

客户需提供及填写的资料:个人资信证明申请书;户主本人身份证(如为代办,也需提供代办人身份证);提交存款介质,包括但不限于IC卡、存折、存单、保本类个人理财产品凭证;确认开立的时点证明或时段证明:时点证明用于证明在银行出具资信证明的上一日或之前任一日期,个人客户在银行存有一定数额的存款或持有一定数额的个人理财产品,出具时点证明无须对其存款或持有的个人理财产品冻结止付。时段证明用于证明个人客户自向银行提出出具资信证明申请的申请日至以后某一时点的时间段内,其在银行存有一定数额定期存款或持有一定数额的保本类个人理财产品。出具时段证明,需对个人资信证明所列明的存款/保本类个人理财产品办理冻结止付,并在个人资信证明上注明资产的冻结止付到期日期。

柜员须审核:核实办理人员提供的身份证件是否为本人,身份证是否在有效期限内;进行身份证联网核查,并打印结果在身份证复印件背面,双人签章确认。复印件正面加盖与原件核对一致的印章,双人签章确认;审核申请书填写是否完整准确、客户是否签字确认。

须注意以下不能出具资信证明:尚未起息的个人理财产品;办理质押或银行内部控制的存款、个人理财产品;被有权机关冻结止付、扣划的个人资产,资产持有人死亡后申请人未按司法部门要求办理继承过户手续的个人资产;所有权关系不明晰的个人资产;已挂失但尚未办妥新的存款凭证的,不得凭"存单/存折挂失申请书"客户回单联办理出具资信证明;其他不能开具资信证明的情形,如保证金存款、托管类存款等。

第二节 个人代理业务实训

一、实训目标

通过代理业务和网上银行实验的操作,更深入地了解代理业务是典型的中间业务。银行充分利用自身的信誉、技能、信息等资源代客户行使监督管理权、提供各项金融服务。

二、实训任务

(1)了解国债业务开户、购买和卖出的操作流程。

(2) 了解基金业务开户、购买和卖出的操作流程。

(3) 了解银行代理缴费和续缴费的申请和缴费操作。

三、个人代理业务操作

1. 凭证式国债

(1) 综合角色设置凭证式国债。综合角色用户，发布银行所代理的凭证式国债，如图 8.7 所示。

请选择国债券种：	01
期限：	1 年
发行开始日期：	20××-×-×
发行结束日期：	20××-×-×
国债类别：	凭证式
不满半年：	0.75%
持满半年不满一年：	1.05%
持满一年不满两年：	1.25%
差价：	0

图 8.7　凭证式国债

(2) 客户购买凭证式国债。客户持有身份证，完整无误填写"凭证式国债购买申请表"，如图 8.8 所示。

××银行　凭证式国债购买申请表

户名	吴晖	证件类别	身份证	证件号码	330122198610220027		
购买金额	千 百 十 万 千 百 十 元 角 分				国债品种	20××年度第×期×年期	
					普通客户兑付方式	凭密码⊙	无限制○
银行确认栏	金额	(大写)			兑付方式	凭密码○	无限制○
		(小写)					
	户名		卡号		顺序号	流水号	
	品种		购买日期		到期日	年利率	

注：以上各项确认时请在□内打"√"

图 8.8　凭证式国债购买申请表

(3) 柜员业务受理。柜员点击"叫号器"，选择客户进行业务处理。

(4) 查收客户提交的钱钞。使用点钞机清点并检验客户的钞票，进行手工点钞核实并验钞，提醒客户确认金额。

(5) 审核客户提交的凭证。客户提交身份证和"凭证式国债购买申请表"。审核客户提交的凭证，扫描客户身份证，验证身份信息是否安全无误，检查凭证是否填写完整无误，凭证审核成功。

(6) 输入业务数据。信息无误后，点击柜面上的计算机显示器，弹出个人代理业务数据输入窗口，选择发行年份，自动显示期数；填写购买人和购买金额后单击"录入"按钮，业务数据输入成功，信息填写如图 8.9 所示。

```
                个人代理业务    国债
        发行年份：[        ]    [选择]
          期数：[        ]
         购买人：[        ]
        购买金额：[        ]
        购买日期：[20××-×-×]

                    [录入]
```

图 8.9 个人代理业务国债输入

（7）取出空白凭证。柜员取出空白凭证"债券卖出凭证"。

（8）打印凭证。将客户的"凭证式国债购买申请表"和"债券卖出凭证"，正确置于报表打印机，进入"存折和单据打印"页面进行打印，如图 8.10 所示。

××银行   中华人民共和国凭证式国债收款凭证

购买日期	起息日期	印密	年度	期次	期限	年利率	到期日期	柜员号
20××-×-×	20××-×-×	密	2012	01	1	1.25	20××-×-×	415

账号 1_____ 户名 吴晖_____ 原账号_____

金额(大、小写)壹万元整￥10,000.00

　　　　　　　　　　　　　　　　　　　　　　　　　银行签章

会计分录：			兑取日期	计息天数	年利率	利息	柜员号

兑取时：复核　　　出纳　　　记账　　　购买时：复核　　　出纳　　　记账

图 8.10 中华人民共和国凭证式国债收款凭证

（9）盖章。向客户递交"凭证式国债购买申请表"和"债券卖出凭证"，请客户签字收回。柜员选取"现金讫章"，在"凭证式国债购买申请表"和"债券卖出凭证"上盖相应的图章。整理归类不同凭证后，向客户递交属于客户的"凭证式国债购买申请表"和"债券卖出凭证"，业务结束。

2. 记账式国债

（1）综合角色设置记账式国债。综合角色用户，发布银行所代理的记账式国债，如图 8.11 所示。

请选择国债券种：	02
期限：	2 年
发行开始日期：	20××-×-×
发行结束日期：	20××-×-×
国债类别：	记账式
不满半年：	0.25%
持满半年不满一年：	0.36%
持满一年不满两年：	0.49%
持满两年不满三年：	0.88%
差价：	0.15

图 8.11 记账式国债

(2) 客户购买凭证式国债。客户持有身份证，选择一张"银行柜台记账式债券交易业务托管协议书"，并完整无误填写相应信息，如图 8.12 所示。

银行柜台记账式债券交易业务托管协议书

甲方(客户)：吴晖_____
乙方(银行)：××银行_____

甲方基于知悉并理解《浙科银行债券柜台交易业务规则》和本协议文本，自愿委托乙方进行债券托管并自行承担债券投资风险。经甲、乙双方协商一致，签订本协议。

一、甲方同意按照《浙科银行柜台记账式债券交易业务规则》在乙方开立债券托管账户并办理交易、查询及其他相关业务。

二、甲方责任

(一)如实填写《债券账户业务申请表》，指定甲方在乙方开立的账号为 0105710101210000186 的账户作为用于债券买卖价款结算的资金账户，甲方保证该资金结算账户在甲方本人名下而且是正常状态的账户。个人投资者指定的资金结算账户对应的牡丹灵通卡、企业或事业社团法人投资者指定的资金结算账户对应的对公客户自助卡为投资者的债券交易卡。

(二)根据乙方规定缴纳相关的服务费用。包括：债券托管账户开户费、债券转托管手续费、债券非交易过户手续费以及其他可能发生的相关费用。

(三)甲方在乙方开立债券二级托管账户时所提供的有效身份证件，应与其开立资金结算账户时所提供的有效身份证件一致，否则，所造成的经济损失由甲方自行承担。

(四)甲方应对其债券交易卡的安全性及其密码的保密性负责，凡使用债券交易卡及其密码进行的债券交易均视为甲方本人所为。由于债券交易卡遗失或密码泄密所产生的任何经济责任和法律责任均由甲方承担。

(五)债券交易卡或密码的挂失手续应按乙方有关挂失规定办理。甲方的债券托管账户卡遗失(被窃)需要补办或需要停止使用债券托管账户时，应向乙方提出书面申请，由乙方授权营业网点办理补办或销户。

三、乙方责任

(一)为甲方开立与维护账户；
(二)按人民银行规定公布交易报价；
(三)通过甲方在乙方开立的债券托管账户与甲方进行债券买卖；
(四)为甲方准确、连续地记载其债券买卖情况及余额；
(五)提供债券托管账户和资金结算账户的查询服务；
(六)为甲方保守账户秘密。

四、利息计算

根据中国人民银行规定，债券应计利息在乙方系统内精确到小数点后 19 位，而对外报价仅显示为四舍五入至小数点后 2 位。在甲方双方债券交易中，债券结算价款按实际应计利息(小数点后保留 19 位的应计利息)为准计算。因实际结算的应计利息与公布的应计利息之间有差别而引起的后果乙方不负任何经济和法律责任。

五、风险提示

××银行有权在中国人民银行规定的价差幅度内，根据债券市场变化情况，自主制定并调整债券买卖价格，投资人应自行承担债券价格波动可能带来的风险或损失。

六、免责条款

对因地震、火灾、水灾、法律和政策变化等不可抗力和通信线路故障或电脑系统故障等不可预知因素给甲方造成损失，乙方不承担任何经济和法律责任。

七、甲乙双方因本协议发生争议的，应协商解决，协商不成的，应向乙方所在地人民法院提起诉讼。

八、《××银行柜台记账式债券交易业务规则》是本协议书所不可分割的一部分，与本协议书具有同等法律效力。乙方有权根据国家相关法律法规的规定及业务发展情况对《浙科银行柜台记账式债券交易业务规则》进行补充和修改。

九、本合约一式二份，甲乙双方各执一份。

甲方：吴晖_____　　乙方：_____
签章：_____　　　　签章：_____
日期：20××-×-×　　　　　　日期：_____

图 8.12　银行柜台记账式债券交易业务托管协议书

(3) 柜员业务受理。柜员点击"叫号器",选择客户进行业务处理。

(4) 查收客户提交的钱钞。使用点钞机清点并检验客户的钞票,进行手工点钞核实并验钞,提醒客户确认金额。

(5) 审核客户提交的凭证。客户提交身份证和"银行柜台记账式债券交易业务托管协议书"。审核客户提交的凭证,扫描客户身份证,验证身份信息是否安全无误,检查"银行柜台记账式债券交易业务托管协议书"是否填写完整无误,凭证审核成功。

(6) 输入业务数据。信息无误后,单击柜面上的计算机显示器,弹出"个人代理"业务数据输入窗口,选择发行年份,自动显示期数;输入购买人和购买金额后单击"录入"按钮,业务数据输入成功。

(7) 打印凭证。将客户的"银行柜台记账式债券交易业务托管协议书"、债券卖出凭证以及"中华人民共和国凭证式国债收款凭证",正确置于报表打印机,进入"存折和单据"打印页面进行打印,如图 8.13 所示。

×× 银行　中华人民共和国凭证式国债收款凭证

购买日期	起息日期	印密	年度	期次	期限	年利率	到期日期	柜员号
20××-×-×	20××-×-×	密	2012	01	1	1.25	20××-×-×	415

账号 1＿＿＿＿　户名 吴晖＿＿＿＿　原账号＿＿＿＿＿

金额(大、小写)壹万元整 ¥10,000.00

　　　　　　　　　　　　　　　　　　　　　　　　　银行签章

会计分录:		兑取日期	计息天数	年利率	利息	柜员号

兑取时:复核　　　出纳　　　记账　　　购买时:复核　　　出纳　　　记账

图 8.13　中华人民共和国凭证式国债收款凭证

(8) 盖章。向客户递交"银行柜台记账式债券交易业务托管协议书"和债券卖出凭证,请客户签字收回。柜员选取"现金讫章",在"银行柜台记账式债券交易业务托管协议书"和债券卖出凭证上盖相应的图章。整理归类不同凭证后,向客户递交属于客户的"银行柜台记账式债券交易业务托管协议书"、债券卖出凭证和"中华人民共和国凭证式国债收款凭证",业务结束。

3. 基金业务

1) 开户

(1) 综合角色设置基金。综合角色用户,发布银行所代理的基金。

(2) 客户开设基金账户。客户持有身份证,领取"代理基金开/销户申请书",完整无误填写,如图 8.14 所示。

××银行　代理基金开/销户申请书
20××年×月×日

业务种类	开户⊙		销户○			
银行填写	申请人	吴晖			经办人	吴晖
	借记卡号	0105710101210000186				
	投资者证件种类	居民身份证			证件号码	330122198610220027
	经办人证件种类	居民身份证			证件号码	
	基金账户(开户免填)	1				
	基金注册登记人名称					
	申请人	吴晖			经办人	吴晖
	投资者证件种类	居民身份证			证件号码	330122198610220027
	经办人证件种类	居民身份证			证件号码	
	借记卡号	0105710101210000186		业务种类	基金账户开户申请	
	基金账号	1			客户签名:吴晖	
	基金注册登记人名称					
	委托号		受理时间	20××-×-×	机构投资人预留印鉴:	
	银行签章		复核		经办	

图 8.14　银行代理基金开/销户申请书

（3）柜员业务受理。柜员点击"叫号器"，选择客户进行业务处理。

（4）审核客户提交的凭证。客户提交身份证、"代理基金开/销户申请书"，扫描客户身份证，验证身份信息是否安全无误，检查"代理基金开/销户申请书"是否填写完整无误，凭证审核成功。

（5）输入业务数据。信息无误后，点击柜面上的计算机显示器，弹出"基金开户"业务数据输入窗口，填写申请人、申请人身份证号码和借记卡号信息，单击"录入"按钮，业务数据输入成功，信息填写如图 8.15 所示。

受理日期:	20××-×-×
申请人:	
申请人身份证号码:	
借记卡号:	
	录入

图 8.15　银行代理基金开/销户输入

（6）打印凭证。将客户的"代理基金开/销户申请书"，正确置于报表打印机，进入存折和单据打印页面进行打印。

（7）盖章。向客户递交"代理基金开/销户申请书"，请客户签字收回。柜员选取"业务专用章"，在"代理基金开/销户申请书"上盖相应的图章。整理归类不同凭证后，向客户递交属于客户的活期存折和存款凭条，业务结束。

2）交易

（1）客户购买基金。客户持有身份证，选择要购买的基金后填写"证券买入委托单"，如图 8.16 所示。

××银行　证券买入（基金认购/申购）委托单

⊙基金　○债券　○账户金　　　　　　　　　　　　20××年×月×日

客户填写					
客户名称	吴晖		证券卡号	1	
被授权人姓名			市场代码		
证券代码	1		证券名称	南方绩优	
基金客户填写 ⊙认购　○申购		债券客户填写		账户金客户填写	
金额（元）		价格（元/百元）		价格（元/克）	
份额（份基金单位）		数量（百元）		数量（克）	
银行打印					
			银行预留印鉴（机构）		

复核　　　　　　　　经办　　　　　　　　客户签字

图 8.16　证券买入（基金认购/申购）委托单

（2）柜员业务受理。柜员点击"叫号器"，选择客户进行业务处理。

（3）审核客户提交的凭证。客户提交身份证和"证券买入委托单"。审核客户提交的凭证，扫描客户身份证，验证身份信息是否安全无误，检查"证券买入委托单"是否填写完整无误，凭证审核成功。

（4）输入业务数据。信息无误后，点击柜面上的计算机显示器，弹出"基金购买"业务数据输入窗口，输入债券账号、凭券代码和购买数量后单击"录入"按钮，业务数据输入成功，如图 8.17 所示。

受理日期：	20××-×-×
债券账号：	
证券代码：	
购买数量：	

录入

图 8.17　基金业务交易输入

（5）打印凭证。将客户的"证券买入委托单"和证券业务回单正确置于报表打印机，进入存折和单据打印页面进行打印。

（6）盖章。向客户递交"证券买入委托单"和证券业务回单，请客户签字收回。柜员选取"业务专用章"，在"证券买入委托单"和证券业务回单上盖相应的图章。整理归类不同凭证后，向客户递交属于客户的"证券买入委托单"和证券业务回单，业务结束，如图 8.18 所示。

3）赎回

（1）客户操作赎回基金。客户持有身份证，领取"证券卖出委托单"，填写完整无误的信息，如图 8.19 所示。

（2）柜员业务受理。柜员点击"叫号器"，选择"客户"进行业务处理。

（3）审核客户提交的凭证。客户提交身份证和"证券卖出委托单"。审核客户提交的凭证,扫描客户身份证,验证身份信息是否安全无误,检查"证券卖出委托单"是否填写完整无误,凭证审核成功。

××银行　证券买入(基金认购/申购)委托单

⊙基金　○债券　○账户金　　　　　　　　　　　　　　20××年×月×日

客户填写			
客户名称	吴晖	证券卡号	××××
被授权人姓名		市场代码	
证券代码	××××	证券名称	××××
基金客户填写 ⊙认购 ○申购		债券客户填写	账户金客户填写
金额(元)	20 000.000 0	价格(元/百元)	价格(元/克)
份额(份基金单位)	14594.2790	数量(百元)	数量(克)
银行打印			
客户名称:吴晖 申购日期:20××-×-× 基金名称:×××× 基金账号:1 申购金额:20 000.00			银行预留印鉴(机构) (业务专用章)

复核　　　　　　　　　经办 415　　　　客户签字

图 8.18　证券买入委托单完成

××银行　证券卖出(基金赎回/预约赎回)委托单

特别提示:投资莫忘风险,买卖更需谨慎。请您仔细阅读背面客户须知。
○债券　⊙基金　　　　　　　　　　　　　　　　　　20××年×月×日

客户填写				
客户名称	吴晖		证券卡号	××××
被授权人姓名			市场代码	
证券代码	××××		证券名称	××××
卖出/赎回数量(百元/份基金单位)			债券卖出价格(元)	1.370 4
基 金 赎 回 方 式		⊙赎回 ○预约赎回	确认编号	
			确认日期	
巨额赎回未成交部分选择		○延迟到下一开放日 ○撤销	预约赎回指定日期	年　月　日
银行打印				
银行预留印鉴(机构)				

复核　　　　　　　经办　　　　　　　　客户签字

图 8.19　证券卖出委托单

(4)输入业务数据。信息无误后,点击柜面上的计算机显示器,弹出基金赎回业务数据输入窗口。输入债券账号、证券代码和卖出数量后单击"录入"按钮,业务数据输入成功。

(5)打印凭证。将客户的"证券卖出委托单"和证券业务回单正确置于报表打印机,进入存折和单据打印页面进行打印。

(6)盖章。向客户递交"证券卖出委托单"和证券业务回单,请客户签字收回。柜员选取"业务专用章",在"证券卖出委托单"和证券业务回单上盖相应的图章。整理归类不同凭证后,向客户递交属于"证券卖出委托单"和证券业务回单,业务结束,如图 8.20 所示。

××银行 证券卖出(基金赎回/预约赎回)委托单

特别提示:投资莫忘风险,买卖更须谨慎。请您仔细阅读背面客户须知。
○债券 ⊙基金   20××年×月×日

图 8.20 证券卖出委托单完成

4. 银行代理业务

(1) 客户填写银行代理业务——代理公共缴费业务。客户持有身份证,填写代理缴费业务——公共事业费自动转账业务,信息完整无误,如图 8.21 所示。

××银行 公共事业费自动转账付款授权书

编 号:0001

本人自愿授权××银行按收费单位提供的金额,自本人银行卡账户内按月(期)支付费用,并接受以下规定:
1. 银行按收费单位"用费通知"的金额以转账方式支付款项。
2. 同一账户同时发生授权支付多项费用时,由银行按接受收费单位通知的先后次序支付。
3. 本人账户内应有足够支付费用的款项,发现存款余额不敷支出时,及时存入,若因本人账户内存款不足,致扣款不成功,其责自负,并按有关具体规定缴付滞纳金。
4. 本人对于付出的款项持疑义时,应于当月向收费单位查询处理,过月银行按授权内容办理扣款。
5. 若本人终止授权,须立书面终止授权书,送受理银行。银行在接到终止授权书的一个月后执行。
6. 立授权书日即为授权生效日。

授权支付内容(详见附表):

授 权 转 账 支 付 项 目			
代缴项目	装机(表)户名	号码或编号	装机(表)地址

	银行卡户名		银行		卡号											
授权人资料	收信人姓名		联系电话				身份证号									
	吴晖		××××××××××××	×××	×××	×××	×××	×××	×××	×××	×××	×××	×××	×××	×××	×××
	收据(对账单)邮寄地址										邮编					
	杭州市教工路										×××	×××	×××	×××	×××	×××

受理银行签章   立授权书人签章 吴晖
经办人签章

图 8.21 公共事业费自动转账付款授权书

(2) 柜员业务受理。柜员点击"叫号器",选择客户进行业务处理。

(3) 审核客户提交的凭证。客户提交身份证和"公共事业费自动转账付款授权书"。审核客户提交的凭证,扫描客户身份证,验证身份信息是否安全无误,检查"公共事业费自动转账付款授权书"是否填写完整无误,凭证审核成功。

(4) 输入业务数据。信息无误后,点击柜面上的计算机显示器,弹出代理业务数据输入窗口。输入授权人、代理项目和银行卡号后单击"录入"按钮,业务数据输入完成,如图8.22所示。

(5) 打印凭证。将客户的"公共事业费自动转账付款授权书"正确置于报表打印机,进入存折和单据打印页面进行打印。

(6) 盖章。向客户递交"公共事业费自动转账付款授权书",请客户签字收回。柜员选取"业务专用章",在"公共事业费自动转账付款授权书"上盖相应的图章。整理归类不同凭证后,向客户递交属于客户的"公共事业费自动转账付款授权书",业务结束。

图 8.22　银行代理业务输入

5. 代理续缴费业务

(1) 客户向银行提交缴费申请。客户持有身份证,填写"现金收费凭条",完整无误填写,如图8.23所示。

××银行　现金收费凭条

科目:(贷)　　　　　　　20××年×月×日　　　　　　　交易代码:0001

银行填写	
用户填写	用户姓名 吴晖　　编号 001　　期次 3 缴费金额(大写) 捌佰元整　　　　¥ 800.00 收费单位 缴费种类:⊙电费

事后监督　　　　　　复核　　　　　　经办

图 8.23　现金收费凭条

(2) 柜员业务受理。柜员点击"叫号器",选择客户进行业务处理。

(3) 查收客户提交的钱钞。使用点钞机清点并检验客户的钞票,进行手工点钞核实并验钞,提醒客户确认金额。

(4) 审核客户提交的凭证。客户提交身份证和"现金收费凭条"。审核客户提交的凭证,扫描客户身份证,验证身份信息是否安全无误,检查"现金收费凭条"是否填写完整无误,凭证审核成功。

（5）输入业务数据。信息无误后，点击柜面上的计算机显示器，弹出"代理缴费"业务数据输入窗口。输入用户名、用户编号和金额后单击"录入"按钮，业务数据输入完成，如图 8.24 所示。

图 8.24 代理续缴费业务输入

（6）打印凭证。将客户的"现金收费凭条"正确置于报表打印机，进入存折和单据打印页面打印。

（7）盖章。向客户递交"现金收费凭条"，请客户签字收回。柜员选取"现金讫章"，在"现金收费凭条"上盖相应的图章。整理归类不同凭证后，向客户递交属于客户的"现金收费凭条"，业务结束，如图 8.25 所示。

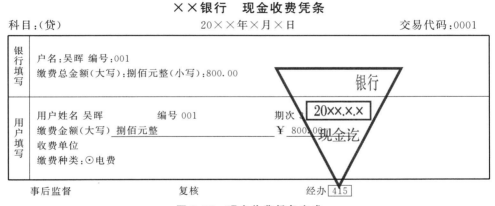

图 8.25 现金收费凭条完成

第九章 企业存款业务

第一节 企业存款业务操作流程

一、单位活期账户

（一）单位基本账户

1. 单位基本账户开户

基本存款账户是指存款人因办理日常转账结算和现金收付需要开立的银行结算账户。具有开立基本存款账户的存款人资格的单位有：企业法人，非法人企业机关，事业单位，团级（含）以上军队、武警部队及分散执勤的支（分）队，社会团体，民办非企业组织（如不以盈利为目的的民办学校、福利院、医院），异地常设机构，外国驻华机构，个体户，居民委员会、村民委员会、社区委员会，单位设立的独立核算的附属机构，其他组织。由上可见，凡是具有民事权利能力和民事行为能力，并依法独立享有民事权利和承担民事义务的法人与其他组织，均可以开立基本存款账户。注意：有些单位虽然不是法人组织，但具有独立核算资格，包括非法人企业（如分公司）、外国驻华机构、个体户、单位设立的独立核算的附属机构（食堂、招待所、幼儿园等），也可以开立基本存款账户。但是，单位内部的非独立核算机构不得开立基本存款账户。

企业客户需填写以下材料：已三证合一（或者五证合一）的营业执照正副本原件及加盖公章的复印件；企业法人有效身份证件原件及加盖公章的复印件；若法人无法亲自办理开户手续的，需加盖法人代表授权书（银行有固定格式，加盖公章、法人章），并提供被授权人有效身份证件原件及加盖公章的复印件；若印鉴卡预留印鉴人名章非法人时，需加盖预留印鉴授权书（银行固定格式，加盖预留印鉴、公章、法人章）及预留人名章人员的有效身份证件原件及加盖公章的复印件；支付密码器；支付密码器申请书（银行固定格式，加盖公章）及密码器协议（银行固定格式，加盖公章和法人章）、授权书（法人无法亲自办理需提供）、法人身份证原件及加盖公章的复印件、经办人身份证原件及复印件（法人无法亲自办理需提供）；开户申请书（银行固定格式，加盖公章和法人章）；银行账户管理协议(银行固定格式,加盖公章和法人章);开户说明书(银行固定格式,加盖公章);信息采集表(银行固定格式,加盖公章,如多页须加盖骑缝章);加盖印鉴卡(银行固定格式,一式三份);企业客户纳税身份声明文件(银行固定格式,加盖公章、法人章,如多页须加盖骑缝章);若为转开账户,需填写"已开立银行结算账户清单"(有规范版本,一式三联,加盖单位公章);同时需确认客户是否变更过单位名称,对较早成立的企业,需注册号变更通知(或有)、公司名称变更通知(或有);未开立账户说明(证明企业成立后从未开立过任何银行结算账户,以免责,加盖单位公章);若为上门企业,须有上门见证核实单;银企对账协议。

客户经理需提供及填写资料:尽职调查表(客户经理＋部门主管签字,若多页须骑缝签字);客户洗钱风险等级人工评定调查表(开户经办＋客户经理签字);带企业商标的办公或经营场所照片(客户经理)。

营业部门须审核:查询企业信息系统,同时查询企业是否为严重违法失信企业,进行审核勾对(经办＋复核人名章);查询组织机构代码证系统,进行审核勾对(经办＋复核人名章)。若为三证合一企业,无须查询该系统;与企业法人或财务负责人进行热线核实,并将核实结果记录到申请书上。若为财务负责人办理,须热线核实法人;若法人本人柜台办理,须其本人在核实处签字;打印法人及经办人身份证联网核查结果(经办＋复核人名章)。若存在与公安联网系统照片不符的情况,须提供佐证,复印件加盖单位公章;所有证照的复印件均须加盖与原件核对一致的印章及经办和复核人员名章;指导客户当面在印鉴卡正面加盖预留印鉴,背面加盖单位公章及法人章;所有资料及印章必须确保清晰完整,申请书填写无涂改及字迹不清情况;审核客户资料、尽职调查表、客户信息采集表的相关内容填写是否齐全、完整、合理、一致;支付密码器管理申请表及印鉴卡副卡需要客户签字签收。

操作流程:审核全套开户资料与申请书、协议书填写内容是否一致,是否完整,资料之间的内容是否相符,确定无误后提交复核及主管复审;反洗钱评级;创建客户信息;银行账户备案。开户手续完成后,应再次检查资料的完整性,按照一户一袋的要求保管账户资料,且每套资料应按照固定的顺序来码放,便于后期自查、检查和年检。单位基本账户开户业务流程如图 9.1 所示。

2. 单位基本账户现金存款

单位基本账户现金存款时,客户提交现金缴款单,单位基本账户现金存款业务流程如图 9.2 所示。

3. 单位基本账户转账存款

单位基本账户转账存款时,客户须提交进账单和转账支票,业务流程如图 9.3 所示。

4. 单位基本账户取款

支票客户支取现金时,取款单位将提供现金支票;存折户支取现金时,应填写"取款凭条",并加盖预留印鉴。单位基本账户取款业务流程如图 9.4 所示。

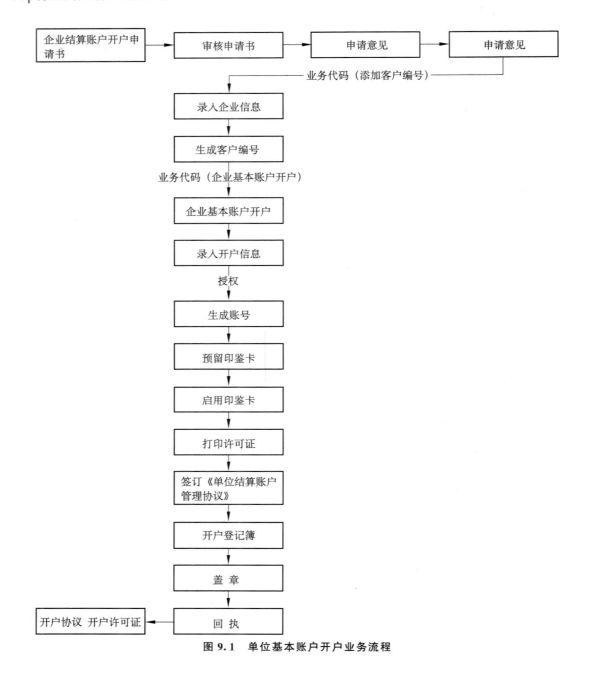

图 9.1　单位基本账户开户业务流程

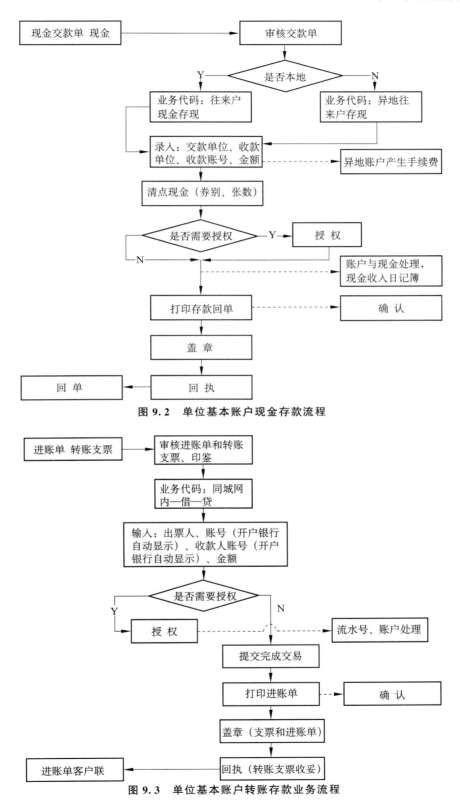

图 9.2 单位基本账户现金存款流程

图 9.3 单位基本账户转账存款业务流程

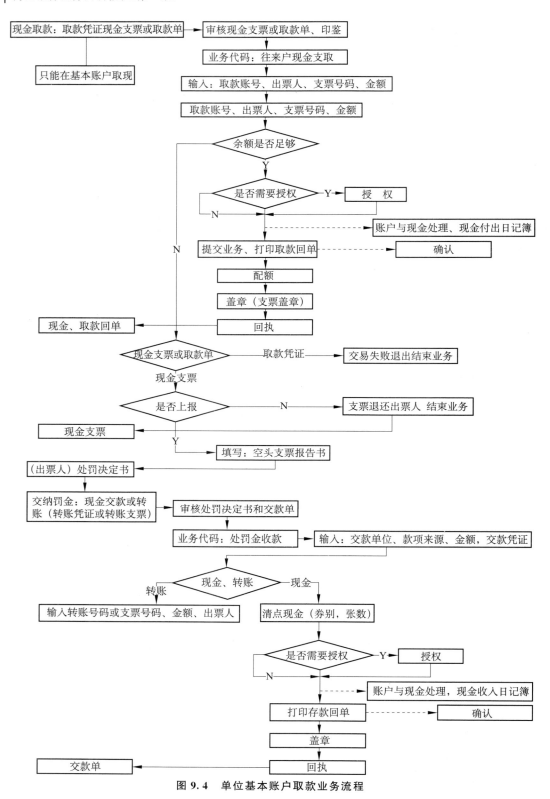

图 9.4 单位基本账户取款业务流程

5. 企业网银签约

1）企业网银签约

企业客户须提供并填写的资料：法人身份证原件及复印件（加盖单位公章）；经办人身份证原件及复印件（加盖单位公章）；操作员身份证原件及复印件（加盖单位公章）；电子银行授权书（加盖单位公章及法人章）；企业网上银行签约申请表（加盖单位预留印鉴和单位公章及法人章）；企业网上银行服务协议（加盖单位公章及法人章）；电子对账协议（加盖单位公章及法人章）；电子对账申请表（预留印鉴）。

营业部须审核：审核身份证件是否在有效期内，将联网核查结果打印在身份证复印件背面。身份证正面加盖与原件核对一致的印章及人名章，背面加盖人名章。电子银行业务申请书银行联和会计联、网银服务协议银行联进行验印，并打印验证结果加盖人名章。审核申请表填写内容是否完整，信息是否准确。主要审核点为：业务类型、业务种类、授权模式及管理方式是否勾选；若客户为单操作员模式，应勾选无须授权，管理方式应选为单人管理；操作员信息是否填写完整，申请类型、用户权限及维护类型是否勾选正确。若为单操作员，用户权限勾选"录入＋管理"即可；核实客户是否通过年检，相关证照是否存续有效，账户状态是否正常。并将核实结果记录在申请书上，加盖人名章；通过电话录音方式与企业法人或财务负责人核实开通企业网银事项。经双方确认后，在申请表中注明核实时间、核实方式、被核实人名称及联络电话等要素；申请表须加盖经办人名章，授权人名章，业务办讫章。电子服务协议须加盖业务公章；如客户签约时，需要同时下挂多个账户，需要在申请书中分别列出下挂账号，同时，在申请书上面加盖预留印鉴时，须分别加盖对应账号的预留印鉴；电子对账协议与银企对账协议是否加盖骑缝，预留的对账印鉴是否为预留印鉴，签约电子对账是否须寄送纸质对账。

操作流程：核实客户基本信息，将缺少信息及不符信息进行修正；根据申请表管理方式及交易是否授权选项，选择管理方式及默认授权模式；根据申请表业务种类选项，勾选客户渠道信息；账户信息列表栏位，勾选是否加挂，双击单笔限额及日累计限额进行限额修改，选择业务权限，勾选是否收费账户；录入操作员信息，手机号及身份证号码需重点审核是否与申请书及身份证信息相一致；点击影像信息，扫描申请书银行联及会计联、服务协议银行联、电子银行授权书及身份证复印件；在签约这步完成第一个 UKEY 发放后，可继续发放第二个 UKEY，无须单独发放；单击"提交"，进行系统内验印（如为新开立账户当时进行网银签约，选择不验印，复核以上人员进行临柜授权通过），打印两联名头纸，加盖业务办讫章。

注意：企业只能在开户网点申请网银签约；客户信息填写有误时，除客户名称和账号不得修改外，其余修改的地方均须加盖单位公章；申请表银行联、服务协议银行联、身份证复印件、电子银行授权书交予账户资料管理员，进行专夹保管；交易完毕后，须通过柜员操作日志查询打印企业网银流水进行传票整理及勾对，打印时只需打印状态为成功的交易明细。

2）企业网银注销

客户须提供并填写的资料：法人身份证原件及加盖单位公章的复印件；经办人身份证

原件及加盖单位公章的复印件;电子银行授权书(加盖单位公章及法人章);企业网上银行签约申请表(加盖单位预留印鉴和单位公章及法人章)。

营业部须审核:审核身份证件是否在有效期内,将联网核查结果打印在身份证复印件背面。身份证正面加盖与原件核对一致的印章及人名章,背面加盖人名章;电子银行业务申请书银行联和会计联及电子银行授权书进行验印,并打印验证结果加盖人名章;审核申请表填写内容是否完整,信息是否准确。

主要审核点为:客户名称、客户账号及联系电话需填写完整,业务类型勾选注销,其余信息均不用填写;核实客户是否通过年检,相关证照是否存续有效,账户状态是否正常;通过电话录音方式与企业法人或财务负责人核实开通企业网银事项。经双方确认后,在申请表中注明核实时间、核实方式、被核实人名称及联络电话等要素;申请表需加盖经办人名章,复核人名章,业务办讫章。

6. 单位基本账户销户

销户时带上当时开户时银行给的所有回单(包括开户许可证正本),还要把未用完的重要空白凭证(现金,转账支票,电、信汇凭证等所有在银行柜台买的凭证)、公章、财务章和人名章带上。公司要出具销户公函,如果重要空白凭证无法交回的话,公司还要出具说明。销户时间大概在3个工作日,销户的时候可以办加急。

客户需要提供并填写的资料:《撤销银行结算账户申请书》(银行固定格式,加盖单位公章和法人章);带营业执照原件及加盖公章的复印件。但需注意,各地区要素不一致,需有法人名称的组织机构代码证才可;开户许可证原件;机构信用代码证原件;法人身份证原件及加盖公章的复印件;经办人身份证原件及加盖公章的复印件;账户授权书(加盖单位公章及法人章);印鉴卡(若客户丢失需填写印鉴卡丢失说明并加盖单位公章);未用重要空白凭证(若客户丢失重要的空白凭证,需提供加盖公章的未缴回重要的空白凭证说明);代转账支付凭证(加盖单位预留印鉴);余额对账单(加盖单位预留印鉴)。根据银行的制度要求,原则上仅是不动户及久悬户需填写;支付密码器业务申请表(加盖单位公章);支付密码器。

客户经理需确认事项:是否有未归还的贷款、欠息;是否有未归还的记账费用;是否有未清偿的银行债务。

营业部门需审核:查询该账户是否存在未完结业务(如贷款、定期等);通知所属客户经理,询问是否可以销户;销户申请书、密码器申请书等是否填写完整准确,是否有签收,是否有涂改现象,所有资料及印章必须确保清晰完整;企业提供的证照是否真实有效,是否在存续期内。若无问题,在复印件上加盖"与原件核对一致的印章",经办和复核双人签章确认;联网核查法人及经办人身份证,并将结果打印在复印件背面,经办和复核双人签章确认。正面加盖"与原件核对一致的印章",经办和复核双人签章确认。若存在与公安联网系统照片不符情况,需提供佐证,复印件加盖单位公章;缴回的重要空白凭证与系统核对是否一致;查询客户是否签约企业网银,进行企业网银注销(若有),填写企业网银申请书,业务类型勾选注销,加盖预留印鉴、公章和法人章,进行验证操作;电话与企业法人或财务负责人核实销户事宜,并将核实结果、核实时间、核实人、电话等信息记录到销户申请书上,并由经办进行签章确认。若为财务负责人办理,需热线核实法人;若为法人本人柜台办理,本人在核实处签字;整理销户资料,由复核及主管进行签章确认,在销户申请书上加盖业务公章;通过客户编号进入单位基本信息查询,查询客户名下除活期账户外是否还存在其他账户。

操作流程:银行核准(销户时最好先与客户确认在其他地区无久悬账户);企业网银注销;删除支付密码器账号;打印未交回重要的空白凭证清单(客户重要的空白凭证状态查询);抽出印鉴卡;账户销户(银行核准后)。

传票整理:代转账凭证(若有)作为主票,印鉴卡正卡(印鉴卡丢失说明)、印鉴卡副卡、余额对账单、系统中重要的空白凭证记录、未缴回重要的空白凭证说明(或重要的空白凭证实物)作为附件,交回的重要的空白凭证实物减角作废,加盖"作废""附件"章;传票印鉴是否均已验印,代转账凭证需加盖经办、复核、主管签章及办讫章。

资料归档问题:银行核准后需凭会计结算部营运支持处出具的银行领取单至当地银行领取账户资料,撤销银行结算账户核准确认单、已开立账户清单(若有)交由客户,其他资料同销户资料一并归档。

(二)单位一般账户

1. 单位一般账户开户

一般存款账户是指存款人因借款或其他结算需要,在基本存款账户开户银行以外的银行营业机构开立的银行结算账户。存款人在基本账户以外,因银行借款开立的账户,不能办理现金支取,该账户存款余额不得超过存款人在该开户银行的借款余额。须注意的事项:单位客户基本存款账户开户行不得再为其开立一般存款账户。一般存款账户只能在其规定的范围内使用,不得变相作为基本存款户使用。对符合一般存款账户开户条件的,银行应于开户之日5个工作日内向中国人民银行当地分支机构备案。

客户需提供及填写资料:已三证合一(或者五证合一)的营业执照正副本原件及加盖公章的复印件;企业法人有效身份证件原件及加盖公章的复印件,若法人无法亲自办理开户手续的,需加盖法人代表授权书,并提供被授权人有效身份证件原件及加盖公章的复印件;若印鉴卡预留印鉴人名章非法人时,需加盖预留印鉴授权书及预留人名章人员的有效身份证件原价及加盖公章的复印、基本户开户许可证原件及加盖公章的复印件;机构信用代码证原件及加盖公章的复印件(此为或有项);开户申请书;银行账户管理协议;开户说明书;信息采集表;加盖印鉴卡;企业客户纳税身份声明文件。

客户经理需提供及填写资料:尽职调查表(客户经理+部门主管签字,若多页需骑缝签字),客户经理与单位商标合影的照片;客户洗钱风险等级人工评定调查表(开户经办+客户经理签字);如异地客户需上门核实,并提供带企业商标的办公或经营场所照片(客户经理)。

营业部门需审核:查询企业信息系统,同时还要关注是否为严重违法失信企业;查询机构信用代码证系统;查询组织机构代码证系统;查询人民币银行账户系统;使用录音电话与企业法人或财务负责人进行热线核实,并将核实结果记录到申请书上;打印法人及经办人身份证联网核查结果;所有证照的复印件均需加盖与原件核对一致的印章及经办和复核人员名章;指导客户当面在印鉴卡正面加盖预留印鉴,背面加盖单位公章及法人章。

操作流程:审核全套开户资料与申请书、协议书填写内容是否一致,是否完整,资料之间的内容是否相符,确定无误后提交复核及主管复审;创建客户信息;银行账户备案。

传票整理及审核要点:开户手续完成后,应再次检查资料的完整性,按照一户一袋的要求保管账户资料,且每套资料应按照固定的顺序来码放,便于后期自查、检查和年检;开户完成后,应核对有权人审批签字是否齐全、印章是否完整等。次日,银行的反洗钱综合业务平台自动生成该客户的基础信息,可根据纸质评分表进行勾选,并将电子版表格上传到系统,提交给复核确认,完成风险等级评定。单位一般账户开户业务流程如图9.5所示。

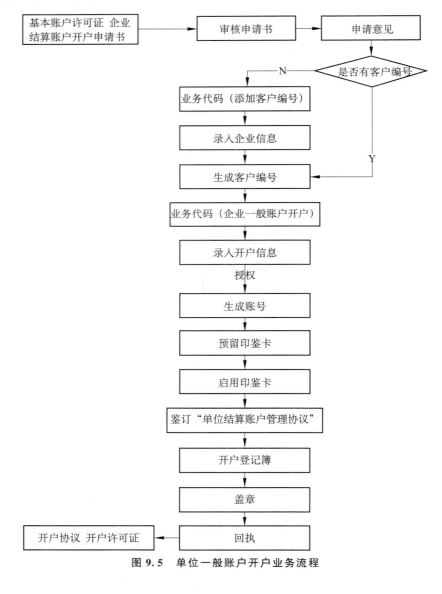

图9.5 单位一般账户开户业务流程

2. 单位一般账户销户

客户需提供及填写资料:"撤销银行结算账户申请书",加盖单位公章和法人章;如果账户内有余额,应同时填写"单位撤销账户申请书(代转账凭证)";带有法人信息的单位证照原件及加盖公章的复印件。营业执照;法人身份证原件及加盖公章的复印件;经办人身份证原件及加盖公章的复印件;账户授权书;印鉴卡;未用重要空白凭证;余额对账单;支付密码器业务申请表;支付密码器。

客户经理需提供及填写:是否有未归还的贷款、欠息;是否有未归还的记账费用;是否有未清偿的银行债务。

营业部门需审核:通知所属客户经理,询问是否可以销户;查询银行账户系统,确认客户基本户是否正常,信息是否一致,如信息不一致,需先进行变更操作;销户申请书、密码器申请书等是否填写完整准确、是否有涂改现象;企业提供的证照是否真实有效,是否在存续期内。是否与银行的先前保存的账户资料内容一致。若无问题,在复印件上加盖"与原件核对一致的印章",经办和复核双人签章确认。若资料不一致,应履行账户变更的手续;联网核查法人及经办人身份证,并将结果打印在复印件背面,经办和复核双人签章确认。正面加盖"与原件核对一致的印章",经办和复核双人签章确认;缴回的重要的空白凭证与系统核对是否一致。查询客户是否签约企业网银,进行企业网银注销(若有),填写企业网银申请书,业务类型勾选注销,加盖预留印鉴、公章和法人章,进行验证操作;查询该账户是否存在未完结业务(如贷款、定期等);电话与企业法人或财务负责人核实销户事宜,并将核实结果、核实时间、核实人、电话等信息记录到销户申请书上,并由经办进行签章确认;整理销户资料,交由复核及主管进行签章确认,并在销户申请书上加盖业务公章;通过客户编号进入单位基本信息查询,查询客户名下除活期外是否还有其他账户。

操作流程:企业网银注销;删除支付密码器账号;打印未交回的重要空白清单(客户重要的空白凭证状态查询);抽出印鉴卡;账户销户;查询销户明细;银行备案。

传票整理及审核要点:整理主票(销户申请书、待转账支付凭证)、活期存款利息清单(如为久悬销户,需提供转久悬时的利息单或者流水);内部转出凭证;余额对账单;重要的空白凭证情况说明;印鉴卡;通过客户编号进入单位基本信息查询的截屏。

(三)单位临时账户

单位临时存款账户是指存款人因临时需要并在规定期限内使用而开立的银行结算账户。单位临时账户优点包括:存取款灵活方便;适用于单位日常收支和存放暂时闲置的资金需要;可获得利息收入,且该利息收入不需缴纳利息收入所得税。相关业务规定:临时存款账户只能在其规定的范围内使用,不得变相作为基本存款户使用;每季末月的 20 日为结息日,银行按照本结息期活期存款账户的余额变动情况计算并支付活期存款利息。单位人民币活期存款没有期限限制,按结息日中国人民银行规定的活期存款利率计息,遇利率调整不分段计息。

基本流程:客户填制开户申请书,提供企业法人执照或营业执照正本或其他规定的材料,送交盖有存款人印章的印鉴卡片,银行审核同意后开立活期存款账户。开立基本存款账户的,银行审核同意后,客户还应向中国人民银行当地分支机构申请核发开户许可证。

单位临时账户开户业务流程如图9.6所示。

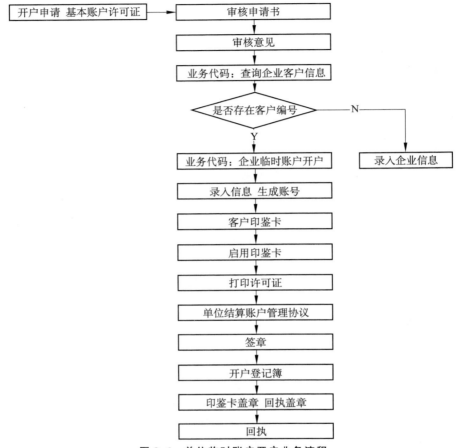

图9.6 单位临时账户开户业务流程

客户提交的销户申请必须加盖单位公章,柜员需与印鉴卡上的单位公章进行核对。柜员应认真审核客户填写的销户申请内容是否齐全、完整,销户单位必须对清账目后方可办理销户。对与该销户账户有关联的贷款、银行承兑汇票、贴现等业务,不允许客户办理销户。如支取现金销户,必须符合当地人民银行规定。具体细节可以参照单位一般账户销户。

(四)单位专用账户

单位专用存款账户是指存款人按照法律、行政法规和规章,对其特定用途资金进行专项管理和使用而开立的银行结算账户。该账户优点包括:存取款灵活方便;适用于单位日常收支和存放暂时闲置的资金需要;可获得利息收入,且该利息收入不需缴纳利息收入所得税。相关业务规定:专业存款账户只能在其规定的范围内使用,不得变相作为基本存款户使用;单位活期存款利息按结息日或支取日当日银行挂牌利率计付利息,遇利率调整不分段计息。

基本流程:客户填制开户申请书,提供企业法人执照或营业执照正本或其他规定的材料,送交盖有存款人印章的印鉴卡片,银行审核同意后开立活期存款账户。开立基本存款账户的,银行审核同意后,客户还应向中国人民银行当地分支机构申请核发开户许可证。

单位专用账户开户业务流程如图9.7所示。

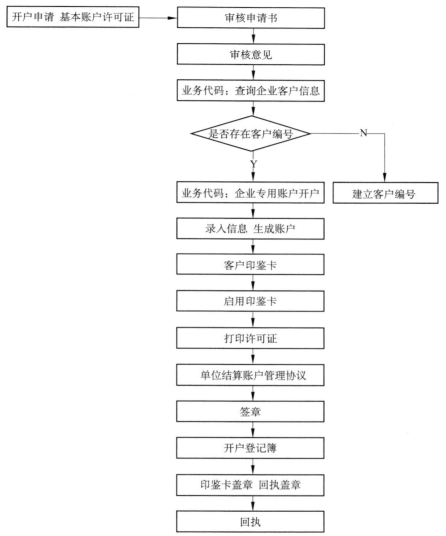

图9.7 单位专用账户开户业务流程

信托财产专户开立是属于单位专用账户范畴,以此为例,客户需提供及填写资料除上述基本材料外,还需提供:金融许可证原件及加盖公章复印件;信托财产专户申请书;信托计划简介;信托资金用途说明;信托公司公司固有业务、信托项目事前报告表;资金信托保管确认书;资金保管合同。

客户提交的销户申请必须加盖单位公章,柜员需与印鉴卡上的单位公章进行核对。柜员应认真审核客户填写的销户申请内容是否齐全、完整,销户单位必须对清账目后方可办理销户。对与该销户账户有关联的贷款、银行承兑汇票、贴现等业务,不允许客户办理销户。如支取现金销户，必须符合当地人民银行规定。

二、单位定期存款账户

（一）单位定期存款现金开户

单位人民币定期存款是一种事先约定支取日的存款，即银行与存款人双方在存款时事先约定期限、利率，到期后支取本息的存款。单位定期存款（不含大额可转让定期存款）实行账户管理。单位人民币定期存款产品适用于各企业、事业单位、机关、部队和社会团体等。

客户在银行办理单位定期人民币存款业务可事先在银行开立存款活期账户，从活期存款账户中将资金转入新开立的定期存款账户，也可在银行直接开立定期账户将资金存入。需提交及填写如下材料。

在银行已开立活期存款账户的客户办理单位定期人民币存款业务的操作程序：客户持开户申请书、经过年检的营业执照正本（或副本）、加盖单位公章、财务专用章、人名章（法定代表人或财务负责人）的预留印鉴、法定代表人授权书等材料，至银行结算柜台申请办理单位定期人民币存款业务；银行根据客户的申请为单位开立定期存款账户；银行从活期账户中将相应的资金转至定期存款账户中；银行向客户出具"单位定期存款开户证实书"。

未在银行开立活期存款账户的客户办理程序：客户携开户申请书、经过年检的营业执照正本（或副本）、加盖单位公章、财务专用章、个人名章（法定代表人或财务负责人）的预留印鉴、法定代表人授权书等材料，并持支票、银行汇票至银行结算柜台申请办理单位定期人民币存款业务；银行根据客户的申请为单位开立定期存款账户；银行将支票、银行汇票资金存入定期存款账户；银行向客户出具"单位定期存款开户证实书"。

客户经理需提供及填写资料：利率审批件（利率上浮时提供）；倒起息联系单（或有）；在申请书存款期限后标注利率并签字确认。

营业部门需审核：审核开户申请书填写是否完整，金额填写是否规范注意核对利率及转存方式，预留印鉴信息是否勾选共用一套印鉴。如为单独设置还需留存印鉴卡；打印验印记录到开户申请书，加盖业务办讫章及人名章。

传票整理与审核要点：单位定期/通知/协议存款开户申请书、倒起息联系单（附件，或有）；审核要点（申请书上的要素是否填写完整、规范、有无涂改，如涂改的地方需企业压章；盖章是否齐全；是否有逐级审批签字）。

操作流程：开立定期账号，开户资金到位等，具体如图9.8所示。

（二）单位定期存款提前支取

单位定期存款全部提前支取，按支取日挂牌公告的活期存款利率计息。只能办理一次单位定期存款部分提前支取，若剩余部分不低于起存金额（10 000元），提前支取部分按支取日挂牌公告的活期存款利率计息。若剩余部分低于起存金额,则应全部支取,支取金额按支取日挂牌公告的活期存款利率计息。单位定期存款逾期支取,逾期部分按支取日挂牌公告的活期存款利率计息。经办人员向底卡管理员抽取开户证实书底卡,核对两联开户证实书是否一致,预留印鉴与银行的系统留存是否一致。打印验证记录在开户证实书背面,写明核印账号,经办人员签章。审核证实书背面的回款路径是否为原路划回。如相符,填写日期,书写"本息划至"。根据证实书利率,试算定期利息。提前支取需电话核实。单位定期存款提前支取业务流程如图9.9所示。

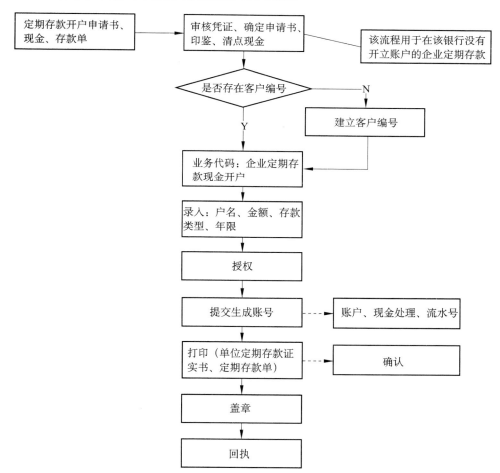

图9.8 单位定期存款现金开户业务流程

（三）单位定期存款取款销户

存款到期,向银行提交定期存单,单位填制两联进账单,填写支取日期,向银行办理转账。本息只能转入其活期存款账户,不能支取现金。单位定期存款的利息采用利随本清的计算方法。单位定期存款按季计提应付利息,计入成本。若过期支取,其过期部分的利息,应按支取日活期利率计算。单位定期存款取款销户业务流程如图9.9所示。

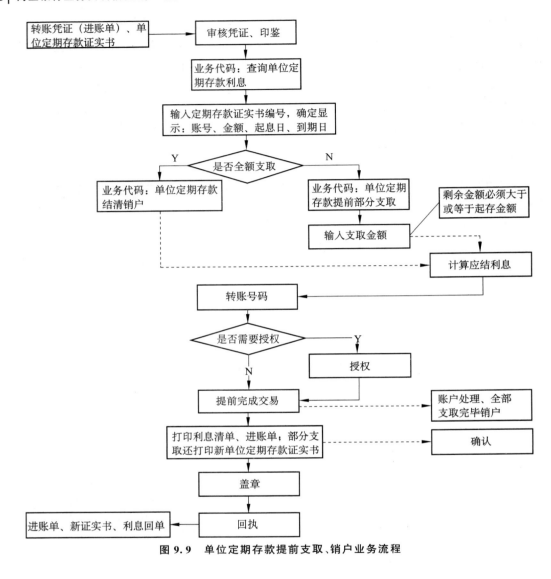

图 9.9 单位定期存款提前支取、销户业务流程

三、单位通知存款账户

(一) 单位通知存款现金开户

单位通知存款是指存款人在存入款时不约定存期,支取时需提前通知金融机构,约定支取日期和金额方能支取的存款。凡在开户行开立人民币基本存款账户或一般账户的企业、事业、机关、部队、社会团体和个体经济户等单位,只要通过电话或书面通知开户行的公司存款部门,即可申请办理通知存款。客户不需要约定存期,只在支取时事先通知存款银行。

企业客户须提交开户申请书、营业执照正本副本影印件等,并预留印鉴。印鉴应包括单位财务专用章、单位法定代表人章(或主要负责人章)、财务人员章及变码印鉴(适用于具备条件的分支机构)。

客户经理需提供及填写资料:银行为客户开出记名式"单位通知存款开户证实书"(证实书仅对存款单位开户证实,不得作为质押权利凭证。证实书如果遗失,银行不予办理挂失,不再补发新的证实书。支取存款时,客户应向银行出具证实书遗失公函,银行按约定的支取方式办理取款手续);倒起息联系单。

营业部门需审核:审核开户申请书填写是否完整,包括币别、金额、产品种类、本金来款路径、预留印鉴共用情况等;打印、验印记录到开户申请书,加盖业务办讫章及人名章。

需注意的是开户资金存入:单位通知存款账户金额不得少于人民币 50 万元;金额大于人民币 100 万元时,需复核上机授权,授权通过后,在经办员"待打印任务"中打印开户证实书。加盖业务公章及经办和复核人员方章;金额大于人民币 1 000 万元时,需主管上机授权。通知存款账户开户当日若未存入资金,隔日不能再存入,账户作为零余额账户销户。

单位通知存款现金开户业务流程如图 9.10 所示。

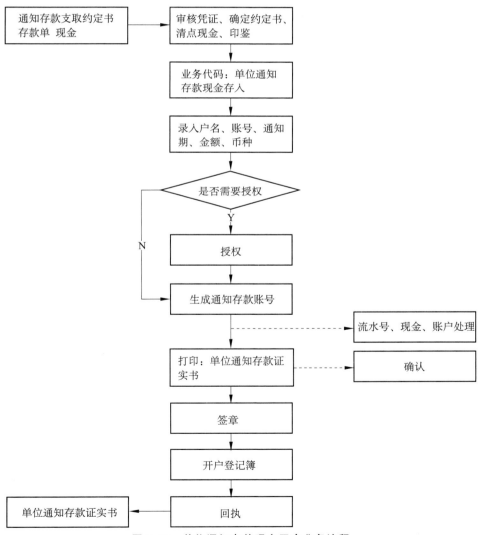

图 9.10 单位通知存款现金开户业务流程

（二）单位通知存款取款通知

通知存款不管实际存期的长短，统一按存款人取款提前通知的期限长短划分为一天通知存款和七天通知存款两个品种。一天通知存款必须至少提前一天通知约定支取存款，七天通知存款必须至少提前七天通知约定支取存款。单位选择通知存款品种后不得变更。

（三）单位通知存款取款

单位通知存款可一次或分次支取，每次最低支取额为 10 万元（各行规定有差异），支取存款利随支清，支取的存款本息只能转入存款单位的其他存款户，不得支取现金。具体支取方式包括：单笔全额支取，存款单位需出具单位通知存款证实书。部分支取：部分支取须到开户行办理。部分支取时账户留存金额不得低于 50 万元，低于 50 万元起存金额的，做一次性清户处理，并按清户日挂牌活期利率计息办理支取手续并销户。留存部分金额大于 50 万元的，银行按留存金额、原起存日期、原约定通知存款品种出具新的通知存款证实书。

客户需提供及填写资料：开户证实书第一联；通知存款支取通知书（填写两张）。

客户经理需提供及填写资料：存款利率审批件（或有）。

营业部门需审核：经办人员向底卡管理员抽取开户证实书底卡，核对两联开户证实书是否一致，预留印鉴是否与银行的系统留存一致；打印验证记录在开户证实书背面，写明核印账号，经办人员签章；审核证实书背面的回款路径是否为原路划回。如相符，填写日期，书写"本息划至"加盖名章；根据证实书利率，试算定期利息；审核利率审批件（或有），是否经有权人审批，即需要分管会计结算部行领导和行领导审批签字。分行财务部主管、分行会计结算部主管审批。

单位通知取款业务流程如图 9.11 所示。

（四）单位通知存款取款销户

客户一次全部支取通知存款时，由开户银行收回存单，办理销户手续；存款单位提取部分存款时，未取部分余额若低于开户起存金额，则予以销户。整个存期按支取日挂牌公告的相应档次的利率计付利息，利随本清，不计复利。

四、单位协定账户

（一）单位协定账户开户

协定存款是指客户通过与银行签订"协定存款合同"，约定期限、商定结算账户需要保留的基本存款额度，由银行对基本存款额度内的存款按结息日或支取日活期存款利率计息，超过基本存款额度的部分按结息日或支取日银行公布的高于活期存款利率、低于六个月定期存款利率的协定存款利率给付利息的一种存款。银行可与客户签订单位协定存款合同，在结算账户之上开立协定存款账户，并约定结算账户的额度，由银行将结算账户中超额度的部分转入协定存款账户,单独按照协定存款利率计息。

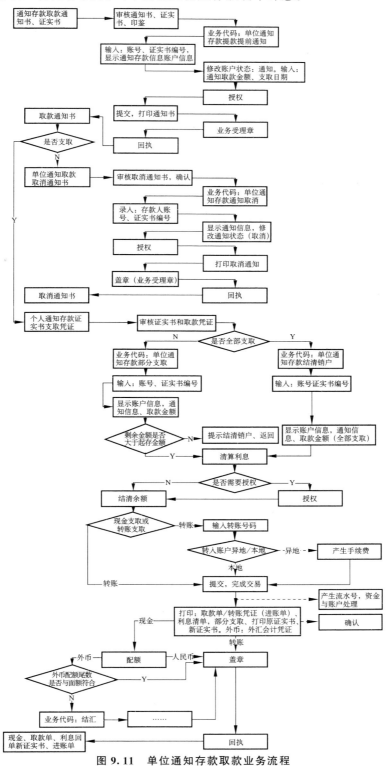

图 9.11 单位通知存款取款业务流程

协定存款的最低约定额度为人民币10万元,客户可根据实际情况与银行约定具体的基本额度。协定存款账户分A户(结算户)与B户(协定户),A户按结算日中国人民银行公布的活期存款利率计息,B户按结算日中国人民银行公布的协定存款利率计息。协定存款账户不是一个独立存款账户,客户可以通过结算户办理日常结算业务,协定存款账户的操作和管理由银行负责。协定存款的A户视同基本存款账户或一般存款账户管理使用,A户、B户均不得透支。协定存款账户月均余额两年或两年以上低于最低约定额度的,将利息结清后,作为基本存款账户或一般存款账户处理,不再享受协定存款利率。客户在合同期内如需清户,必须提出书面声明,银行审核无误后,方可办理。

客户需提供及填写资料:人民币单位协定存款合同两份(加盖公章及法人名章);法人身份证原件及加盖公章的复印件;法人授权书(需说明被授权人在企业的真实任职情况)、被授权人身份证原件及加盖公章的复印件。

客户经理需提供及填写资料:人民币单位协定存款审批表(若基本额度低于人民币10万元时需提供,需分行市场营销部主管、财务管理部主管及分行分管财务的管理层审批)。

营业部门需审核:经办须确定客户已在银行的开立活期存款账户,对协定存款合同和授权书进行验印并打印验印结果,加盖人名章确认;身份证复印件正面加盖"与原件核对一致的印章",经办及复核签章确认,背面打印法人及经办人身份证联网核查结果,经办及复核签章确认;编写协定存款合同编号,编号规则为:第1~4位为机构T24网点号后四位,第5、6位为*D,第7、8位为年份,第9、10位为月份,第11~13位为按时间排序该机构当年当月办理的第"N"份协定存款合同;协定存款合同乙方处需加盖业务公章。

单位协定账户开户业务流程如图9.12所示。

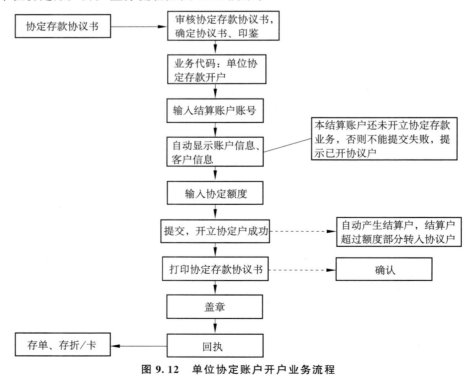

图9.12 单位协定账户开户业务流程

（二）单位协定账户支取

协定存款账户的 A 户视同一般结算账户管理使用,可用于现金转账业务支出,A 户、B 户均不得透支,B 户作为结算户的后备存款账户,不直接发生经济活动,资金不得对外支付。单位协定存款的期限由客户与银行在"协定存款合同"中约定,最长不超过 1 年(含 1 年),到期时任何一方没有提出终止或修改合同,即视为自动延期。

（三）单位协定账户销户

协定存款合同期满,若单位提出终止合同,应办理协定存款户销户,将协定户(B 户)的存款本息结清后,全部转入基本存款账户或一般存款账户中。结清 A 户,B 户也必须同时结清。在合同期内原则上客户不得要求清户,如有特殊情况,须提出书面声明,银行审核无误后,办理清户手续。单位协定账户销户业务流程如图 9.13 所示。

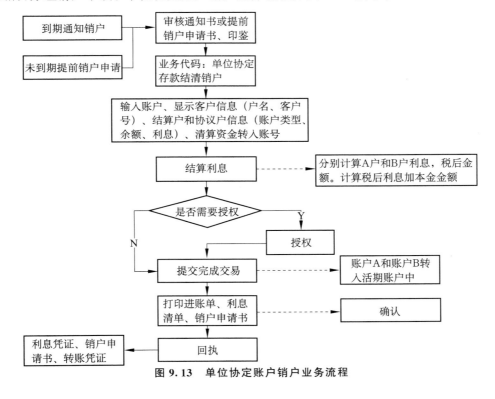

图 9.13　单位协定账户销户业务流程

五、信用证保证金账户

（一）信用证保证金账户现金开户

信用证保证金存款,是指采用信用证结算方式的企业为取得信用证而按规定存入银行信用证保证金专户的款项。企业向银行申请开立信用证,应按规定向银行提交开证申请书,信用证申请人承诺书和购销合同,并将信用证保证金交存银行。

在编制现金流量表时,对于信用证保证金存款是否应从"现金"中扣除,须具体问题具体分析,应注重保证金存款的使用是否受限的实质,若使用受限,则应从期末现金中扣除。若信用证保证金在资产负债表日后3个月内可以用于支付的,在编制现金流量表时不应从"现金"中扣除;反之,在资产负债表日后3个月内不可以用于支付的,在编制现金流量表时则应从"现金"中扣除。

柜员根据电子准签证和保证金交易许可证,以及客户提交的转账支票和进账单,使用交易缴存、追加保证金,该交易支持单笔缴存/追加和不超过3笔的多笔缴存/追加两种方式,柜员必须输入业务序号、业务编号、结算账号等缴存、追加信息,其中业务序号为电子准签证的顺序号,业务编号为电子准签证的协议编号,结算账号为发生具体业务的客户账户,银行承兑汇票、保函业务必须是银行承兑汇票,保函的出票号,交易成功后,记账凭证加签"业务清讫章"和个人名单,回单联加签"业务清讫章"交客户。信用证保证金账户存款业务流程如图9.14所示。

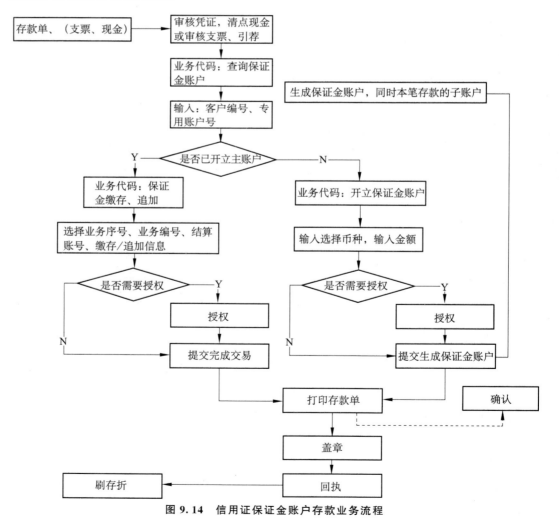

图9.14 信用证保证金账户存款业务流程

（二）信用证保证金账户减少/退回

保证金减少、退回均需核对保证金交易许可证。可以部分或全额减少保证金，交易成功后，系统自动将减少的金额转入指定的内部户。若减少非结算币种的保证金，还应使用外汇买卖交易结售汇或外汇买卖，同时使用保证金追加交易，追加结算币种的保证金。保证金退回交易支持单笔退回保证金和多笔退回保证金，交易成功后，保证金退回至客户缴存账户。经办柜员在记账凭证上加盖业务清讫章和个人名章，利息凭证回单联加盖业务清讫交客户。信用证保证金账户减少/退回业务流程如图 9.15 所示。

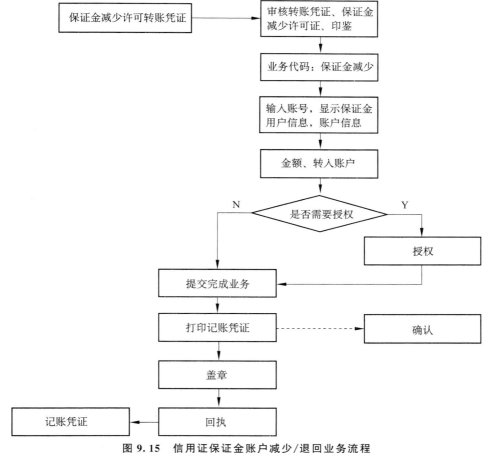

图 9.15 信用证保证金账户减少/退回业务流程

六、外汇账户

（一）外汇账户开立

所有境内机构要开立外汇账户都必须先到国家外汇管理局办理审批手续，凭外汇局核发的"经常项目(或资本项目)外汇账户开立核准件"到银行办理开户。

客户需提供及填写资料:已三证合一(或者五证合一)的营业执照正副本原件及加盖公章的复印件;企业法人有效身份证件原件及加盖公章的复印件;内资企业开立外币账户且涉及货物贸易项下的都需要提供"对外经营者贸易备案登记表",如为外资企业,需提供"外商企业投资批注证书"。此外所有的外币账户开立,还需提供外管局核发的"业务登记证";若法人无法亲自办理开户手续的,需加盖法人代表授权书(银行的有固定格式,加盖公章、法人章),并提供被授权人有效身份证件原件及加盖公章的复印件;若印鉴卡预留印鉴人名章非法人时,需加盖预留印鉴授权书及预留人名章人员的有效身份证件原价及加盖公章的复印件;基本户开户许可证原件及加盖公章的复印件;机构信用代码证原件及加盖公章的复印件;支付密码器;支付密码器申请书、授权书、法人身份证原价及加盖公章复印件、经办人身份证原件及复印件;"境内机构外汇账户开立、变更、关闭申请书"(加盖公章和法人章);银行账户管理协议;开户说明书;信息采集表;加盖印鉴卡;企业客户纳税身份声明文件;开立资本金户、股权激励账户、资产变现账户、需提供业务登记凭证(银行登记后打印);开立外债专户需提供外管局发放的业务登记证(外管局发放),以及相应的合同;外债专户还需提供外债资金流入控制信息表,原件及加盖公章的复印件;开立股权激励账户需要提供境内个人参与境外上市公司股权激励计划外汇登记表;开立待核查账户,需提供与结算账户共用一套印鉴卡说明,加盖公章、法人章;开立贷款户,需提供贷款合同,留存复印件并加盖公章;银企对账协议。

客户经理需提供及填写资料:尽职调查表(客户经理+部门主管签字,若多页需脚签);客户洗钱风险等级人工评定调查表(开户经办+客户经理签字);带企业商标的办公或经营场所照片(客户经理)。

营业部门需审核:查询企业信息系统,进行审核勾对(经办+复核人名章);查询机构信用代码证系统,进行审核勾对(经办+复核人名章);查询组织机构代码证系统,进行审核勾对(经办+复核人名章);查询人民币银行账户系统,进行审核勾对(经办+复核人名章);与企业法人或财务负责人进行热线核实,并将核实结果记录到申请书上;打印法人及经办人身份证联网核查结果(经办+复核人名章);所有证照的复印件均需加盖与原件核对一致的印章及经办和复核人员名章;指导客户当面在印鉴卡正面加盖预留印鉴,背面加盖单位公章及法人章。

(二) 外汇账户销户

客户需要提供并填写的资料:"境内机构外汇账户开立、变更、关闭申请书";营业执照原件及加盖公章的复印件;法人身份证原件及加盖公章的复印件;经办人身份证原件及加盖公章的复印件;账户授权书;印鉴卡;未用重要空白凭证(若客户丢失重要的空白凭证,需提供加盖公章的未缴回重要的空白凭证说明);代转账支付凭证;款项汇出境外需填写"境外汇款申请书",并加盖预留印鉴;余额对账单;支付密码器业务申请表加盖公章的经办人身份证复印件;支付密码器。

客户经理提供并填写的资料:是否有未归还的贷款、欠息;是否有未归还的记账费用;

是否有未清偿的银行债务。

营业部门需审核:通知所属客户经理,询问是否可以销户;"境内机构外汇账户开立、变更、关闭申请书"、密码器申请书等是否填写完整准确、是否有涂改现象;企业提供的证照是否真实有效,是否在存续期内。若无问题,在复印件上加盖"与原件核对一致的印章",经办和复核双人签章确认;联网核查法人及经办人身份证,并将结果打印在复印件背面,经办和复核双人签章确认。正面加盖"与原件核对一致的印章",经办和复核双人签章确认;缴回的重要的空白凭证与系统核对是否一致;查询客户是否签约企业网银,进行企业网银注销(若有),填写企业网银申请书,业务类型勾选注销,加盖预留印鉴、公章和法人章,进行验证操作;查询该账户是否存在未完结业务(如贷款、定期等);电话与企业法人或财务负责人核实销户事宜,并将核实结果、核实时间、核实人、电话等信息记录到销户申请书上,并由经办进行签章确认;整理销户资料,交由复核及主管进行签章确认,并在销户申请书上加盖业务公章。

七、结构性存款

结构性存款是以普通定期存款为基础,通过与利率、汇率、商品、股票、指数等市场指标的变动或某经济实体的信用情况挂钩,以期获得增加存款收益的机会或者达到套期保值目的的存款产品。银行可以根据投资者对产品类型、期限、收益率等的要求并结合其自身实际而量身定造,精心制作一系列方案,从而实现其资金保值增值的目的。银行向客户发出交易确认,客户与银行签订存款协议;在交收日,客户将交易资金存入银行;在每个利息支付日,银行向客户支付利息;在到期日(或提前偿还日),银行向客户支付存款本金以及应付未付的所有利息。

以信用挂钩存款为例,其是指存款回报与某一特定的信用实体挂钩,如果在存款期间该信用实体发生破产、债务违约、重组等信用事件,则存款收益将受到影响,通常本金也将受到较大损失。但由于某些信用实体发生信用事件的可能性极低,因此存款的本金和收益基本可以确保,而且收益比普通存款和债券高,如表9.1所示。

表9.1 信用挂钩的结构性存款案例

产品	1年期港币信用挂钩存款	6个月港币信用挂钩存款
期限	1年	6个月
利率	2.5%(同期限大额港币存款利率为1.3014%)	2%(同期限大额港币存款利率为0.9307%)
信用实体	中国政府	中国政府

(一)结构性存款开立

客户需提供及填写资料:提交"结构性存款申请书",银行根据需要可能要求客户存入一定的保证金。如果客户在向银行提交"结构性存款申请书"时已经将存款本金存入银行,则无须交纳保证金。如果在提交申请时资金未存入银行,则需要交纳一定的保证金。这是由于结构性存款实质上包含了与利率或汇率相关的金融工具(如期权或互换),其价值在交收日之前可能发生波动,银行为了防止其中的金融工具价值的不利变动,可能会要求客户在提交存款申请至交收日之间交纳一定的保证金。由于不同金融工具的风险千差万别,银行将根据具体的结构性存款条款和客户的信用记录等因素分别制定保证金的要求,保证金的比例一般为存款本金的 3%～15%。如果客户违约,银行将根据规定扣收客户保证金以弥补银行的损失及相关费用。

客户经理需提供及填写资料:内部业务联系单(市场部提供理财说明书、合同、风险揭示书、客户权益须知复印件,并且要求风管部出具合同原件已留存的邮件);市场部需提供联系单,上面注明理财产品信息(风险管控部负责人签字,所在机构市场部门主管、营业部门主管签字)。

营业部门需审核:内联单有权人签字是否齐全,内容是否与理财合同中信息一致。此处应添加"对公购买结构性理财"全审核流程,流程同对公购买结构性理财。

(二) 结构性理财提前赎回

客户需提供及填写凭证:理财提前赎回通知书(加盖预留印鉴)。

客户经理需提供及填写凭证:经总行市场营销部门同意的 OA 审批流程截图。

营业部门需审核:审核赎回通知书的内容,理财账号、金额是否无误,理财提前赎回需提前 3 个工作日申请,故赎回通知书落款日期应在 3 个工作日前;在赎回通知书上打印验印结果并加盖人名章进行确认;审核 OA 审批流程截图是否经总行市场营销部门有权人同意,截图中理财账号和金额是否与赎回通知书中约定的一致。联系客户电话核实,并标注核实记录。

(三) 结构性存单到期解付

客户经理需提供及填写凭证:结构性存款存单(风控部门出具);联系单(风控部门出具)。出库的结构性存款存单由机构风险管理部移交至机构营业部,并开立内部联系单由机构营业部对结构性存款存单进行销记处理。

营业部门需审核:审核联系单及结构性存款存单要素是否一致,联系单中是否有分行风控部门主管、总行风控部门主管、总行会计结算部主管的审批签字;将结构性存款存单进行核印,并注明核印账号、回款路径,签章进行确认;机构营业部经办人员通过银行业务系统解除存单号同对应的结构性存款账号的关联登记;结构性存款存单需加盖办讫章、作废章,经办及复核人名章。联系单加盖附件章(机构营业部复核人员在确认业务系统中存单号同对应的结构性存款账号关联解除后,在结构性存款存单上签注"该存单已作废"字样或加盖"作废"印章、复核人员名章及日期)。

八、企业客户存款余额证明

企业客户存款余额证明是银行为企业存款客户出具的其在银行各类账户账面余额的书面证明,对于企业资质认证非常重要。所列示的余额一般是取自该证明书签发日的前一个工作日客户的账面余额,也可以是客户指定的过去某一日的账面余额。银行按客户实际账面的货币种类开具存款证明,不能折算成另一种货币开具存款证明。

客户需提供及填写资料:"出具存款/贷款余额证明申请书"(加盖预留印鉴)。

营业部门需审核:审核申请书填写是否正确,内容是否完整;打印验印结果在申请书上,签章确认;申请书审核无误后,在申请书下方填写日期,经办、复核、主管签章。

本交易需由总行运营管理部支付结算处柜面综合组二级授权人员复核。申请书上"申请人/单位"处可直接手写客户名称,无须加盖公章。出具存款余额的日期必须早于当日。收费:100元/份。

第二节 企业存款业务实训

一、实训目标

了解对公存款的种类、性质和特点,充分认识对公存款业务的工作前准备及操作流程。了解银行会计基本业务的操作规范。熟悉票据业务。

二、实训任务

(1) 设置企业基本信息。
(2) 完成活期账户的开户、现金存款、现金取款和转账业务。
(3) 完成定期账户的现金存款、转账存款和取款业务。
(4) 完成通知存款的开户和取款业务。
(5) 完成协定存款的开户业务。
(6) 完成信用证保证金存款的现金和转账方式存款、信用证保证金申请。

三、企业存款业务操作

1. 活期账户

对公业务活期账户的操作分为活期账户开户、现金存款、现金取款和转账,以单位基本账户为例。

1) 活期开户申请

(1) 客户提交业务申请。客户持有企业营业执照正副本原件及加盖公章的复印件、企业法人有效身份证件原件及加盖公章的复印件,若法人无法亲自办理开户手续的,需加盖法人代表授权书(加盖公章、法人章),并提供被授权人有效身份证件原件及加盖公章的复印件;若印鉴卡预留印鉴人名章非法人时,需加盖预留印鉴授权书(加盖预留印鉴、公章、法人章)及预留人名章人员的有效身份证件原件及加盖公章的复印件、基本户开户许可证原件及加盖公章的复印件。

填写"开立单位银行结算账户申请书"(如图 9.16 所示),注意选择账户性质"基本""一般""专用"或"临时",加盖公章和法人章,在这里选择基本账户。注意活期账户作为企业的基本账户,只能有一个。填写"加盖印鉴卡"一式三份,加盖公章和法人章。如图 9.17 所示。填写"银行账户管理协议",加盖公章和法人章。填写"开户说明书",加盖公章。填写"信息采集表",加盖公章,如多页须加盖骑缝章。填写"企业客户纳税身份声明文件",加盖公章、法人章。填写"银企对账协议"。

开立单位银行结算账户申请书

存款人	杭州奥尔蒙电器有限公司		电话	80256255
地址	浙江杭州天目山路 220 号		邮编	310012
存款人类别	私营企业	组织机构代码		325622025
法定代表人 ☑ 单位负责人 □	姓名	张学林		
	证件种类	身份证		
行业分类	A□ B□ C☑ D□ E□ F□ G□ H□ I□ J□ K□ L□ M□ N□ O□ P□ Q□ R□ S□ T□			
注册资金	1,000,000.00 元		地区代码	杭州市
经营范围				
证明文件种类	身份证		证明文件编号	
税务登记证编号(国税或地税)	21001250025			
关联企业	关联企业信息填列在"关联企业登记表"上			
账户性质	基本□ 一般□ 专用□ 临时□			
资金性质			有效日期至	
以下为存款人上级法人或主管单位信息:				
上级法人或主管单位名称				
基本存款账户开户许可证核准号			组织机构代码	
法定代表人 □ 单位负责人 □	姓名			
	证件种类	身份证		
	证件号码			
以下栏目由开户银行审核后填写:				
开户银行名称			开户银行机构代码	
账户名称			账号	
基本存款账户开户证核准号			开户日期	
本存款人申请开立单位银行结算账户,并承诺所提供的开户资料真实、有效。	开户银行审核意见:		人民银行审核意见:	

(印章:杭州奥尔蒙电器有限公司财务专用章;林张学印)

图 9.16 开立单位银行结算账户申请书

图 9.17　银行印鉴卡片

（2）银行信贷客户经理受理客户业务。客户经理点击"叫号器"，选择客户进行业务处理。

（3）审核客户提交的凭证。客户提交"企业法人营业执照""企业法人有效身份证件""银企对账单""开立单位银行结算账户申请书"和"银行印鉴卡片"，银行客户经理审核单据，在"开立单位银行结算账户申请书"的"开户银行审核意见"栏和"人民银行审核意见"栏输入：同意开户。审核成功，关闭单据页面。

（4）账户基本信息录入。确认信息无误后，点击柜面上的计算机显示器，弹出"单位基本账户"界面，填写企业名称、法人代表、法人证件号，选择账户性质，系统有自动验证的功能，如果填写不正确，不能成功提交，如图 9.18 所示。

图 9.18　单位基本账户开户输入

（5）填写空白凭证。领取"开户许可证"和"单位结算账户管理协议"。

（6）打印凭证。将客户的空白"开户许可证"和"单位银行结算账户管理协议"正确置于报表打印机，进入存折和单据打印页面进行打印。

（7）盖章。打开"开立单位银行结算账户申请书""银行印鉴卡片""开户许可证"和"单位银行结算账户管理协议"，在各单据上加盖银行印鉴。

2）现金存款

（1）客户提交业务。客户填写"银行现金交款单"，加盖企业公章、私章，如图 9.19 所示。

××银行现金交款单

20××年×月×日

账别：

交款单位	杭州奥尔蒙电器有限公司									收款单位		杭州奥尔蒙电器有限公司							
款项来源	贷款									账号		0105710001000011970		开户银行			银行		
大写金额	（币种）伍拾万元整											十亿	千	百	十万	千	百	十元	角	分
															5	0	0	0	0	0	0	0
券别	100元	50元	20元	10元	5元	2元	1元	5角	2角	1角	5分	2分	1分	合计金额	科目（贷） 对方科目（贷）现金				
整把券		50												500 000					
零张券																			

复核　　　　　记账　　　　　收款复核　　　　　经办

图 9.19　银行现金交款单

（2）客户经理点击"叫号器"，选择客户进行业务处理。

（3）使用点钞机清点并检验客户的钞票，进行手工点钞核实并验钞，提醒客户确认金额。

（4）审核客户提交凭证。客户提交"银行现金交款单"。审核客户提交的凭证，检查"银行现金交款单"是否填写完整无误，凭证审核成功。

（5）录入业务数据。信息无误后，点击柜面上的计算机显示器，弹出"单位一般账户现金存款"窗口。在打开的页面中，客户经理可以根据"桌面凭证"，输入交款单位、收款人账号、款项来源、存款金额，如图 9.20 所示。

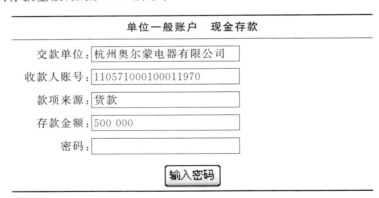

图 9.20　单位一般账户现金存款

（6）盖章。向客户递交"银行现金交款单"，请客户加盖公章、私章，客户经理取出"加盖印鉴卡"，核查印鉴是否真实有效，核实完成后加盖银行印鉴，业务完成。

3）现金取款

（1）客户提交业务。客户完整无误填写现金支票，并加盖企业公章、私章，如图 9.21所示。

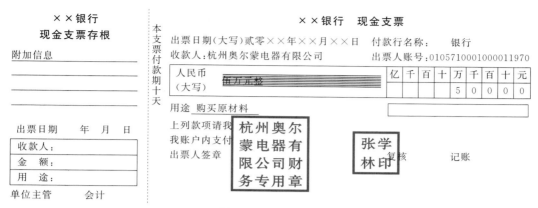

图 9.21 现金支票

（2）客户经理点击"叫号器"，选择客户进行业务处理。

（3）审核客户提交的凭证。审核现金支票，查看信息是否完整无误，客户经理取出"加盖印鉴片"检查公章、私章印鉴是否真实有效。

（4）输入业务数据。信息无误后，点击柜面上的计算机显示器，弹出"单位一般账户现金取款"窗口。在打开的页面中，填写出票人、出票人账号、取款金额，录入成功，如图 9.22 所示。

出票人：	杭州奥尔蒙电器有限公司
出票人账号：	0105710001000011970
取款金额：	50 000
密码：	

图 9.22 单位一般账户现金取款输入

（5）加盖银行公章、现金讫章等，如图 9.23 所示。

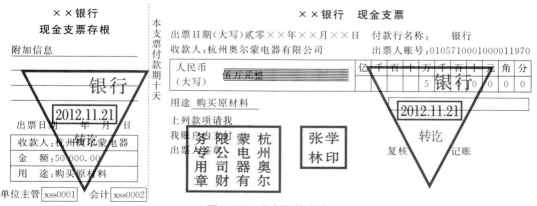

图 9.23 现金取款完成

（6）从尾箱取出现钞。客户经理根据取款金额从尾箱取钱，并用点钞机验证从尾箱中取出的钱钞，再手工点钞验证取出的钱钞是否正确。最后把属于客户的现金支票存根、现金交予客户核实，业务结束。

4)转账

(1) 客户填写转账支票和进账单,注意加盖公章、私章,如图9.24、图9.25所示。

图 9.24 转账支票

图 9.25 进账单

(2) 客户经理点击"叫号器",选择客户进行业务处理。

(3) 审核客户提交的凭证。客户提交转账支票和进账单。审核客户提交的凭证,检查"转账支票"是否填写完整无误,客户经理取出"加盖印鉴片",检查公章、私章印鉴是否真实有效,凭证审核成功。

(4) 输入业务数据。信息无误后,点击柜面上的计算机显示器,弹出"企业转账"界面,在页面中,填写出票人、出票人账号、收款人账号、金额,录入成功。如图9.26所示。

图 9.26 单位账户转账输入

(5) 盖章。在"转账支票"和"进账单"上加盖银行公章、现金讫章等,将属于客户的"转账支票"和"进账单"退还给客户。

2. 定期账户

1) 现金存款

(1) 向银行提交"定期存款账户申请书"。客户填写"定期存款账户申请书",根据真实信息填写,注意选择存款期限,填写金额(大小写)、款项来源、备注等,加盖企业公章、私章,如图 9.27 所示。

定期存款账户申请书

存款人:	杭州奥尔蒙电器有限公司		电话:	80256255	
地址:	浙江杭州天目山路 220 号		邮编:	310012	
法定代表人:	张学林	组织机构代码		325622025	
证件种类:	身份证	证件号码		302444425111000	
存款期限:	⊙三个月 ○半年 ○一年 ○两年 ○三年 ○五年				
金额:	50000		大写	伍万元整	
备注					
	本存款人申请开立单位银行定期存款账户,并承诺所提供的开户资料真实、有效。				
		申请人:张学林		日期:20××年×月×日	

(加盖"杭州奥尔蒙电器有限公司财务专用章")

图 9.27 定期存款账户申请书

客户填写"银行现金交款单",根据真实信息填写,注意填写款项来源、大小写金额、券别,企业开立的定期账户,存款金额必须大于 1 万元。如图 9.28 所示。

××银行现金交款单

账别: 　　　　　　　　　　　20××年×月×日

交款单位	杭州奥尔蒙电器有限公司					收款单位		杭州奥尔蒙电器有限公司								
款项来源	货款					账号				开户银行			××银行			
大写金额	(币种)伍万元整							十亿	千	百	十万	千	百	十	元	角	分
											5	0	0	0	0	0	0
券别	100元	50元	20元	10元	5元	2元	1元	5角	2角	1角	5分	2分	1分	合计金额	科目(贷) 对方科目(贷)现金		
整把券																	
零张券		50												50000			
复核			记账			收款复核				经办							

图 9.28 银行现金交款单

(2) 客户经理点击"叫号器",选择客户进行业务处理。

(3) 查收客户提交的现钞。使用点钞机清点并检验客户的钞票,再进行手工点钞核实并验钞,提醒客户确认金额。

(4) 审核客户提交的凭证。审核客户提交的"定期存款账户申请书""银行现金交款单"、印鉴卡片和企业法人营业执照,查看是否填写完整无误,凭证审核成功。

(5) 输入业务数据。信息无误后,点击柜面上的计算机显示器,打开"单位定期存款开户"界面,填写企业名称、存款金额,选择存款期限,请客户二次输入密码,如图9.29所示。

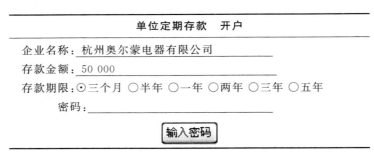

图 9.29　单位定期存款开户输入

(6) 取出空白凭证"单位定期存款开户证实书"。

(7) 打印凭证。将"单位定期存款开户证实书"和"现金交款单"正确地置于报表打印机,进入"存折和单据打印"页面进行打印,如图9.30所示。

××银行　单位定期存款开户证实书

1 No. 105

账号　0105710001000010538
户名　杭州奥尔蒙电器有限公司
币别　人民币
金额(大写)　伍万元整　　　　　　金额(小写)　50 000.00

存入日	存期	利率	起息日	到期日	第
20××年×月×日	三个月	3.10%	20××年×月×日	20××年×月×日	一联:
支取日	账号	本金	利息	操作员	存款单位留存
		取款人签章 2012年11月22日		银行签章 2012年11月22日 业务专用章	
支取复核	支取记账	存入复核	存入记账		

图 9.30　单位定期存款开户证实书

(8) 盖章。加盖银行公章、现金讫章等。将属于客户的"单位定期存款开户证实书""银行现金交款单"交予客户,业务完成。

2) 转账存款

(1) 向银行提交"定期存款申请书"。客户填写"定期存款申请书",选择活期账号和存期,填写金额(小写)、备注,加盖企业公章、私章,如图9.31所示。

定 期 存 款 申 请 书

(请用正楷填写及在合适的方格内用"√"符号标明)

公司名称为:杭州奥尔蒙电器有限公司

活期账号为:0105710001000011970　　现申请转出金额　20 000

存为定期存款。申请定期存款期限为:

⊙三个月　○半年　○一年　○两年　○三年　○五年

注:1. 每笔定存起始金额为等值伍万美元的可自由兑换货币;

　　2. 定期存款到期日如遇节假日,到期日顺延到节假日后第一个工作日。

备注:

申请人签署:张学林　　日期:20××年×月×日

[杭州奥尔蒙电器有限公司财务专用章]

图 9.31　定期存款申请书

客户填写"转账支票",填写收款人、大小写金额、用途等;客户填写"进账单"。提示:企业开立的定期账户,存款金额必须大于 1 万元。

(2) 客户经理点击"叫号器",选择客户进行业务处理。

(3) 查收客户提交的现钞。使用点钞机清点并检验客户的钞票,进行手工点钞核实并验钞,提醒客户确认金额。

(4) 审核客户提交的凭证。审核客户提交的"定期存款申请书""转账凭条"、印鉴卡片和企业法人营业执照,查看是否填写完整无误,凭证审核成功。

(5) 输入业务数据。信息无误后,点击柜面上的计算机显示器,打开"单位定期存款开户"界面,填写企业名称、存款金额,选择存款期限,请客户二次输入密码。

(6) 取出空白凭证"单位定期存款开户证实书"。

(7) 打印凭证。将"单位定期存款开户证实书"正确置于报表打印机,进入"存折和单据打印"页面进行打印。

(8) 盖章。加盖银行公章、现金讫章等。将属于客户的"单位定期存款开户证实书""银行现金交款单"交予客户,业务完成。

3) 取款

(1) 客户提交取款业务。客户需携带"单位定期存款开户证实书",定期账户取款需要填写"转账支票"和"进账单",加盖企业公章、私章。对企业定期账户,只能进行定期全额取款。

(2) 客户经理受理客户业务。客户经理点击"叫号器",选择客户进行业务处理。

(3) 审核客户提交的凭证。审核客户提交的"单位定期存款开户证实书""转账支票""进账单"、印鉴卡片,查看信息填写是否完整无误,审核成功。

(4) 输入业务数据。信息无误后,点击柜面上的计算机显示器,打开"企业定期存款—取款销户"界面,填写企业名称、存款金额,选择存款期限,如图 9.32 所示。请客户输入密码,成功录入数据。

图 9.32　企业定期存款取款销户输入

（5）盖章。存款单位填写"单位定期存款支取凭证"一式三联,第二联加盖预留银行印鉴,并持证实书办理支取。银行客户经理审核无误后,按规定利率计息,开具利息清单,支取凭证的借方传票做付款的记账凭证,贷方传票做收款的记账凭证,回单联签章后与利息清单一并退存款单位;证实书收回,两联证实书注明"注销"字样,一并做借方传票附件。同时登记"开销户登记簿",将属于客户的进账单交予客户,业务完成。

3. 通知存款

1) 开户

（1）客户提交通知存款开户业务。客户填写"银行通知存款账户申请书",填写金额大小写、备注,加盖企业公章、私章,如图 9.33 所示。填写"银行现金交款单""转账支票"。

提示:企业通知存款账户,开户金额必须大于或等于 50 万元。

银行通知存款账户申请书

存款人名称：	杭州奥尔蒙电器有限公司	电话：	80256255
地址：	浙江杭州天目山路 220 号	邮编：	310012
存款人类别：	企业法人	组织机构代码：	325622025
法定代表人：	张学林		
证件种类：	身份证	证件号码：	302444425111000
通知种类：	☑一天通知　□七天通知		
现钞/现汇：	☑现钞　□现汇		
金额：	500 000	大写：	伍拾万元整
备注：			
本存款人申请开立单位银行通知存款账户,并承诺所提供的开户资料真实、有效。			杭州奥尔蒙电器有限公司财务专用章

图 9.33　银行通知存款账户申请书

（2）客户经理点击"叫号器",选择客户进行业务处理。

（3）验收客户提交的现钞。使用点钞机清点并检验客户的钞票,进行手工点钞核实并验钞,提醒客户确认金额。

（4）审核客户提交的凭证。审核客户提交的"单位通知存款开户证实书""转账支票""进账单"、印鉴卡片,查看信息填写是否完整无误,审核成功。

（5）输入业务数据。信息无误后,点击柜面上的计算机显示器,打开"企业通知存款—

开户"界面,填写企业名称、存款金额,选择存款期限,如图9.34所示。请客户二次输入密码,再单击确定按钮,成功录入数据。

企业通知存款—开户

单位名称：杭州奥尔蒙电器有限公司

法定代表人：张学林

法定代表人身份证号：302444425111000

通知种类：☑一天通知　☐七天通知

现金/现汇：☑现钞　☐现汇

存款金额(小写)：500 000

密码：

[输入密码]

图9.34　企业通知存款开户输入

（6）取出空白凭证"单位通知存款开户证实书"。

（7）打印凭证。将"单位通知存款证实书""现金交款单"、印鉴卡片正确置于报表打印机,进入"存折和单据打印"页面进行打印。

（8）盖章。加盖银行公章、现金讫章等。将属于客户的"单位通知存款开户证实书""银行现金交款单"交予客户,业务完成。

2）发送取款通知

（1）提交取款通知书。客户填写"银行人民币通知存款支取通知",填写相关信息:名称、支取金额等,加盖企业财务专用章,如图9.35所示。提示:取款金额不能大于账户余额,不能小于10万元;账户剩余金额不能少于50万元。

××银行人民币通知存款支取通知
××银行××分行

我单位(名称)　杭州奥尔蒙电器有限公司　预于(日期)　20××-×-×　从我通知存款账户(账号　01057100010000109　)中支取人民币(小写)　50　万元(金额)。

特此通知。

(盖章)　20××年×月×日

[杭州奥尔蒙电器有限公司财务专用章]

银行填写：

该笔款项的支取日期为：　　年　　月　　日　　银行业务公章

图9.35　人民币通知存款支取通知

（2）客户经理点击"叫号器",选择客户进行业务处理。

（3）审核客户提交的凭证。查看客户填写的"人民币通知存款支取通知",查看信息是否完整无误,客户经理取出"加盖印鉴片"检查公章、私章印鉴是否真实有效,凭证审核成功。

（4）输入业务数据。信息无误后,点击柜面上的计算机显示器,打开"企业通知存款通知"界面,填写企业名称、存款金额,选择存款期限,如图9.36所示。请客户输入密码,成功录入数据。

图9.36　企业通知存款通知输入

（5）加盖银行公章等,业务结束。

3）通知存款取款通知取款

（1）客户提交单据提前支取。客户应交回支取通知书与银行留存的银行联核对一致,填写转账支付凭证的金额应等于取款通知单中的金额,加盖企业公章、私章。单据提交成功,由客户经理受理。

（2）客户经理点击"叫号器",选择客户进行业务处理。

（3）审核客户提交的凭证。客户提交通知存款通知书和取款凭条。审核客户提交的凭证,凭证审核成功。

（4）输入业务数据。信息无误后,点击柜面上的计算机显示器,弹出"通知存款取款"业务数据输入窗口,输入"账号/卡号"后单击"显示信息"按钮,账号信息自动显示,单击"保存"按钮,业务数据输入成功。若通知日期为节假日,则通知日期应填写前一个工作日。复核人员上机授权,授权通过后,进行通知存款销户。

（5）打印凭证。将客户的"转账支付凭证"和"存款利息清单"正确置于报表打印机,进入"存折和单据打印"页面进行打印,单据打印成功。

（6）盖章。开户证实书两联均需加盖业务办讫章、结清章,注明"××年××月××日已销户"并加盖人名章,将上述凭证交予机构复核进行授权。

（7）从尾箱内取出钱钞。客户经理根据取款金额从尾箱取钱,用点钞机验证从尾箱中取出的钱钞,再手工点钞验证取出的钱钞是否正确。最后把属于客户的取款凭条、活期存折、现金交予客户核实,业务结束。

4. 协定存款

（1）客户填写转账支票。客户填写转账支票页面,确认信息完整无误。

（2）客户提交通知存款开户业务。客户填写"单位协定存款协议书",注意协定存款最低留存额、协议期限及起止时间,如图9.37所示。

单位协定存款协议书

编号：_____

甲方：__杭州奥尔蒙电器有限公司__

乙方：__××银行__

  为使客户充分利用闲置资金，提高资金使用效益，为其提供便捷、高效的金融服务。经甲、乙双方商定，甲方同意在乙方办理单位协定存款业务，并约定如下：

  一、甲方账户名称：__企业基本账户__，账号：__0105710001000011970__，协定存款最低留存额为 __300 000__ 元。（注：起存金额协定存款的最低约定额度为人民币20万元，本软件不限定！）

  二、单位协定存款户按季结息，账户余额超过约定的最低留存额部分，按中国人民银行规定的协定存款利率执行，现行利率为年息_____%，如协议期间遇人民银行调整利率，则按结息日或清户日挂牌公告的协定存款利率计息；其低于约定的最低留存额部分，均按中国人民银行挂牌公告的活期利率计息。

  三、甲方单位协定存款户在协议期未满清户，乙方应按清户日人民银行挂牌公告的活期利率计息，并将原已按协定存款利率计付的利息扣回。

  四、本协议期限为 __1__ 年，自 __20××-×-×__ 起至 __20××-×-×__ 止。

  五、协议到期日前15日，如甲、乙双方任何一方未以书面形式提出终止或修改本协议的要求，则本协议期限自动延期。

  六、本协议一式两份，甲乙双方各执一份。本协议对外不作任何资信证明。

图 9.37   单位协定存款协议书

  （3）根据"转账支票"，填写"进账单"。提示：协定协议的起始日期不能小于操作当天日期；短期账户中开立的转账支票金额=活期账户账面金额-协定存款最低留存额。

  （4）客户经理点击"叫号器"，选择客户进行业务处理。

  （5）审核客户提交的凭证。查看"单位协定存款协议书""转账支票""进账单"页面，查看信息是否完整无误，客户经理取出"加盖印鉴片"检查公章、私章印鉴是否真实有效，凭证审核成功。

  （6）输入业务数据。信息无误后，点击柜面上的计算机显示器，打开"单位协定存款"界面，填写企业名称、存款金额，选择存款期限，如图 9.38 所示。请客户二次输入密码，成功录入数据。

协定最低留存额度：	300 000
交款账号：	0105710001000011970
交款金额：	165387.5
密码：	

输入密码

图 9.38   协定存款输入

  （7）取出空白凭证"业务传票"。

  （8）打印凭证。将客户的"业务传票"正确置于报表打印机，进入"存折和单据打印"页面进行打印，单据打印成功。

  （9）盖章。加盖银行公章、现金讫章等。将属于客户的"单位定期存款开户证实书协定存款""银行现金交款单"交予客户,业务完成。

5. 信用证保证金存款

信用证保证金存款可以通过现金交款单或转账支票来交纳信用证保证金。以下为两种交款方式的操作步骤:

1）现金方式

（1）客户填写凭证。客户填写"开立保证金存款",填写相关信息,如图9.39所示。客户填写"银行现金交款单",填写款项来源、大小写金额、券别、合计金额,填写完成,业务提交完成。

```
                    开立保证金通知书
    兹有  杭州奥尔蒙电器有限公司   单位,账号_____ 因 信用证 开立 信用
证____保证金合同,并以与本行于 20××  年 ×  月 ×  日签订编号为_____的保证金合
同,涉及金额为人民币(大写) 伍万元整   小写  50 000  ,存期 1  ,利率(年)____%。

                                                          银行签章
```

图 9.39　开立保证金通知书

（2）客户经理点击"叫号器",选择客户进行业务处理。

（3）验收客户提交的现钞。使用点钞机清点并检验客户的钞票,进行手工点钞核实并验钞,提醒客户确认金额。

（4）审核客户提交的凭证。查看"开立保证金通知书""银行现金交款单",查看信息是否完整无误,客户经理取出"加盖印鉴片"检查公章、私章印鉴是否真实有效,凭证审核成功。

（5）输入业务数据。信息无误后,点击柜面上的计算机显示器,打开"信用证账户开户"界面,填写企业名称、存款金额、选择存款期限,如图9.40所示。请客户二次输入密码,成功录入数据。

```
                    信用证账户　开户
           企业名称: 杭州奥尔蒙电器有限公司_____
        存款金额(小写): 50 000_____
              存期: 1_____
              密码: _____

                       [输入密码]
```

图 9.40　信用证账户开立输入

（6）打印凭证。将"开立保证金通知书""银行现金交款单"正确置于报表打印机,进入"存折和单据打印"页面进行打印。

（7）盖章。加盖银行公章、现金讫章等。将属于客户的"开立保证金通知书""银行现金交款单"交予客户,业务完成。

2）转账支票方式

（1）客户提交通知存款开户业务。客户填写"开立保证金通知书"，填写相关信息。如图 9.39 所示。客户填写转账支票，并根据转账支票内容填写进账单。提示：选择用转账支票交纳信用证保证金时，转账支票的金额必须等于信用证保证金。

（2）客户经理点击"叫号器"，选择客户进行业务处理。

（3）审核客户提交的凭证。查看客户填写的"开立保证金通知书""转账支票""进账单"是否完整无误，客户经理取出"加盖印鉴片"检查公章、私章印鉴是否真实有效，凭证审核成功。

（4）输入业务数据。信息无误后，点击柜面上的计算机显示器，打开"信用证账户开户"界面，填写企业名称、出票人账号、存款金额、存期。请客户二次输入密码，成功录入数据。

（5）打印凭证。将"开立保证金通知书""银行现金交款单"正确置于报表打印机，进入"存折和单据打印"页面进行打印。

（6）盖章。加盖银行公章、现金讫章等。将属于客户的"开立保证金通知书""银行现金交款单"交予客户，业务完成。

3）信用证保证金申请

（1）客户提交信用证保证金账户存款业务。客户根据转账支票内容填写进账单。

（2）客户经理点击"叫号器"，选择客户进行业务处理。

（3）审核客户提交的凭证。查看客户填写的"开立保证金通知书""转账支票""进账单"是否完整无误，客户经理取出"加盖印鉴片"检查公章、私章印鉴是否真实有效，凭证审核成功。

（4）输入业务数据。信息无误后，点击柜面上的计算机显示器，打开"信用证账户开户"界面，填写企业名称、出票人账号、存款金额、存期。请客户二次输入密码，成功录入数据。

（5）打印凭证。将"开立保证金通知书""银行现金交款单"正确置放于报表打印机，进入"存折和单据打印"页面进行打印。

（6）盖章。加盖银行公章、现金讫章等。将属于客户的"开立保证金通知书""银行现金交款单"交予客户，业务完成。

6. 外汇账户

外汇账户的业务操作涉及其开立、销户等，以下具体阐述外汇账户开户操作。

（1）客户提交业务申请。企业客户在银行填写"境内机构外汇账户开立、变更、关闭申请书"、银行账户管理协议、开户说明书、信息采集表。同时，须携带企业营业执照正副本原件及加盖公章的复印件、企业法人有效身份证件原件及加盖公章的复印件。内资企业开立外币账户且涉及货物贸易项下的都需要提供"对外经营者贸易备案登记表"。为外资企业，需提供"外商企业投资批注证书"、外管局核发的"业务登记证"。若法人无法亲自办理开户手续的，须加盖法人代表授权书，并提供被授权人有效身份证件原件及加盖公章的复印件。若印鉴卡预留印鉴人名章非法人时，需加盖预留印鉴授权书及预留人名章人员的有效身份证件原价及加盖公章的复印件,基本户开户许可证原件及加盖公章的复印件,机构信用代码证原件及加盖公章的复印件,支付密码器;支付密码器申请书、授权书、法人身份证原价及加盖公章复印件、经办人身份证原件及复印件,加盖印鉴卡;企业客户纳税身份声明文件。

(2) 银行信贷客户经理受理客户业务。客户经理点击"叫号器",选择客户进行业务处理。

(3) 审核客户提交的凭证。根据客户提交的证件原件及复印件,审查企业所填写表格信息正确与否。完全无误并符合开户要求后,在"境内机构外汇账户开立、变更、关闭申请书"的"开户银行审核意见"栏和"人民银行审核意见"栏输入"同意开户"。审核成功,关闭单据页面。

(4) 账户基本信息录入。信息无误后,点击柜面上的计算机显示器,弹出"企业外汇账户"界面,填写企业名称、法人代表、法人证件号,选择账户性质。

(5) 填写空白凭证。领取"开户许可证"和"单位结算账户管理协议"。

(6) 打印凭证。将客户空白的"开户许可证"和"单位银行结算账户管理协议"正确置于报表打印机,进入"存折和单据打印"页面进行打印。

(7) 盖章。打开"境内机构外汇账户开立、变更、关闭申请书",银行账户管理协议,开户说明书,信息采集表,并在各单据上加盖银行印鉴。把属于客户的材料归还于客户。

7. 企业客户存款余额证明

(1) 客户提交业务申请。企业客户填写"出具存款/贷款余额证明申请书"(加盖预留印鉴)。同时,需携带100元现金(办理业务所需费用)、企业营业执照正副本原件及加盖公章的复印件、法人身份证原件及加盖公章复印件、经办人身份证原件及复印件,加盖印鉴卡。

(2) 客户经理点击"叫号器",选择客户进行业务处理。

(3) 审核客户提交的凭证。用点钞机清点现金,根据客户提交的材料原件复印件,审核申请书填写是否正确,内容是否完整。

(4) 打印凭证。取出空白凭证"收费凭证",同时将客户的"出具存款/贷款余额证明申请书"正确置于报表打印机,进入"存折和单据打印"页面进行打印,打印验印结果在申请书上。

(5) 盖章。打开"境内机构外汇账户开立、变更、关闭申请书",收费凭证,银行账户管理协议、开户说明书、信息采集表,申请书审核无误后,在申请书下方填写日期,经办、复核、主管签章。

第十章 企业贷款业务

 思政导读

中国银行北京分行 6.45 亿元按揭贷款骗贷案

2000 年前后,北京开始出现"地产热",北京华运达房地产公司也欲借开发"森豪公寓"项目在房地产市场上淘金。但华运达公司在开发"森豪公寓"的前期就已拖欠大量工程款和相关应缴费用,资金链十分吃紧。于是,华运达公司法定代表人邹庆决定向银行借钱。当时森豪公寓五证齐全,因华运达只缴纳了 40% 的土地转让金,手中掌握的仅是临时土地使用证,无法以企业身份抵押贷款,邹庆便产生了从银行骗取按揭贷款的念头。

2000 年年底,公司便开始要求员工冒充购房者,来购买华运达房地产公司开发的"森豪公寓"楼盘。后来,公司又让员工发动身边的亲朋好友,冒充购房者向银行按揭贷款,公司承诺给每个虚假购房人 2 000 元好处费。就这样,在一年半的时间里,华运达房地产公司共找到 257 名下岗工人和收入不高的年轻人成为"购房者",而这些人在华运达公司编造的购房按揭申请材料上,都变成了月收入万余元乃至几万元的"白领"或"业主"。

北京华运达房地产公司在找到 200 余名"购房者"并搜集到大量身份证后,便开始伪造购房按揭申请材料。为提防银行和律师的抽查,华运达公司还为每个虚假购房人准备了一张打印好的纸条,上面有房屋信息,并要求"购房者"熟记。

要想获得银行贷款,首先要通过律师的法律审查。但负责"森豪公寓"贷款申请人资格调查的律师孔卫东和战军却严重失职。他们在办理业务时只审阅申贷人提交的相关资料和文件,随后就面签。当他们不在时,就由其助理或其他律师代为办理。而这部分助理并没有取得律师执业资格,有的尚不具备房地产业务经验。经查,从孔、战二位律师手中出具的重大失实法律意见书多达 161 份。

该批虚假按揭贷款申请逃过律师审查,进入银行内部审查程序。负责审查的中国银行北京分行零售业务处原副处长徐维联不严格执行银行信贷制度,严重失职。该行信贷员在审查时发现,有的申贷人年纪轻,学历不高,收入却很高。在电话查访中,一些申贷人还否认自己买房。于是,信贷员将问题反映给徐维联,但徐却表示可以放贷,甚至说"只要公司是真实的,房子在,就可以贷"。因此,截至案发时,华运达公司累计申请按揭贷款 199 笔,涉及公寓 273 套,骗取贷款 6.4 亿元。该公司将按揭获得的资金移至外地进行建设项

目收购,致使森豪公寓项目停工,形成烂尾工程。

森豪公寓迟迟没有建成,自然也就没能真正进入市场,银行欠款就成了定时炸弹。这枚炸弹在审计署的一次审计中爆炸了。审计署为配合中国银行上市审核其资产时,发现了森豪公寓项目的问题,随后森豪公寓贷款案交公安部督办被重点处理。

案例分析：

案例解析

第一节 企业贷款业务操作流程

一、普通短期融资

(一) 综合授信额度

1. 产品定义

综合授信额度是银行授予客户一定限额的、在一定期限内允许客户分次和循环使用的、含有一种或多种额度用途的授信业务品种,授信种类根据用途可包含流动资金贷款、透支、贴现、保理、出口押汇、打包放款、开立信用证及信用证项下垫款、开立银行承兑汇票及银行承兑汇票项下垫款、对外开立担保函及担保函项下垫款、担保提货、外汇买卖等。

2. 目标客户

该产品的目标客户为有日常生产、贸易营运资金需要,对额度用途有多样化需求的企业。

3. 授信主要关注点

(1) 综合授信额度的用途为借款人在日常生产经营过程中产生的流动资金需求,应合理分析额度的具体用途,测算不同用途下的额度金额合理性,并明确各项授信条件。若所申请的分项额度用途在额度有效期内没有使用的,下一年度年审时应分析具体原因,如果确实没有必要继续给予该分项额度的,原则上应予取消。

(2) 综合授信额度应循环使用,避免短贷长用。提款的期限应根据借款人的资金周转周期合理确定。

(3) 若额度下有保证金要求的,保证金的操作和控制应按照银行保证金的相关管理制度执行,并按银行《境内机构授信业务管理规定及操作规程》签署并办理保证金质押的文件和手续。信用证、银行承兑汇票或保函业务下银行对外付款时,应先以保证金支付,保证金不足支付的部分方可提用额度下贷款对外支付。

(4) 额度各分项用途下具体业务的操作按相关业务规定执行。

(二)流动资金贷款

1. 产品定义

流动资金贷款是指银行向客户发放的用于借款人日常生产经营周转的短期(3年内)不可循环贷款。

2. 目标客户

该产品的目标客户为有日常生产、贸易营运资金需求的企业。

3. 授信主要关注点

应关注流动资金贷款的用途,测算额度的合理性,避免短贷长用。流动资金贷款不得用于固定资产投资或者其他非生产经营性支出。

4. 贷款流程

(1) 企业流动性资金贷款申请流程:委托人提出委托贷款申请(口头或书面形式),根据经办行要求提供相应书面材料;经过经办行初审符合要求的,委托方与经办行、借款方商讨协议、合同条款;在经办行送报有权行审批同意后,委托人与经办行和借款人签订委托贷款协议和合同;委托人在经办行会计部门开立委托贷款基金户,并存入足额的委托资金。委托贷款基金账户不计息;根据约定的手续费支付条款,委托人和/或借款人持协议、合同与营业执照或身份证件到经办行会计柜台支付委托贷款手续费;与借款人协商一致后,委托人向经办行发出"委托贷款发放通知书"。

(2) 发放贷款:经办行(主办行)根据委托人的"委托贷款发放通知书",与(或通知经办行与)委托人、借款人三方或与借款人双方签订"人民币资金委托贷款合同";委托贷款发放前,应建立委托贷款基金户,基金到位后方能办理贷款发放手续;根据到位的委托贷款基金和签订的委托贷款合同,由业务部门填制"贷款指标通知书",加盖业务专用章后送会计部门,同时通知借款人办理贷款转存款手续。会计部门在核定的贷款指标额度内按规定发放、转存,并开始计算贷款利息;在委托贷款执行期间,如委托人书面通知调整利率,经办行应及时做好调整工作。

企业流动资金贷款业务流程如图10.1所示。

(3) 企业流动性资金贷款还款:经办行根据委托贷款合同规定的还款计划,于贷款到期前填制"到逾期贷款通知书"送交借款人,并抄送委托人,协助委托人做好贷款回收工作,督促借款人组织资金归还贷款。委托贷款合同中提到:甲方应在本合同约定的借款期限内需还全部借款本息,并按乙方要求提交具体还款计划,按还款计划还款。利息计付方式。本合同项下贷款,根据委托人确定的利率计息利息。自乙方划拨贷款之日起计息,按季结息。如在本合同有效期内遇国家调整利率或委托人要求调整利率,乙方有权根据委托人的要求,调整本合同项下贷款利率,并毋需通知甲方,从调整之日起,即按新的利率计收利息。本合同项下贷款由取得委托人认可的担保人以保证或(和)抵押的方式提供担保,并另行签订担保合同,作为本合同的附件和本合同生效的前提条件。企业流动性资金贷款还款业务流程如图10.2所示。

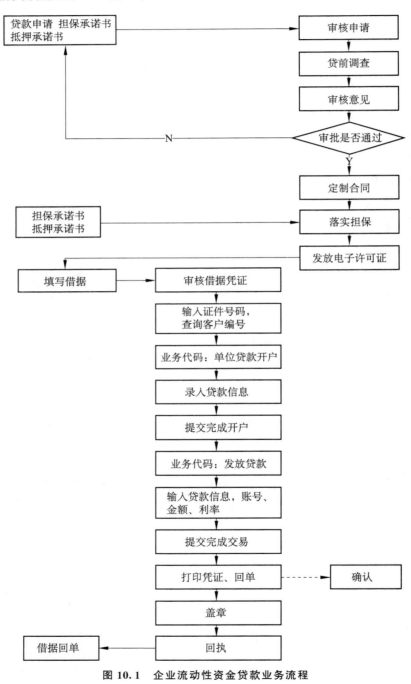

图 10.1　企业流动性资金贷款业务流程

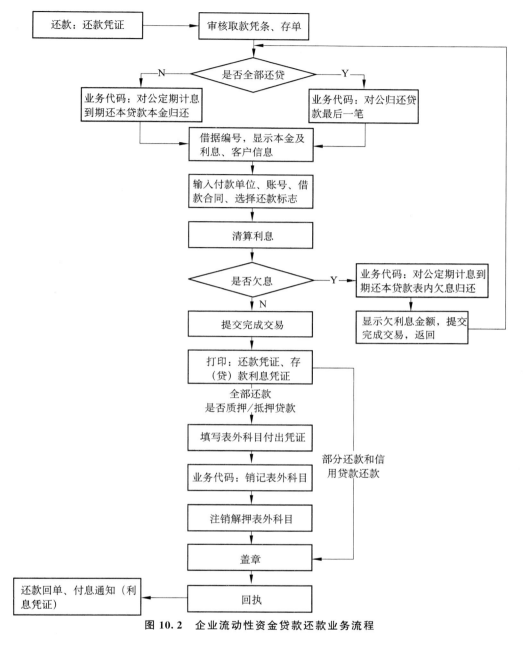

图 10.2 企业流动性资金贷款还款业务流程

(4) 企业一般账户提前还款：贷款期限在 1 年以内(含 1 年)的,在借款期内,经贷款行同意,借款人可以提前结清全部贷款,并按原合同利率按实际使用期限结计利息,但不得提前部分还本。贷款期限在 1 年以上的,在借款期内,借款人向银行提出提前还款书面申请后,经贷款行同意,可提前部分还本或提前清偿全部贷款本息,提前清偿的部分在以后期限不再计息,此前已计收的贷款利息也不再调整。提前清偿全部贷款的,经贷款行同意,根据合同约定期限的利率和贷款余额按照实际占用天数计收利息。调整还款计划的提前部分还本,应有一定的限制额度,超过限额提前还款的,借款人可根据需要调整还款计划,即还款期限不变,分期还款额作相应调整,低于限额提前还款的不调整还款计划。借款人需要填写还款凭证,持现金或转账到银行直接存入收款人账号即可。银行审核各有效凭证后,记录每一笔还款记录。企业流动资金贷款提前还款业务流程如图10.3所示。

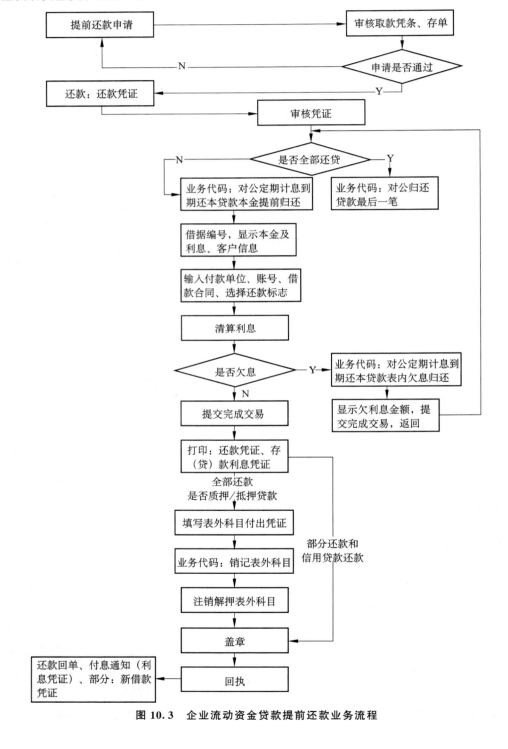

图 10.3　企业流动资金贷款提前还款业务流程

（三）账户透支

1. 产品定义

账户透支是银行给予客户在约定的限额范围，超过其结算账户金额支用款项，弥补客户正常经营活动中临时支付不足的一项融资便利。法人账户透支业务是指在企业获得银行授信额度后，银行为企业在约定的账户、约定的限额内以透支的形式提供的短期融资和结算便利的业务。当企业有临时资金需求而存款账户余额不足以对外支付时，法人账户透支为企业提供主动融资便利。

2. 目标客户

在银行办理日常结算业务，并以银行为主要结算往来的优质企业。

3. 授信主要关注点

客户资信良好，是银行的重点客户或者基础客户。客户如发生以下任一情况，应立即取消该客户透支额度，终止透支业务，同时要求该客户立即偿还透支余额及利息和有关费用，采取从客户有关账户内扣款、处理抵质押物或追索保证人责任等有效措施控制风险：在额度有效期内累计出现了两次透支逾期；客户生产经营和资金结构恶化，发生财务危机；客户在银行用于透支的结算账户被法院查封；客户发生其他违约行为。

4. 账户透支流程

客户提交申请，客户向具备开办法人账户透支业务的银行提交法人账户透支申请书以及银行要求的相关资料（客户以后申请新的法人账户透支业务时，如上述所列材料已向银行提供且无变化的，可不重复提供）。贷前评估，银行进行贷前的调查和评估、对申请人的信用等级以及申请的合法性、安全性、盈利性等情况进行调查，核实抵押物、质物、保证人情况，形成评估意见。对符合银行法人账户透支业务初步审查条件的，银行将进行内部评估程序；对不符合条件的，银行将及时予以回复并退还有关资料。签订合同，经银行审核同意后，客户与银行签订"账户透支合同"及其他相关的担保合同等。落实担保，客户与银行签订"账户透支合同"后，需落实第三方保证、抵押、质押等担保，办理有关担保登记、公证或抵押物保险、质物交存银行等手续。

（四）融资性保函与备用信用证

1. 产品定义

融资性保函与备用信用证是指银行根据申请人的请求，以出具保函或备用信用证的形式向受益人做出承诺，当申请人不履行其债务时，银行按照约定承担责任或履行债务的授信行为。

2. 目标客户

目标客户有日常生产、贸易融资需求的企业，特别是集团型企业；境内企业的境外关联企业客户。

3. 授信主要关注点

（1）银行的担保责任类型、担保范围、担保期间等应明确界定。

（2）银行应取得反担保。

（3）银行各机构为境外注册企业提供融资性对外担保，应控制在国家外管总局对银行总行核定的"对外担保余额指标"限额内，并在每月后的15天内填写"对外担保反馈表"，向所在地外汇局办理对外担保定期登记手续。

（4）备用信用证的受益人一般是提供融资或者贷款的银行，在发生索赔时一般提供受益人的加押索赔的电文或者汇票。备用信用证大多是"备而不用"的，只有发生融资或贷款项下的款项无法按合同约定进行偿还时，才会发生索赔。

二、国内贸易融资

（一）应收账款质押贷款

1. 产品定义

应收账款质押贷款是银行接受企业正常经营中形成的其有权处分的应收账款作质押，提供予企业的一项贷款业务。银行将根据企业的申请及购销双方的资信情况，对拟作为质物的应收账款现值进行评估后，已经确认的现值，按一定比例发放贷款。

2. 目标客户

采用赊销等结算方式，形成一定应收账款的企业客户，优先选择重点核心企业或优质企业的上游企业。

3. 授信主要关注点

（1）额度金额、期限、收益率、用途等符合银行及外部相关规定、指引。可接受的应收债权种类包括：销售产生的债权，销售货物，供应水、电、气、暖等；出租产生的债权，出租动产或不动产；提供服务产生的债权；公路、桥梁、隧道、渡口等不动产收费权；其他可接受的应收债权。

（2）出质人用于质押的应收账款应具备以下条件：商品交易或提供的服务和设施真实、合法；出质人已按合同约定履行了合同项下的交货或劳务义务；出质人与付款人无任何纠纷及法律诉讼；付款人和出质人应缴清或已经安排妥当基于该交易而应当承担的税赋、运费、保险费、仓储费等，并且出质权利已经扣除了该交易项下的佣金；应收账款权属清晰，出质人未对其设定任何形式的担保，应收账款债权可转让；应收账款的付款人不是出质人或借款人的关联公司；融资提款日距最早到期的应收账款付款日应不少于1个月；应收账款的账期原则上不应超过6个月；单笔贷款或融资到期日应早于对应的质押应收账款付款日；银行认为必须满足的其他条件；应收账款质押率不超过70%；以租金收入用于分期归还银行贷款的，每期应还贷款本息额不得超过每期租金的70%。

（3）应收账款付款人应具备以下基本条件：经依法登记、其法定地址在中华人民共和国境内的企（事）业法人、其他经济组织或有完全民事行为能力的自然人；财务状况良好，具备付款能力；以往付款信用记录良好，无其他不良信用记录；银行认为应当满足的其他条件。

（4）出质人应在银行开立用于应收账款收款的账户。应收账款的回收款项必须全部汇入该账户，收到的应收账款只能用于偿还贷款本息及相关费用，或转为存单质押/保证金账户，为应收账款原担保的银行债权提供担保。该账户设置成"只贷记"。

（二）银行承兑汇票贴现

1. 产品定义

银行承兑汇票是银行受让企业（持票人）持有的真实且未到期的银行承兑汇票，并在扣除贴现利息后将余额支付给企业的短期资金融通方式。

2. 目标客户

以银行承兑汇票作为主要结算方式的企业。

3. 授信主要关注点

（1）银行承兑汇票的签发行必须为经中国人民银行批准，具备签发人民币银行承兑汇票资格并取得银行同业贴现额度的境内商业银行。

（2）申请贴现的票据应是以真实、合法商品交易为基础，具备法定票据要式的银行承兑汇票。有下列情形之一的银行承兑汇票不予办理贴现：汇票经过涂改；由出票人或承兑申请人在银行承兑汇票正、背面已记明"不得转让"或"质押"字样的；由背书人在银行承兑汇票背面注明"委托收款"字样，被背书人又转让的；转让给二人以上，即两个以上被背书人各获部分转让款的；背书转让不连续或背书转让中有被背书人为个人的；背书人签章日期有误、被背书人名称填错或在多次转让中有背书不符合要求等情况；背书人签章日期或被背书人名称更改后，前手无签章证明或与前手的签章不符；银行承兑汇票有挂失止付通知或被法院冻结的；未经承兑的汇票或承兑附有条件的；期限超过6个月；汇票超过付款提示期限的；有疑问或不符合规定以及无法核实真伪的银行承兑汇票。

（3）自贴现之日起至汇票到期日止，最长不超过6个月。承兑人为异地的，加3天划款时间；承兑人为同城的，加1天划款时间；如到期日为节假日，再加到期日至第一个工作日的时间。

（三）商业承兑汇票贴现

1. 产品定义

商业承兑汇票是银行受让企业持有的未到期的商业承兑汇票，并在扣除贴现利息后将余额支付给企业的短期资金融通方式。

2. 目标客户

以商业承兑汇票作为主要结算方式的企业。

3. 授信主要关注点

(1) 商业承兑汇票的承兑人应先获得银行的商业承兑汇票专项授信额度,该授信额度作为银行办理由该承兑人所承兑的商业承兑汇票贴现的限额。商业承兑汇票承兑人应同时符合以下资格条件:在行政管理部门注册登记、并依法从事经营活动的企业法人或其他组织;资信状况良好,具有支付汇票金额的资金来源;原则上要求在银行开立账户;必须与汇票收款人之间具有真实、合法的商品交易关系;符合银行普通贷款准入条件。

(2) 商业承兑汇票的持票人(贴现申请人)向银行申请办理贴现,应先获得银行的商业承兑汇票贴现授信额度,并必须具备以下条件:在银行开立存款账户的企业法人以及具备法人资格的其他经济组织;与出票人或直接前手之间具有真实的商品交易关系;应向银行提供交易合同原件、贴现申请人与其直接前手之间根据税收制度有关规定开具的商业发票原件以及与原件内容一致的复印件;申请人资信良好,无不良记录。

(3) 申请贴现的票据应是以真实、合法商品交易为基础,具备法定票据要式的商业承兑汇票;有下列情形之一的商业承兑汇票不予办理贴现:单张汇票金额超过人民币1 000万元;汇票经过涂改;由出票人或承兑申请人在商业承兑汇票正、背面已记明"不得转让"或"质押"字样的;由背书人在商业承兑汇票背面注明"委托收款"字样,被背书人又转让的;转让给两人以上,即两个以上被背书人各获部分转让款的;背书转让不连续或背书转让中有被背书人为个人的;背书人签章日期有误、被背书人名称填错或在多次转让中有背书不符合要求等情况;背书人签章日期或被背书人名称更改后,前手无签章证明或与前手的签章不符;商业承兑汇票有挂失止付通知或被法院冻结的;未经承兑的汇票或承兑附有条件的;期限超过6个月;汇票超过付款提示期限的;有疑问或不符合规定以及无法核实真伪的商业承兑汇票。

(4) 自贴现之日起至汇票到期日止,最长不超过6个月。承兑人为异地的,加3天划款时间;承兑人为同城的,加1天划款时间;如到期日为节假日,再加到期日至第一个工作日的时间。

(四) 委托代理贴现

1. 产品定义

委托代理贴现是指银行承兑汇票的持票人,即贴现申请人(委托人)委托第三方(代理人)向银行办理贴现的一项票据融资业务。

2. 目标客户

以银行承兑汇票作为主要结算方式,且银票收款人在异地或不在银行机构所在地,不方便直接在银行办理贴现的企业。

3. 授信主要关注点

(1) 银行可接受委托代理贴现的汇票暂限于银行各分支机构承兑的银行承兑汇票,暂不接受他行银票。

(2) 代理人应在银行开立存款账户,且资信良好、无不良记录。

(3) 申请贴现的票据应是以真实、合法商品交易为基础,之前票据背书应连续,并符合《银行人民币银行承兑汇票贴现管理办法》的其他要求。

(4) 银行承兑汇票委托代理贴现业务的贴现款项收款人必须为委托人本人。

(5) 委托人、代理人应与银行签订《银行承兑汇票委托代理贴现业务三方合作协议》,约定各自的权利、义务。协议应由委托人、代理人加盖公章以及法定代表人(或委托代理人)签章。

(6) 办理商业汇票委托代理贴现业务时间应在委托期限内,贴现金额应在委托人设定的委托代理贴现额度内或是由委托人逐笔出具"委托代理贴现授权书"。

(五) 国内保理

1. 产品定义

国内保理是指银行根据协议,以一定的价格买断卖方现在或将来的基于其与买方(债务人)订立的货物销售/服务合同所产生的应收账款。

2. 目标客户

采用赊销等结算方式,形成一定应收账款的企业客户,优先选择重点核心企业的上游企业。

3. 授信主要关注点

(1) 银行目前受理的国内保理业务的范围仅限于银行国内的法人客户之间采用赊销(含商业承兑汇票)等信用销售方式进行的商品交易,付款期限限制在卖方出具商业发票之日起180天之内。

(2) 保理业务所涉及的交易商品应具有标准化较高、无发票期后义务的特点;对于季节性商品、鲜活商品应避免为其叙做国内保理;买方与卖方有关联性的保理业务需谨慎。

(3) 仅为具备信用授信条件的买卖双方提供保理服务。需为卖方核定应收账款融资额度,为买方核定信用额度,这两项保理专项额度均应纳入综合授信额度内管理,且不得与其他额度串用。

(4) 向卖方提供的应收账款融资按商业发票金额的一定比例(不超过80%)核发,执行同档次贷款利率,按月计提息,收款时一次性结息。

(六) 非融资性保函

1. 产品定义

非融资性保函是银行以客户提供符合要求的反担保条件为基础为客户的贸易或工程投标等非融资性经营活动开具的担保文书,具体包括但不限于付款保函、投标保函、履约保函、预付款保函、质量保函、诉讼保函、关税保付保函等。

2. 目标客户

具有开立非融资性保函需求的企业。

3. 授信主要关注点

（1）开立全额保证金、存单质押保函的准入条件。申请企业应满足以下基本条件：资信状况良好，无不良记录；在银行开立存款结算账户；具有真实、合法的交易背景；具有履行合同条款的能力。质押的保证金、存单币别原则上应与保函担保金额为同币别，保证金质押率最高不超过100%，存单质押率按银行《定期存单质押贷款管理办法》规定执行；如保证金、质押存款与担保金额为不同币别的，担保本金和质押款本金均折算成人民币进行计算。当担保币别为外币时，折算汇率采用银行的担保货币汇卖价；当质押存款币别为外币时，折算汇率采用银行的质押款货币汇买价或钞买价（质押款为现钞的）。

（2）开立非全额保证金、存单质押保函的准入条件：除了前述全额保证金、存单质押保函准入条件中提到的企业应满足基本条件外，还应满足一般授信的准入条件，具体参见"综合授信额度"。

（七）国内信用证

1. 产品定义

国内信用证是指依照申请人的申请开出的，凭符合信用证条款的单据予以支付的付款承诺。

2. 目标客户

以国内信用证为结算方式的企业。

3. 授信主要关注点

（1）开证申请人须为境内注册企业，已在银行开立人民币基本存款账户或一般存款账户，往来记录良好。

（2）所开立信用证具有真实合法的商品交易背景，交易内容与开证申请人营业执照经营范围相符，购销合同注明以信用证作为结算方式。

（3）申请人资信状况良好，具有到期支付信用证款项的能力。

（4）银行对外开立信用证前，必须先落实相应的付款保证。付款保证的形式包括：保证金、授信额度、银行可接受的其他付款保证（如存单质押）；原则上应向开证申请人收取不低于开证金额的20%的保证金，其余部分可以使用前款所列付款保证形式中的任意一种或混合使用；付款保证条件加总不得低于开证金额的100%。如申请开立的信用证有溢装条款，上述付款保证均必须按上限金额控制；收取的开证保证金必须纳入申请人的保证金账户核算，专款专用。

三、国际贸易融资

（一）出口押汇

1. 产品定义

出口押汇是银行凭出口商提供的出口单据［包括信用证、跟单托收和商业赊销（OA）

结算方式项下出口单据]向出口商融通资金的授信业务。

2. 目标客户

有短期融资需求的出口企业。

3. 授信主要关注点

（1）客户应在银行有一定的国际结算业务往来量，出口收汇记录良好。

（2）资信状况良好，无不良授信记录。

（3）非居民企业原则上在国内应有其关联企业，且银行对其关联企业经营情况熟悉，或者已通过其他金融同业查询核实其经营状况。

（4）了解押汇申请人的业务情况和贸易流程，确认基础交易的真实性和合法性。

（5）进口商、开证行或付款行及所在国家或地区的信用等级应达到银行规定要求，属于下列情况的押汇业务原则上不予受理：进口商、开证行或付款行及所在国家或地区属于国际组织或清算行制裁的范围；进口商、开证行或付款行所在地，货运目的地处于局势动荡或已发生战争的国家（地区）；进口商、开证行或付款行在银行已有不良业务往来记录；因付汇地区外汇短缺，管制特别严格或发生金融危机等特殊情况，收汇无把握者。

（6）信用证条款合理，符合银行的要求。下列情况的信用证原则上不予办理押汇：开证行资信欠佳且未有他行保兑者；信用证含有受益人难以执行或银行无法审核确认单据是否相符的软条款；索汇路线迂回，影响安全及时收汇的来证；开证行作风不良，挑剔特别多，已有前车之鉴者。

（7）下列情况的单据不予办理押汇：无真实贸易背景的虚假单据；信用证项下单据表面相符，但经进一步查实存在瑕疵者。例如，船公司对出口企业预借提单，或由于迟装而倒签提单日期等。

（8）转让信用证项下单据押汇控制原则：第一受益人申请押汇金额不得超出其自行出货的部分；第二受益人申请押汇应从严审批，且应满足信用证由银行办理转让，信用证第一受益人与第二受益人均通过银行交单；单据已由开证行加押承兑等条件。

（二）福费廷

1. 产品定义

福费廷是指银行应信用证项下受益人的请求，无追索权地买入已由开证行或保兑行加押承兑的远期信用证项下出口议付单据的贸易融资业务。银行福费廷业务包括：直接包买和转卖。直接包买为银行买断，占用银行给予他行的同业贸易融资额度，不占用客户授信额度，原则上融资期限应在180天以内，但具体的融资期限也可根据每笔业务情况逐笔确定；转卖为他行买断行为，不占用银行给予他行的同业贸易融资额度及客户相应融资额度，融资期限可在180天以上，但具体的融资期限应根据包买行的受理条件逐笔确定。

2. 目标客户

流动资金有限，需加快应收账款周转速度的出口型企业客户和希望提前获得出口退税和核销的出口型企业。

3. 授信主要关注点

（1）申请人：在银行开立结算账户，往来记录良好；在银行有一定的国际结算业务往来量，出口收汇记录良好；资信状况良好，无不良授信记录；离岸公司原则上在国内应有其关联企业，且银行对其关联企业经营情况熟悉，或者经 LIB、*IIL 及其他征信方式查询落实其经营状况；原则上不接受申请人为转让信用证项下第二受益人或背对背信用证项下（子证）的受益人。

（2）开证行及进口商：开证行和进口商不属于国际组织或清算行制裁的范围，其所在国家或地区局势稳定，不属于国际组织或清算行制裁的范围。

但具体条件根据买断方式的不同而有所区别，办理直接包买的开证行/保兑行条件：第一，开证行/保兑行应在银行贸易融资额度的同业名单中，并有足够的贸易融资余额；第二，开证行/保兑行的承兑和付款记录正常；第三，开证行/保兑行所在国家和地区政局稳定，经济环境平稳，国家或地区风险银行认可。如果开证行/保兑行在银行的授信类型属于集团授信，原则上其各国的分行均可接受。

转卖业务的适用范围：开证行/保兑行未在银行贸易融资额度名单中，或者开证行虽在银行贸易融资额度名单中但余额不足以办理业务；开证行/保兑行有不良的业务记录；银行对开证行/保兑行或开证行/保兑行所在国家了解较少，或者国家风险较高；经总行押汇部询价，有第三方银行（包买行）可买断，且银行认可包买行的报价和条件；由于银行外汇头寸不足或利率等客观原因，必须转卖的情况。

（3）信用证及单据：信用证真实有效，有真实贸易背景；信用证条款清晰合理，无软条款或条款前后矛盾的情况；信用证类型原则上应为自由议付/承兑信用证或限制银行议付/承兑信用证；各项费用明确，索汇路线清晰；承兑电文必须是加押承兑电文；信用证项下出口单据应提交银行办理。

（4）其他条件：原则上信用证体现的港口和目的地不能为国际组织或清算行制裁的国家或地区；信用证涉及的货物原则上应为普通商品（如果信用证货物为危险物品、敏感商品或银行认为不适宜办理融资的商品，一般不予受理）；银行与申请人特别约定的福费廷业务办理条件；在转卖业务中，还应包括包买行的买断条件。

（三）打包贷款

1. 产品定义

打包贷款又称信用证质押贷款，是指银行在出口商收到境外开来的信用证，采购这笔信用证有关的出口商品或生产出口商品，资金出现短缺时，以该笔信用证作为质押，给予企业的资金融资，用于弥补出口货物加工、包装及运输过程出现的资金缺口。

2. 目标客户

有短期融资需求的，以信用证作为主要结算方式的出口型企业。

3. 授信主要关注点

（1）申请人：出口商的国内外贸易背景必须具备的真实性；在岸企业具有出口经营权；出口商资信及贸易结算记录良好；出口商履约能力强；出口商为信用证的受益人；在银行有打包放款可用的额度，额度申请主要关注点参见"综合授信额度"。

（2）质押信用证：质押银行的信用证原则上应通过银行通知，且应是属于不可撤销和不可转让的自由议付的跟单信用证，同时受益人必须为借款人。如果信用证指定了议付行，还必须以银行为指定议付行；信用证中开证行的付款保证条款明确，索款方式及路线清晰；信用证开证行的付款信用良好；信用证不包含对银行不利的条款；信用证期限为即期或90天（含90天）以下；信用证开证行所在国家的政局稳定、安全；开证行的资信情况须经代理行主管确认；信用证结算币别为可自由兑换的主要货币。

四、项目融资

1. 产品定义

项目贷款是指银行向企业发放的，用于企业技术改造、基础设施建设或项目投资，并以该项目收入作为主要还款来源的中长期贷款。贷款期间较长，由于贷款主要用于大型项目的建设，因此一般贷款期间都在3年以上，部分项目甚至超过10年；金额较大，由于项目投入整体较大，因此此类项目贷款总体金额较大；贷款用途通常是用于建造一个或一组大型生产装置、基础设施或其他项目，包括对在建或已建项目的再融资；借款人通常是为建设、经营该项目或为该项目融资而专门组建的企事业法人，包括主要从事该项目建设、经营或融资的既有企事业法人；还款资金来源主要依赖该项目产生的销售收入、补贴收入或其他收入，一般不具备其他还款来源；市政项目贷款以及房地产贷款应按银行其他专项规定要求执行。

2. 目标客户

新批设立企业；经营情况较好，拟进一步扩大生产规模的企业；存在设备更新需求或产业调整需求的企业；各级政府年度重点支持项目等。

3. 授信主要关注点

（1）项目应获得法律法规规定的相关批准文件，包括但不限于：发改委出具的项目立项批复文件；城乡规划部门出具的规划选址许可文件；国土资源部门出具的用地许可文件。环境保护部门出具的环境影响评价评审文件。

（2）项目自有资本金比例应该符合国家相关规定，自有资金需提前到位，至少应与银行贷款资金同比例到位。

（3）符合国家节能减排政策规定，不属于国家限制的投资领域，不属于国家明确要求淘汰的落后产能的违规在建项目。

（4）贷款期内项目产生的现金流入足以覆盖贷款本息。

（5）贷款资金原则上要求定向支付。

五、房地产融资

(一) 房地产项目开发贷款

1. 产品定义

房地产项目开发贷款是指银行向房地产开发企业发放并用于开发、建造向市场销售、出租等用途的房地产项目的贷款。贷款专款专用,并以项目未来现金流入作为还款来源;可带来较高的贷款综合收益。

2. 目标客户

仅限于房地产开发企业,要求具备较强的开发实力和丰富的开发经验、信用记录良好、持续经营,且不存在囤积土地、房源等国家明令禁止的行为。

3. 授信主要关注点

(1) 原则上仅限于银行分支机构所在地区,应注意项目的市场前景。

(2) 借款人应具备较强的开发实力和丰富的开发经验、信用记录良好、持续经营,且不存在囤积土地、房源等国家明令禁止的行为。

(3) 开发项目必须"四证"齐全,即具有《国有土地使用证》《建设用地规划许可证》《建设工程规划许可证》《建设工程施工许可证》。

(4) 房地产项目必须是在规定的土地开发期限进行开发或在超出开发期限后取得政府相关批文允许延长建设期的项目。

(5) 开发项目应符合国家房地产发展总体方向,有效满足当地城市规划和房地产市场的需求,具备合法性、合规性和可行性。

(6) 借款人投入开发项目的自有资本金(所有者权益)应符合外部规定,其中保障性住房和普通商品住房项目的最低资本金比例为20%,其他房地产开发项目的最低资本金比例为30%。

(7) 贷款用途不得用于缴纳土地出让金。

(8) 房地产项目开发贷款原则上应在机构所在地开展。对确需用于异地房地产开发项目的贷款,必须落实风险控制措施,并在贷款发放前事先由机构风险控制部向机构所在地银监局办理报备手续。

(9) 应进行项目可行性分析。

(10) 贷款金额应匹配项目资金缺口及项目未来产生的现金流,敏感性分析相对有弹性。

(11) 项目贷款原则上应封闭管理、资金定向支付。

(二) 商业用房贷款

1. 产品定义

商业用房贷款是指银行向借款人发放的用于购置、建造和大修理以商业为用途的各种类型房产的贷款。

2. 目标客户

具有稳定收入来源、信用良好、具有较强偿还能力的商业用房持有者,包括企业及个人。

3. 授信主要关注点

(1) 借款人包括公司客户和自然人。

(2) 若借款人为个人,应是具有完全民事行为能力的自然人,原则上应具有稳定的职业和收入,并且借款人应信用良好,确有按期偿还贷款本息的能力。

(3) 若借款人为个人,借款人年龄加上按揭年期原则上不应超过65岁。

(4) 借款人应在银行开立存款账户。

(5) 以按揭房产抵押予银行。按揭房产为银行与发展商签订整体按揭总协议的,还应要求发展商在按揭房地产权证办妥前对按揭贷款的偿还提供连带担保。

(6) 按揭房产除为银行与发展商签订整体按揭总协议的情况外,所购商业用房应为已竣工验收的房屋。

(7) 按揭购房有合法的购房合同或协议,在房地产管理局办妥合同登记备案手续。

(8) 按揭购房贷款首付款比例、贷款抵押率及贷款利率按以下方法确定:贷款首付款比例(包括本外币贷款,下同)不得低于50%,期限不得超过10年,贷款利率不得低于中国人民银行公布的同期同档次利率的1.1倍;对以"商住两用房"名义申请贷款的,首付款比例不得低于45%,期限不得超过10年,贷款利率不得低于中国人民银行公布的同期同档次利率的1.1倍。

(9) 不接受车库(位)单独申请按揭,但购买按揭房产时一并购买的车库(位),可以与按揭房产一同申请办理楼宇按揭贷款,按揭成数与房产按揭成数一致。

(10) 申请外币按揭贷款的借款人须具有稳定的外汇还款来源。

(11) 贷款期限原则上不应超过10年,且不应超过商业房产的使用年限。

(12) 建造和大修理各类型商业用房,借款人自有资本金比例应符合外部规定的项目资本金比例相关要求。

六、特定担保项下融资

(一) 经营性物业抵押贷款

1. 产品定义

经营性物业抵押贷款是指银行向公司客户发放的、以其自身或第三人合法拥有的经营性物业作抵押并以该物业的经营收入(包括营业收入、租金收入、管理费收入等)作为主要还款来源的贷款。以商业营业用房、办公用房等类型物业作抵押的贷款额最高可达评估值的60%。贷款期限长,根据申请人经营及物业情况,最长可达10年。还款方式灵活,借款人可根据租金等经营现金流特点灵活设计个性化还款方式,减少还款压力。

2. 目标客户

直辖市、经济发达地区省会城市、其他重点城市中心区经营性物业业主,仅限于公司客户,暂不包含房地产开发公司。

3. 授信主要关注点

(1) 借款人必须是除了房地产开发企业以外的公司客户,主营业务不属于房地产开发业务的综合性公司也可以作为借款人。

(2) 贷款用途不得直接或间接用于房地产开发、股票投资。

(3) 银行可接受的经营性物业必须具备以下条件:①产权明晰、完整。经营性物业的产权必须是借款人或第三人合法取得并独立拥有,不存在产权纠纷或其他法律纠纷,不存在被查封情况。②地理位置优越。商业用房、办公用房原则上应位于城市中心商业商务区或繁华商业商务区等城市繁华地段,交通便捷,人流、物流、车流充裕,商业商务氛围浓厚。住宅原则上应位于环境良好、生活配套设施齐全、交通便利的城市中心地段。厂房原则上应位于大型工业区的核心地带,区内工业企业较多,工业区开发成熟度高。③经营情况良好。经营性物业定位准确,经营或出租情况较好,能够持续、稳定经营或出租。④对于尚未经营或出租的经营性物业,应具备较好的市场前景,达到预期经营或出租情况的可行性较高。⑤市场价值稳定。经营性物业建筑结构合理、建筑质量好,市场价值和租金价格稳定或有上涨趋势,具有较强的变现能力。⑥符合银行对抵押物的其他规定和要求。

(4) 经营性物业原则上应位于各银行规定的各机构作业区域范围内。

(5) 经营性物业应具有产权证(房屋所有权证和土地使用权证)。对于以银行贷款购买的经营性物业,该物业应当已经完成工程竣工综合验收,具备办理产权证的条件。

(6) 经营性物业建成的年限原则上不超过 15 年(以房屋所有权证载明的日期为准),土地已使用年限原则上不超过 20 年(以土地使用权证载明的日期为准)。

(7) 银行不接受产权属于房地产开发企业的物业作为经营性物业抵押贷款的抵押物。银行原则上也不接受处于旧城改造、拆迁地区等不利区位的物业作为抵押物。

(二) 设备按揭贷款

1. 产品定义

设备按揭贷款是指银行向因购买生产设备的需要,并以所购置的设备作为抵押担保的企业发放的中长期贷款。

2. 目标客户

为满足自身生产经营需要购置设备的国内企业。

3. 授信主要关注点

(1) 设备供应商和借款人符合下列要求:

设备供应商:资信良好、经营正常的国内企业;具备生产、销售相关设备的相应资质,所销售的设备符合国家和/或行业强制性标准;具备为所售设备提供必需的保养维修的能力和条件。

借款人：经营和财务情况正常、第一性好，符合银行贷款准入条件的国内企业；所购设备为借款人自身生产经营所需，非用于转售、转租或出借等用途；拥有使用和维护所购设备的技术力量，或方便取得相关服务。

（2）所涉设备的范围应为易变现的机器设备、运输设备、通用设备。设备应为全新设备，其各项技术指标和质量指标符合国家和/或行业强制性标准，并按有关规定取得相应质检证书。

（3）单笔贷款年限最高为 3 年。

（4）设备买卖合同、全额完税发票等设备权属证明文件正本应存放银行。设备应办理抵押登记，银行应取得抵押登记部门出具的设备抵押登记证明文件正本。银行可根据实际情况，要求客户将设备质检文件、设备相应技术资料等文件的正本或副本（加盖设备供应商及借款人公章、骑缝章）存放银行。

（5）银行提供的贷款金额最高不超过设备买卖合同或发票金额的 60%，两者取其低。

（6）设备供应商或借款人应为设备购买全额保险，包括但不限于财产险基本险、机器损坏险、盗抢险，及国家对该类设备强制要求投保的其他险种，保险期限不得低于借款期限，上述保险权益过户银行或以银行为第一受益人。

（7）借款人应提供按揭还款保证金且比例满足银行授信审批要求。

（8）其他担保条件，包括提供其他财产抵/质押或提供其他第三方担保等可接受。

（9）贷款采用等额本息法或等额本金法，按月还本付息的方式，每月还本付息日为当月 10 日，遇节假日则提前至前一个银行工作日。

（10）设备供应商应在银行开立账户，并通过该账户收取设备销售款（含银行提供的按揭贷款）。

（11）设备供应商为借款人向银行的借款提供回购担保。保证期间至借款合同约定的贷款期限届满日后两年止。保证方式为连带保证，保证范围为借款人所欠银行借款合同项下全部债务及其他费用（含实现债权的费用）等之总数。

（12）借款人应在银行开立账户，并通过该账户支付设备款。

（13）借款人应按设备买卖合同的约定向设备供应商支付首期款，该首期款应存入银行后转入设备供应商在银行的账户。

（14）借款人未经银行书面同意，不得将设备转卖（不含设备供应商回购的情况）、出租、出借、赠送、抵押给银行之外的第三人。

（三）股票质押贷款

1.产品定义

股票质押贷款指银行给予企业的以其自身或第三人合法持有并可以转让的股票作质押，满足企业生产经营资金需要的资金融通。以上市公司股票质押作为贷款的担保条件，质押率可按照净资产、市场价或发行价计算，可根据股票情况灵活确定质押率水平与融资额度，满足持有股票企业的资金融通需求。

2.目标客户

拥有国内证券交易所(上海证券交易所、深圳证券交易所)上市公司,尤其是业绩优良、流通股本规模适度、流动性较好的优质公司股票的企业客户和自然人,但不包含证券公司。

3.授信主要关注点

(1) 借款人须为还款来源有保障并符合银行授信条件的自然人或法人。出质人须为合法持有可转让股票的自然人或法人,但不包括证券公司。

(2) 银行可以接受质押的股票限于国内证券交易所(上海证券交易所、深圳证券交易所)上市公司的人民币普通股票(A股),原则上应为业绩优良、流通股本规模适度、流动性较好的优质公司的股票。

(3) 以下几种情况的股票,银行原则上不予接受作为质物:上一年度亏损的上市公司的股票;非国有流通股股份过度集中的股票;证券交易所除牌及非正常原因停牌的股票;证券交易所特别处理的股票;银行接受的用于质押的一家上市公司股票,超出该上市公司全部流通股10%的部分;单个出质人用于质押的一家上市公司的股票(包括在其他金融机构已经质押的),超出该上市公司全部流通股20%的部分;用于质押的一家上市公司股票(包括在其他金融机构已经质押的),高于该上市公司全部流通股50%的部分;不符合有关国有股权管理的法律法规要求、未取得相关国有资产管理部门及(或)财政管理部门的有效质押审批、备案文件的上市公司国有股;法律、法规禁止转让的股票①。

(4) 应根据股价历史波动情况和股票发行企业情况,依照市场价质押率设置警戒线和平仓线如下:警戒线为市场价质押率达到60%;平仓线为市场价质押率达到80%。

七、银团贷款

1.产品定义

银团贷款是指由两家或两家以上银行基于相同贷款条件,依据同一贷款协议,按约定时间和比例,通过代理行向借款人提供的本外币贷款或授信业务。银团贷款又称为辛迪加贷款(Syndicated loan),是由获准经营贷款业务的一家或数家银行牵头,多家银行与非银行金融机构参加而组成的银行集团(Banking Group)采用同一贷款协议,按商定的期限和条件向同一借款人提供融资的贷款方式。国际银团是由不同国家的多家银行组成的银行集团。

---

① 法律、法规禁止转让的股票包括:发起人持有的本公司股份,自公司成立之日起1年内不得出质;公司公开发行股份前已发行的股份,自公司股票在证券交易所上市交易之日起1年内不得出质;公司董事、监事、高级管理人员在任职期间每年转让或出质的股份超过其所持有本公司股份总数25%的部分,不得出质;所持本公司股份自公司股票上市交易之日起1年内不得出质。上述人员离职后半年内,不得将其所持有的本公司股份出质。公司章程对公司董事、监事、高级管理人员转让其所持有的本公司股份还有其他限制性规定的,同时执行公司章程的限制性规定要求;上市公司收购中,收购人持有的被收购上市公司的股票,在收购行为完成后的12个月内不得出质;法律、法规规定禁止股票转让的其他情形。

2. 目标客户

借款人有长期、大额资金的贷款需求;借款人在业界具有较高知名度,其经营能力、资金实力、技术实力为大多数银行所认可。

3. 授信主要关注点

(1)银团贷款借款人应是中华人民共和国境内依法核准登记的企业、事业法人及其他经济组织。

(2)银团贷款借款人必须符合《贷款通则》及相关银行授信管理政策关于借款人的各项基本条件和要求。

(3)借款人须经相关银行或其他认可的评级机构信用评级,并达到一定级别要求。

(4)借款人是经营状况和财务状况良好的大中型企业或项目公司,借款人所属行业发展前景良好,在行业中有竞争优势。

(5)借款人在中银集团建立了稳定良好的合作关系。

(6)参加他行组建的银团,安排行应为具备足够资信和业务实力的政策性银行、国有控股银行或国外银行。

第二节 企业贷款业务实训

一、实训目标

通过本实验,使学生进一步掌握银行贷款业务管理相关知识,了解并熟悉这类业务每一环节的具体操作。

二、实训任务

(1)柜员角色和综合角色配合完成一般贷款申请与还款业务。
(2)完成账户透支业务。
(3)完成行内银团的贷款申请和还款业务。

三、企业贷款业务操作

1. 一般贷款申请与还款

1)申请贷款

(1)企业提交贷款申请书。企业填写"企业贷款申请书",填写信息,如图10.4所示。

企业贷款申请书

企业基本情况		
借款单位：	杭州奥尔蒙电器有限公司	
地址：	浙江杭州天目山路220号	
经营期限：	20××年×月×日至20××年×月×日	
主营业务：	制造业	
所有制类型：	私营企业	
法定代表人及联系电话：	80256255	
员工人数：	50	
关联企业情况：		

贷款情况	
申请贷款金额：	500 000
贷款用途：	厂房扩建
偿还方式：	等额本息还款
借款种类：	流动资金贷款
担保方式：	信用贷款
借款期限：	六个月(含)
用款计划：	厂房扩建
还款计划：	等额本息还款
借款原因：	流动资金短缺

近三年财务情况	
开始年份：	20××
结束年份：	20××
总资产：	15 000 000
负债：	2 000 000
所有者权益：	1 200 000
主营业务收入：	3 000 000
利润总额：	2 000 000
流转税：	300 000
所得税：	200 000
净利润：	1 500 000

银行贷款及对外担保情况

银行名称	金额	到期时间	是否逾期	贷款/担保	操作
		提示:无信息!			
			是	贷款	添加

提示:时间格式为 2009-1-1

银行审核

审核意见：

审核日期：

银行审批

审核意见：

贷款审批是否通过 ○是 ○否

审批日期：

图 10.4　企业贷款申请书

(2) 银行设置企业资信。对企业进行详细的贷前调查,并填写"贷前调查"表,如图 10.5 所示。

贷 前 调 查

借款企业资信评级			
信用履约:	10	偿债能力:	12
盈利能力:	15	经营发展能力:	16
综合评价:	10	特殊加分:	18
特殊扣分:	2	总分:	79
信用等级:	中		

贷前其他调查
风险测算:
贷款盈利测算:
建设必要性:
条件评估:
市场预测:
技术评估:
经济效益:

图 10.5 贷前调查表

(3) 审核企业的"企业贷款申请书",审核成功。
(4) 经过审核的"企业贷款申请书",经过银行审贷委员会批准。
(5) 添加贷款合同。客户在银行客户经理的指导下填写贷款期限,贷款期限不能超过 12 个月,如图 10.6 所示。

银行企业一般贷款合同

编号：0001

贷款人（单位）：杭州奥尔蒙电器有限公司

地址：浙江杭州天目山路 220 号　　邮编：310012　　电话：80256255

一、贷款金额

　　本合同项下贷款金额为：（人民币）500 000.00 元。

二、贷款期限

　　本合同项下贷款期限为自　20××-×-×　起至　20××-×-×　止。

三、贷款用途

　　本合同项下贷款限用于厂房扩建。

四、贷款利率及利息计收

　　1. 本合同项下为月息 0.51‰（一个月以 30 天计算）。

　　2. 贷款使用期间，若中国人民银行或浙科银行总行调整贷款利率，本合同规定利率将作相应调整。

　　3. 本合同项下贷款利息按 月 计收。

五、贷款支用

　　贷款人在支用贷款时，应在实际支用日向贷款人提交有关贷款凭证，贷款人凭以发放贷款。

六、贷款的偿还

　　本合同项下贷款应按申请书所列还款计划偿还。由于客观原因借款人不能按期归还，借款人应向贷款人提出展期申请，经贷款人同意后，才能延期偿还。

七、违约及违约处理

　　（1）请仲裁机构仲裁；（2）向有管辖权的人民法院起诉。

八、本合同经双方法定代表人签字后生效。

九、本合同正本一式 2 份，双方各执 1 份，都有同等的法律约束力。

贷款人：　　　　　　　　　　　　　　　　　　　　　　借款人：××银行

日期：　　　　　　　　　　　　　　　　　　　　　　　日期：20××年×月×日

图 10.6　企业一般贷款合同

（6）企业和银行签署合同。

（7）贷款银行客户经理添加贷款电子许可证，如图 10.7 所示。

贷款电子许可证

贷款编号：	0001
存款账号：	
贷款账号：	
借款金额：	500 000.00
贷款类型：	流动资金贷款
贷款利率（月息）：	0.41‰

图 10.7　贷款电子许可证输入

（8）企业填写"银行借款凭证"，注意填写借款申请金额、借款原因及用途，如图 10.8 所示。

银行(贷款)借款凭证(申请书代付出凭证)

单位编号:325622025　　　　　20××年×月×日　　　　　银行编号:057100

收款单位	名称	杭州奥尔蒙电器有限公司	借款单位	名称									
	往来账户	0105710001000011970		放款户账号									
	开户银行	××银行		开户银行									
借款期限 (最后还款日)		20××-×-×	利率	0.51%	起息日期	20××-×-×							
借款申请金额		人民币　　伍拾万元整 (大写)				千	百	十	万	千	百	十	元	角	分
								5	0	0	0	0	0	0	0
借款原因及用途		厂房扩建		银行核定金额		千	百	十	万	千	百	十	元	角	分
								5	0	0	0	0	0	0	0
银行审批				期限	计划还款日期	计划还款金额							
兹根据你行贷款办法规定,申请办理上述借款, 请核定贷给。 　　此致 银行 (借款单位预留往来户印鉴)				会计分录:借 对方科目:贷 会计　　　复核　　　记账									

图10.8　银行贷款借款凭证

(9) 客户经理受理客户业务。客户经理点击"叫号器",选择客户进行业务处理。

(10) 审核客户提交的凭证。审核企业填写的"借款凭证",填写银行审批信息:"同意",并核定金额,如图10.9所示。

银行(贷款)借款凭证(申请书代付出凭证)

单位编号:325622025　　　　　2012年11月26日　　　　　银行编号:057100

收款单位	名称	杭州奥尔蒙电器有限公司	借款单位	名称									
	往来账户	0105710001000011970		放款户账号									
	开户银行	××银行		开户银行									
借款期限 (最后还款日)		20××-×-×	利率	0.51%	起息日期	20××-×-×							
借款申请金额		人民币　　伍拾万元整 (大写)				千	百	十	万	千	百	十	元	角	分
								5	0	0	0	0	0	0	0
借款原因及用途		厂房扩建		银行核定金额		千	百	十	万	千	百	十	元	角	分
								5	0	0	0	0	0	0	0
银行审批	同意			期限	计划还款日期	计划还款金额							
兹根据你行贷款办法规定,申请办理上述借款, 请核定贷给。 　　此致 银行 (借款单位预留往来户印鉴)				会计分录:借 对方科目:贷 会计　　　复核　　　记账									

图10.9　经审批的银行贷款借款凭证

(11) 输入业务数据。信息无误后,点击柜面上的计算机显示器,打开"企业一般贷款"界面,填写收款单位账号、借款申请金额、利率、借款原因及用途,打开界面如图10.10所示。

企业一般贷款

收款单位账号：	0105710001000011970
借款申请金额：	500 000
利率：	0.51%
借款原因及用途：	厂房扩建
密码：	

图 10.10　企业一般贷款输入

（12）打印凭证。将客户的借款凭证，正确置于报表打印机，进入"存折和单据打印"页面进行打印。

（13）在借款凭证上加盖企业公章、业务专用章。

2）还款

（1）还款申请。企业填写"企业一般贷款提前还款申请"，如图 10.11 所示。

企业一般贷款提前还款申请	
银行名称：	××银行
公司名称：	杭州奥尔蒙电器有限公司
贷款账号：	0105710001000011970
贷款种类：	流动资金贷款
借款期限（月）：	六个月（含）
还款方式：	等额本息还款
提前还款类型：	⊙提前部分还本　○提前结清
提前还款金额：	500 000 元（剩余还款本金为：500 000.00 元）
提前还款原因：	结清债务
企业法人签字：	张学林
日期：	20××年×月×日

图 10.11　企业一般贷款还款申请

（2）审核企业提前还款申请。客户经理审核"企业一般贷款提前还款申请"，经审核无误，填写通过意见，如图 10.12 所示。

企业一般贷款提前还款申请	
银行名称：	××银行
公司名称：	杭州奥尔蒙电器有限公司
贷款账号：	0105710001000011970
贷款种类：	流动资金贷款
借款期限（月）：	六个月（含）
还款方式：	等额本息还款
提前还款类型：	○提前部分还本　⊙提前结清
提前还本金额：	500 000 元
提前还款原因：	结清债务
企业法人签字：	张学林
日期：	20××年×月×日
审核：	⊙通过　○不通过

图 10.12　经审批的银行一般贷款还款申请

(3) 还款。企业填写"银行还款凭证",如图 10.13 所示。

银行(一般贷款提前还款)还款凭证(借方凭证)

20××年×月×日　　　　　　　　　　合同编号:6

借款单位	名称	杭州奥尔蒙电器有限公司	付款单位	名称	杭州奥尔蒙电器有限公司
	放款户账号	0105710001000011970		往来户账号	0105710001000011970
	开户银行	××银行		开户银行	××银行
还款日期		20××年×月×日	还款次序		第　　次还款
偿还金额		人民币(大写)　伍拾万壹仟柒佰元整		亿千百十万千百十元角分	501700 00
还款内容					
由我单位往来划转归还上述借款 (借款单位预留往来户印鉴) (银行主动收贷时免盖)			会计分录:借 对方科目:贷 会计　　复核　　记账		

图 10.13　银行(一般贷款提前还款)还款凭证

(4) 客户经理点击"叫号器",选择客户进行业务处理。

(5) 审核客户的还款凭证,信息填写完整无误。

(6) 输入业务数据。信息无误后,点击柜面上的计算机显示器,打开"企业一般贷款"界面,输入收款单位账号、还款金额,如图 10.14 所示。

企业一般贷款提前还贷

收款单位账号：0105710001000011970

还款金额：501 700

密码：

图 10.14　企业一般贷款提前还款输入

(7) 打印凭证。将客户的"开户许可证"和"单位银行结算账户管理协议"正确置放于报表打印机,进入"存折和单据打印"页面进行打印。凭证显示相关业务数据。

(8) 加盖银行公章和业务专用章,业务完成。

2. 账户透支

(1) 客户填写转账支票。企业填写"企业账号透支申请书",如实完整填写,如图 10.15 所示。

(2) 银行设置企业资信。客户经理调查企业资信,如实填写"贷前调查"。

(3) 审核"企业账号透支申请书"。客户经理审核"企业账号透支申请书"填写是否属实,是否符合贷款条件。

(4) 审批"企业账号透支申请书"。客户经理提交企业的"企业账号透支申请书",在银行贷款审批委员会会议上进行审批。

(5) 定制合同。审批通过后,定制企业与银行的"企业账号透支申请书"合同。

(6) 客户签订合同。企业加盖企业公章、业务专用章,合同留予客户一份,结束业务。

企业账号透支申请书

企业基本情况

借款单位：	杭州奥尔蒙电器有限公司
地址：	浙江杭州天目山路220号
经营期限：	20××年×月×日至20××年×月×日
主营业务：	制造业
所有制类型：	私营企业
法定代表人及联系电话：	80256255
员工人数：	50
关联企业情况：	

贷款情况

申请透支账号：	0105710001000011970
申请透支金额：	50 000
担保方式：	信用贷款
贷款期限：	六个月（含）

近三年财务情况

开始年份：	20××
结束年份：	20××
总资产：	15 000 000
负债：	2 000 000
所有者权益：	5 000 000
主营业务收入：	2 000 000
利润总额：	1 800 000
流转税：	200 000
所得税：	320 000
净利润：	1 300 000

银行贷款及对外担保情况

银行名称	金额	到期时间	是否逾期	贷款/担保	操作
		提示：无信息！			
			是	贷款	添加

提示：时间格式为 2009-1-1

银行审核

审核意见：

审核日期：

银行审批

审核意见：

贷款审批是否通过：○是 ○否

审批日期：

图 10.15　企业账号透支申请书

3. 银行承兑汇票贴现

国内贸易融资操作的阐述,将以银行承兑汇票贴现为例子。

(1) 客户提交材料。企业客户携带未到期的银行承兑汇票,如图 10.16 所示。

银行承兑汇票 2

出票日期 贰零××年××月××日 汇票号码
                            (大写)第   号

出票人全称	杭州奥尔蒙电器有限公司	收款人	全称	浙江万峰集团
出票人账户	0105710001000011970		账户	0205710101000012087
付款行全称	银行 行号 0571		开户银行	银行浙江 行号 0571

汇票金额 人民币(大写) 伍万元整   千百十万千百十元角分
                                        5 0 0 0 0 0 0

汇票到期日 20××-×-×

本汇票请你承兑,到期无条件付款
出票人签章 [印章：林张印、杭州奥尔蒙电器有限公司财务专用章]
承兑日期 2012年11月22日

本汇票已经承兑,到期日由本行付款
承兑行签章
承兑日期
备注

承兑协议编号
科目(借)_____
对方科目(贷)_____
转账   年   月   日
复核   记账

被背书人   被背书人
                                                (粘贴单处)
背书人签章   背书人签章
 年 月 日   年 月 日

持票人向银行   身份证件名称: 发证机关:
提示付款签章: 号码:□□□□□□□□□□□□□□□□□□

图 10.16 银行承兑汇票

(2) 银行设置企业资信。客户经理调查持票企业以及出票人资信。

(3) 审核"银行承兑汇票"。确认该汇票是否符合贴现条件。需注意,以下汇票不能贴现:汇票经过涂改;由出票人或承兑申请人在银行承兑汇票正、背面已记明"不得转让"或"质押"字样的;由背书人在银行承兑汇票背面注明"委托收款"字样,被背书人又转让的;转让给二人以上,即两个以上被背书人各获部分转让款的;背书转让不连续或背书转让中有被背书人为个人的;背书人签章日期有误、被背书人名称填错或在多次转让中有背书不符合要求等情况;背书人签章日期或被背书人名称更改后,前手无签章证明或与前手的签章不符;银行承兑汇票有挂失止付通知或被法院冻结的;未经承兑的汇票或承兑附有条件的;期限超过 6 个月;汇票超过付款提示期限的;有疑问或不符合规定以及无法核实真伪的银行承兑汇票。

(4) 审批"银行承兑汇票"。客户经理提交企业的"银行承兑汇票",由综合角色(权力相当于分管信贷的行长)进行审批。

(5) 盖章。审批通过后,在银行承兑汇票上加盖贴现行的公章、私章。

(6) 放款。计算该汇票应得贴限额后,直接转入持票客户在本行的一般或者基本账户。

4. 行内银团贷款

1）申请贷款

（1）填写"行内银团贷款申请书"。企业填写"行内银团贷款申请书"，填写信息如图 10.17 所示。

行内银团贷款申请书

企业基本情况		
借款单位：	杭州奥尔蒙电器有限公司	
地址：	浙江杭州天目山路 220 号	
经营期限：	20××年×月×日至20××年×月×日	
主营业务：	制造业	
所有制类型：	私营企业	
法定代表人及联系电话：	80256255	
员工人数：	50	
关联企业情况：		

贷款情况	
申请贷款金额：	800 000.00
用款计划：	厂房扩建
还款计划：	等额本息还款
借款原因：	流动资金短缺

近三年财务情况	
开始年份：	20××
结束年份：	20××
总资产：	15 000 000.00
负债：	3 000 000.00
所有者权益：	5 000 000.00
主营业务收入：	6 000 000.00
利润总额：	3 200 000.00
流转税：	350 000.00
所得税：	150 000.00
净利润：	2 700 000.00

银行贷款及对外担保情况

金额	到期时间	银行名称	否	担保
提示：无信息！				

银行审核	
审核意见：	
审核日期：	

银行审批	
贷款审批是否通过：	○是 ○否
审批日期：	

图 10.17　行内银团贷款申请书

(2) 银行设置企业资信。银行对企业进行贷前调查,填写信息。

(3) 审核"行内银团贷款申请书"。银行客户经理审核企业提交的"行内银团贷款申请书"。

(4) 审批"行内银团贷款申请书"。对于客户经理提交的"行内银团贷款申请书",经"贷款审批委员会"审批通过。

(5) 邀请其他银行组成银团。邀请其他银行(可以是其他团队的银行)组成银团,提供充分信息。

(6) 其他银行确认邀请。受邀请银行(其他团队银行),可以选择参加或者拒绝参加。

(7) 确定银团成员。发起银行和受邀银行,确认相互关系。

(8) 确定银团成员资金分配比例。

(9) 银团成员签订银团贷款协议。

(10) 企业客户签字。企业客户在"行内银团贷款申请书"上签字,加盖企业公章和法人私章。

(11) 客户经理为该企业客户添加"贷款电子许可证",如图10.18所示。

贷款电子许可证	
贷款编号:	0004
存款账号:	
贷款账号:	
借款金额:	800 000.00
贷款类型:	行内银团贷款
贷款利率(月息):	0.51%

图 10.18 贷款电子许可证

(12) 填写借款凭证。企业填写"借款凭证",详细填写借款申请金额、借款原因及用途。

(13) 客户经理点击"叫号器",选择客户进行业务处理。

(14) 审核客户提交的凭证。客户经理审核企业提交的"借款凭证",填写银行审批信息:"同意",银行核定金额。

(15) 输入业务数据。信息无误后,点击柜面上的计算机显示器,打开"企业银团贷款借款"界面,填写收款单位账号、借款申请金额、利率、借款原因及用途,如图10.19所示。

企业银团贷款　借款	
收款单位账号:	0105710001000011970
贷款申请金额:	800 000
利率:	0.51%
贷款原因及用途:	厂房扩建
密码:	

图 10.19 企业银团贷款输入

(16)盖章。银行加盖公章,合同交予一份给客户,业务完成。

2)还款

(1)客户提交还款业务。企业填写"银行还款凭证",填写还款内容。

(2)客户经理点击"叫号器",选择客户进行业务处理。

(3)审核客户提交的凭证。审核客户提交的"银行还款凭证"。检查"银行还款凭证"是否填写完整无误,凭证审核成功。

(4)输入业务数据。信息无误后,点击柜面上的计算机显示器,打开"企业银团贷款还款"界面,填写收款单位账号、还款金额,如图10.20所示。

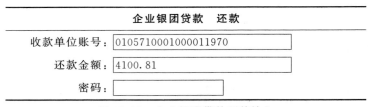

图 10.20　企业银团贷款还款输入

(5)银行加盖公章、私章,结束业务。

第十一章

企业人民币支付结算业务

 思政导读

中行开平案

此案被称为中华人民共和国成立以来最大的银行资金盗窃案,涉案资金折合人民币超过40亿元,这一"纪录"迄今未被打破。许超凡、余振东和许国俊三人从1993年开始,利用职务上的便利及中国银行联行资金清算系统管理上的漏洞,大肆侵吞银行资金,数额特别巨大,影响极其恶劣,给国家造成了巨额损失。许超凡、余振东和许国俊三人共同出资10万元于1991年在香港注册成立了香港潭江实业公司,1993年许超凡等人又成立了香港友协贸易有限公司。三人伙同他人成立的这两家私人公司分别成为他们洗钱和再投资的基本平台。检察机关的调查表明,在1993—2001年,许超凡、余振东和许国俊三人利用职务便利,无视国家法规和银行的管理规定,擅自修改银行账目,利用中国银行联行资金清算系统违规发放银行贷款,挪用银行资金进行非法投资,通过非贸易手段和地下钱庄将银行巨额资金转移到境外自己的私人账户上。

案例分析:

案例解析

第一节 企业人民币支付结算业务操作流程

一、银行本票

(一) 银行本票签发业务

1. 银行本票的定义

银行本票是银行签发的,承诺自己在见票时无条件支付确定金额给收款人或持票人的票据。银行本票分为不定额本票和定额本票,又分为现金银行本票和转账银行本票两种,提示付款期为2个月。出票时已将款项交存银行为前提,以银行信用为付款保证。转账本票在同一票据交换区域内代理付款行见票即付。跨系统提示付款时与出票行系统直连,解付安全实时到账。

2. 银行本票的基本规定

单位和个人在同一票据交换区域需要支付的各项款项,均可以使用银行本票;签发银行本票必须记载的事项:标明"银行本票"的字样,无条件支付的承诺;确定的金额;收款人的名称;出票日期和出票人签章;银行本票可以用于转账,注明"现金"字样的银行本票可以用于支取现金;定额银行本票的面额为1 000元、5 000元、10 000元和50 000元四种;银行本票的出票人,为银行当地分支行批准办理银行本票业务的银行机构;银行本票的提示付款期限自出票日起最长不得超过2个月,逾期的银行本票,代理付款行不予受理。

需注意的是:银行本票有效期为2个月,请于到期前及时到银行办理解付手续;持票人应妥善保管银行本票,避免因破损、水洗等影响票面质量;银行本票丧失,失票人应及时向银行申请办理挂失止付手续。

3. 主要流程

本票申请人填写"银行本票申请书",并加盖在开户行的预留印鉴;银行审核无误办理扣账并收取费用后,开立银行本票,连同客户缴费回单交付本票申请人;客户申请开立现金本票的申请人、收款人双方均应为个人,且必须交存现金;本票申请人将银行本票交付给本票上记明的收款人,收款人可以将银行本票背书转让给被背书人,背书转让时,收款人或背书人填明被背书人名称和背书日期并签章;银行本票签发业务流程如图11.1所示。

(二) 银行本票兑付业务

收款人(持票人)持银行本票、进账单到开户行办理兑付手续,应在本票背面"持票人向银行提示付款签章"处签章,签章须与预留银行签章相同。代理付款行接到在银行开户的持票人直接交来的本票和两联进账单,经审核无误后可为持票人进行兑付。银行本票兑付业务流程如图11.2所示。

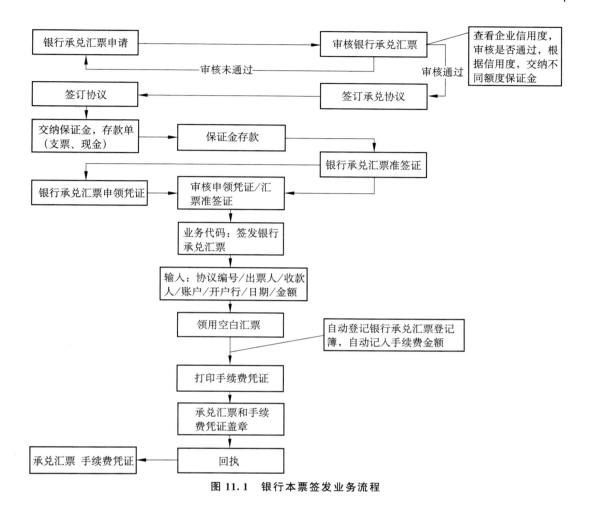

图 11.1　银行本票签发业务流程

（三）银行本票结清业务

如果出票行和兑付行不是同一家银行，出票银行接到票据交换提入的本票，在当日与兑付行进行结清业务。银行本票结清业务流程如图 11.3 所示。

二、银行汇票

（一）银行汇票签发业务

银行汇票是出票银行签发的，由其在见票时按实际结算金额无条件支付给收款人或持票人的票据。各种结算，均可使用银行汇票。银行汇票可以用于转账，填明"现金"字样的银行汇票也可以支取现金。签发银行汇票必须记载的事项表明"银行汇票"的字样、无条件支付的承诺、出票金额、付款人名称、收款人名称、出票日期、出票人签章。银行汇票的出票和汇款，全国范围限于中国人民银行和各商业银行参加"全国联行往来"的银行机

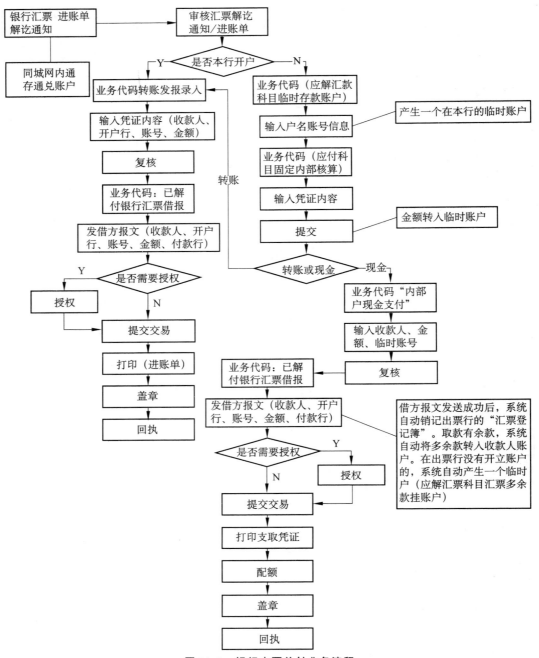

图 11.2 银行本票兑付业务流程

构办理;银行汇票的提示付款期限自出票日起 1 个月。持票人超过付款期限提示付款的,代理付款人不予受理。银行汇票一律记名,允许背书转让。银行汇票的背书转让以不超过实际结算金额为准,未填写实际结算金额或实际结算金额超过出票金额的银行汇票不得背书转让。

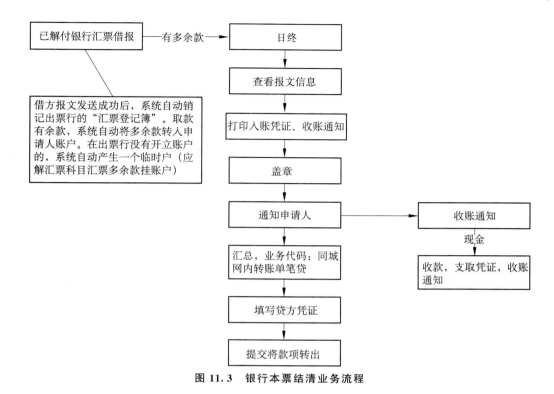

图 11.3 银行本票结清业务流程

银行汇票签发业务流程如图 11.4 所示。

（二）银行汇票兑付业务

汇款人取得签发银行签发的银行汇票后，即可到异地向收款人办理结算。对已注明收款人的银行汇票，可直接将汇票交收款人到兑付银行办理兑付；对收款人为持票人的银行汇票，可由持票人到兑付银行办理兑付手续，也可将银行汇票背书转让给收款人，由收款人到兑付银行办理兑付。收款人向银行兑付时，应将实际结算金额填入第二联正票扣第三联解讫通知，并填写进账单一式两联，一并送交开户银行办理入账手续。

须注意的是，收款人如需要在兑付地支取现金的，汇款人在填写"银行汇票委托书"时，需在"汇款金额"大写金额栏内先填写"现金"字样，后填写汇款金额。收款人持银行汇票向银行支取款项时，如需分次支取，应以收款人的姓名开立临时存款账户办理支付，临时存款账户只付不收，付完清户，不计利息。银行汇票可以转汇，可委托兑付银行重新签发银行汇票，但转汇的收款人和用途必须是原收款人和用途，兑付银行必须在银行汇票上加盖"转汇"戳记，已转汇的银行汇票，必须全额兑付。银行汇票兑付业务流程如图 11.5 所示。

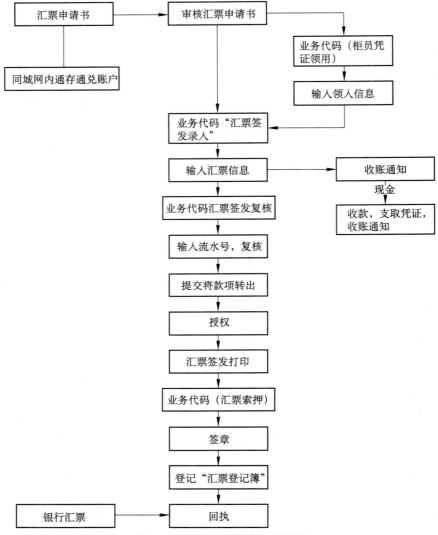

图 11.4　银行汇票签发业务流程

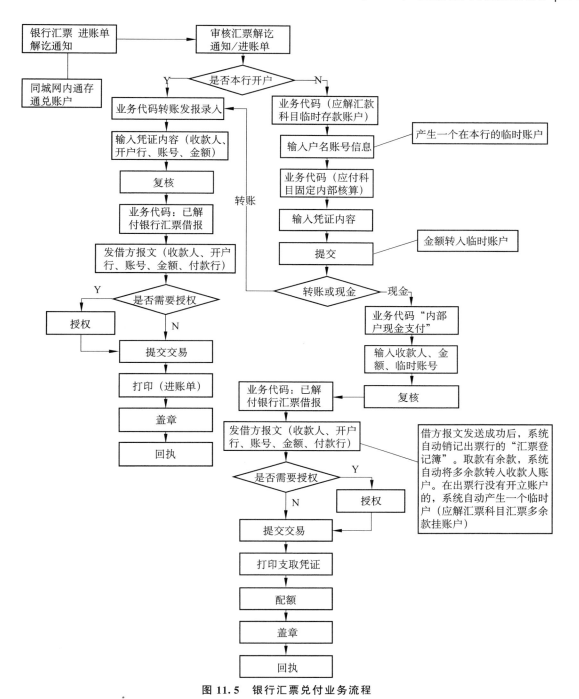

图 11.5 银行汇票兑付业务流程

（三）银行汇票结清业务

兑付银行按实际结算金额办理入账后,将银行汇票第三联解讫通知传递给汇票签发银行,签发银行核对后将余款转入汇款人账户,并将银行汇票第三联多余款收账通知单转给汇款人,汇款人据此办理余款入账手续。银行汇票结清业务流程如图 11.6 所示。

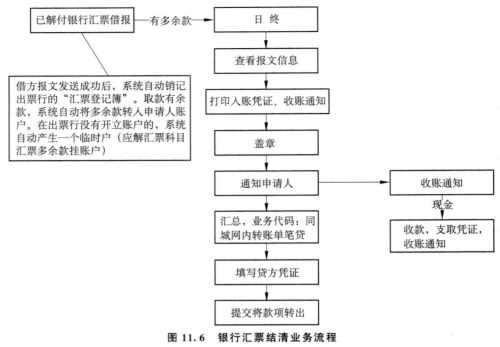

图 11.6　银行汇票结清业务流程

三、商业承兑汇票

(一)商业承兑汇票委托收款业务

企业为收款单位,计算从本单位至付款人开户银行的邮程,在汇票到期前,提前委托银行收款。委托银行收款时,应填写一式五联的"委托收款凭证",在其中"委托收款凭证名称"栏内注明"商业承兑汇票"字样及汇票号码。在商业承兑汇票第二联背面加盖收款单位公章后,一并送交开户银行。开户银行审查后办理有关收款手续,并将盖章后的"委托收款凭证"第一联退回给收款单位保存。

委托收款是收款人委托银行向付款人收取款项的结算方式。单位和个人凭已承兑商业汇票、债券、存单等付款人债务证明办理款项的结算,均可以使用委托收款结算方式。委托收款仅仅是一种结算方式,只不过持票人提示付款也常用这种结算方式。因此持票人开户行应当按照委托收款的要求来处理。委托收款只要求收款人提供"付款人债务证明"。票据本质上还是一种债务证明,只不过它表现为票据的形式。收款人开户行与收款人是结算合同关系,受理收款人的委托收款是收款人开户行的合同义务。无理拒绝受理收款人的委托收款是一种违约行为,应当承担违约责任。

对于超过提示付款期限票据,《商业汇票承兑、贴现与再贴现管理暂行办法》只规定了"代理付款银行"不予受理。《票据管理实施办法》第十八条:票据法所称"代理付款人",是指根据付款人的委托,代其支付票据金额的银行、城市信用合作社和农村信用合作社。持票人开户行并不是"代理付款银行",不能以《商业汇票承兑、贴现与再贴现管理暂行办法》为依据拒绝受理持票人的委托收款。

商业承兑汇票委托收款业务流程如图11.7所示。

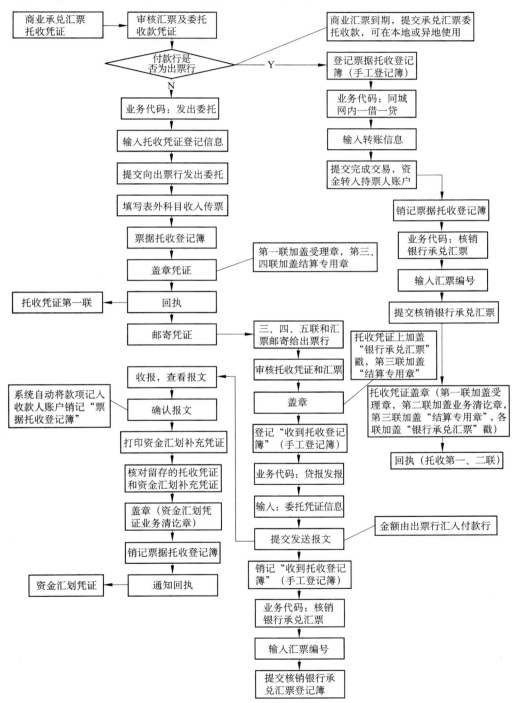

图11.7 商业承兑汇票委托收款业务流程

（二）商业承兑汇票付款业务

商业承兑汇票的承兑付款是指商业承兑汇票的付款人开户银行收到通过委托收款寄来的商业承兑汇票，将商业承兑汇票留存，并及时通知付款人。主要流程如下：付款人收到开户银行的付款通知，应在当日通知银行付款。付款人在接到通知日的次日起3日内（遇法定休假日顺延，下同）未通知银行付款的，视同付款人承诺付款，银行应于付款人接到通知日的次日起第4日（法定休假日顺延，下同）上午开始营业时，将票款划给持票人。付款人提前收到由其承兑的商业汇票，应通知银行于汇票到期日付款。付款人在接到通知日的次日起3日内未通知银行付款，付款人接到通知日的次日起第4日在汇票到期日之前的，银行应于汇票到期日将票款划给持票人。银行在办理划款时，付款人存款账户不足支付的，应填制付款人未付票款通知书，连同商业承兑汇票邮寄持票人开户银行转交持票人。付款人存在合法抗辩事由拒绝支付的，应自接到通知日的次日起3日内，做成拒绝付款证明送交开户银行，银行将拒绝付款证明和商业承兑汇票邮寄持票人开户银行转交持票人。

（三）商业承兑汇票拒付业务

持票人向付款人提示，付款人拒绝付款或拒绝承兑，均称拒付。另外，付款人逃匿、死亡或宣告破产，以致持票人无法实现提示，也称拒付。出现拒付，持票人有追索权。即有权向其前手（背书人、出票人）要求偿付汇票金额、利息和其他费用的权利。在追索前必须按规定做成拒绝证书和发出拒付通知。拒绝证书用以证明持票已进行提示而未获结果，由付款地公证机构出具，也可由付款人自行出具退票理由书，或有关的司法文书。拒付通知用以通知前手关于拒付的事实，使其准备偿付并进行再追索。汇票到期被拒绝付款的，持票人可以对背书人、出票人以及汇票的其他债务银行行使追索权。

汇票到期日前，有下列情形之一的，持票人也可以行使追索权：汇票被拒绝承兑的；承兑人或者付款人死亡、逃匿的；承兑人或者付款人被依法宣告破产的或者因违法被责令终止业务活动的。

持票银行使追索权时，应当提供被拒绝承兑或者被拒绝付款的有关证明。持票人提示承兑或者提示付款被拒绝的，承兑人或者付款人必须出具拒绝证明，或者出具退票理由书。未出具拒绝证明或者退票理由书的，应当承担由此产生的民事责任。持票人因承兑人或付款人死亡、逃匿或其他原因，不能取得拒绝证明的，可以依法取得其他有关证明。承兑人或付款人被人民法院依法宣告破产的，人民法院的有关司法文书具有拒绝证明的效力。承兑人或者付款人因违法被责令终止业务活动的，有关行政主管部门的处罚决定具有拒绝证明的效力。持票人不能出示拒绝证明、退票理由书或者未按照规定期限提供其他合法证明的，丧失对其前手的追索权。但是，承兑人或者付款人仍应当对持票人承担责任。持票人应当自收到被拒绝承兑或者被拒绝付款的有关证明之日起3日内，将被拒绝事由书面通知其前手；其前手应当自收到通知之日起3日内书面通知其再前手。持票人也可以同时向各汇票债务人发出书面通知。未按照前款规定期限通知的，持票人仍可以行使追索权。因延期通知给其前手或者出票人造成损失的,由没有按照规定期限通知的汇票当事人,承担对该损失的赔偿责任,但是所赔偿的金额以汇票金额为限。在规定期限内将通知按照法定地址或者约定的地址邮寄的,视为已经发出通知。

依照书面通知条例,应当记明汇票的主要记载事项,并说明该汇票已被退票。汇票的出票人、背书人、承兑人和保证人对持票人承担连带责任。持票人可以不按照汇票债务人的先后顺序,对其中任何一人、数人或者全体行使追索权。持票人对汇票债务人中的一人或者数人已经进行追索的,对其他汇票债务人仍可以行使追索权。被追索人清偿债务后,与持票人享有同一权利。持票人为出票人的,对其前手无追索权。持票人为背书人的,对其后手无追索权。持票银行使追索权,可以请求被追索人支付下列金额和费用:被拒绝付款的汇票金额;汇票金额自到期日或者提示付款日起至清偿日止,按照中国人民银行规定的利率计算的利息;取得有关拒绝证明和发出通知书的费用。被追索人清偿债务时,持票人应当交出汇票和有关拒绝证明,并出具所收到利息和费用的收据。

被追索人依照前条规定清偿后,可以向其他汇票债务银行使再追索权,请求其他汇票债务人支付下列金额和费用:已清偿的全部金额;前项金额自清偿日起至再追索清偿日止,按照中国人民银行规定的利率计算的利息;发出通知书的费用。行使再追索权的被追索人获得清偿时,应当交出汇票和有关拒绝证明,并出具所收到利息和费用的收据。被追索人依照前二条规定清偿债务后,其责任解除。

(四)银行承兑汇票委托承兑业务

银行承兑汇票是由出票人签发的,由银行承兑的,委托付款人在指定日期无条件支付确定的金额给收款人或者持票人的票据。银行承兑汇票的出票人必须具备下列条件:在承兑银行开立存款账户的法人以及其他组织;与承兑银行具有真实的委托付款关系;资信状况良好,具有支付汇票金额的可靠资金来源。

签发银行承兑汇票必须记载下列事项:表明"银行承兑汇票"的字样;无条件支付的委托;确定的金额;付款人名称;收款人名称;出票日期;出票人签章。欠缺记载上述规定事项之一的,银行承兑汇票无效。银行承兑汇票应由在承兑银行开立存款账户的存款人签发。

付款人是银行承兑汇票的出票人在汇票上记载的委托其支付汇票金额的银行,付款人并非因出票人的支付委托即成为当然的票据债务人,而是必须经其承兑。在汇票承兑之前的付款人为出票人,在承兑之后的承兑银行就是付款人,是银行承兑汇票的主债务人。收款人是汇票上记载的受领汇票金额的最初票据权利人。收款人名称不得更改,更改的银行承兑汇票无效。出票日期必须按照《支付结算办法》附件一的规定书写。出票日期不得更改,更改的银行承兑汇票无效。出票人在汇票上注明"不得转让"字样的汇票丧失流通性,其后手不得再转让。银行承兑汇票出票人必须签章,签章必须清楚。出票人将签发好的银行承兑汇票交给收款人后,出票行为即告完成。提示承兑是指持票人向付款人出示汇票,并要求付款人承诺付款的行为。所谓提示即持票人向付款人现实地出示汇票,以行使或保全其票据权利的行为。

银行承兑汇票委托承兑业务流程如图 11.8 所示。

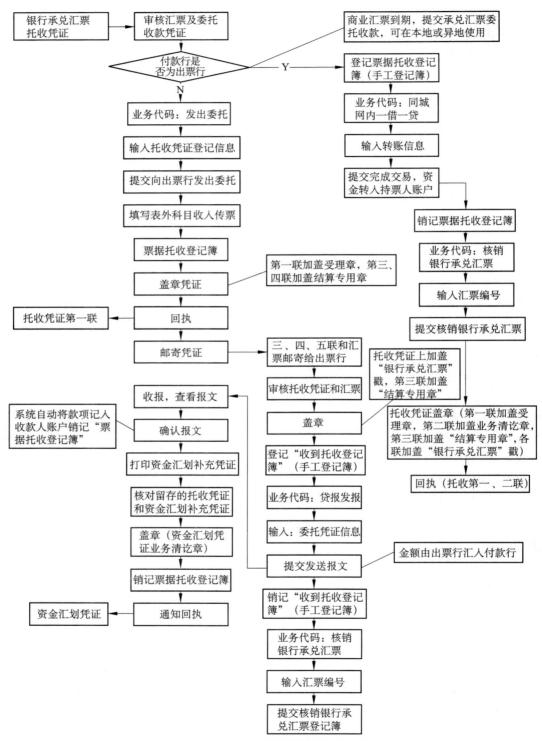

图 11.8 银行承兑汇票委托承兑业务流程

（五）银行承兑汇票委托收款业务

委托收款，是办理银行承兑汇票业务的重要环节和最终环节，直接关系到由票据所代表的资金权益是否能够实现，同时也是对所受理的票据业务是否存在问题的最终确认与验证。在业务操作的过程中，应该注意以下几个方面的问题：首先，在受理票据业务的环节，应该有重点地就背书及相应的书写要素有无瑕疵进行审核。对于瑕疵票据应作退票或补充证明后受理的处理，当然最好能与承兑行取得联系并寻求其认可。其次，在票据的保管过程中，应将票据按照到期日分类依次保管，并在票据到期日前一周左右发出托收，以便给承兑行留足处理时间。在发出托收的过程中，应指定专人负责，重点就托收凭证的填制，托收背书的制作进行审核，确保无误。最后，在发出托收之后，票据到期日的前一天或是到期日当天，与承兑行进行电话联系，一是确认票据是否已为收妥；二是看有无问题及是否退票；三是提示承兑行及时付款。如在到期日当天仍未收到票款，则应及时主动联系。

银行承兑汇票委托收款业务流程如图 11.9 所示。

（六）银行承兑汇票到期承兑业务

承兑是一种附属票据行为，它以出票行为的成立为前提，承兑行为必须在有效的汇票上进行才能生效；承兑是汇票付款人做出的，表示其于到期日支付汇票金额的票据行为；承兑是一种要式法律行为，必须依据票据法的规定做成并交付，才能生效；承兑是持票银行使票据权利的一个重要程序，持票人只有在付款人做出承兑后，其付款请求权才能得以确定。商业汇票的承兑银行，必须具备下列条件：与出票人具有真实的委托付款关系；具有支付汇票金额的可靠资金；内部管理完善，经其法人授权的银行审定。

银行承兑汇票的出票人或持票人向银行提示承兑时，银行的信贷部门负责按有关规定和审批程序，对出票人的资格、资信、购销合同和汇票记载的内容进行认真审查，必要时可由出票人提供担保。符合规定和承兑条件的，与出票人签订承兑协议。付款人承兑商业汇票，应当在汇票正面记载"承兑"字样和承兑日期并签章，见票后定期付款的汇票，应在承兑时记载付款日期。在实务中，银行承兑汇票的承兑文句（"承兑"字样）已经印在汇票的正面，如"本汇票已经承兑到期无条件付款""本汇票已经承兑，到期日由银行付款"等，无须承兑人另行记载，承兑人只需在承兑人签章处签章并在承兑日期栏填明承兑日期即可。承兑汇票的承兑银行，应按票面金额向出票人收取万分之五的手续费。付款人承兑商业汇票，不得附有条件。承兑附有条件的，视为拒绝承兑。

银行承兑汇票到期承兑业务流程如图 11.10 所示。

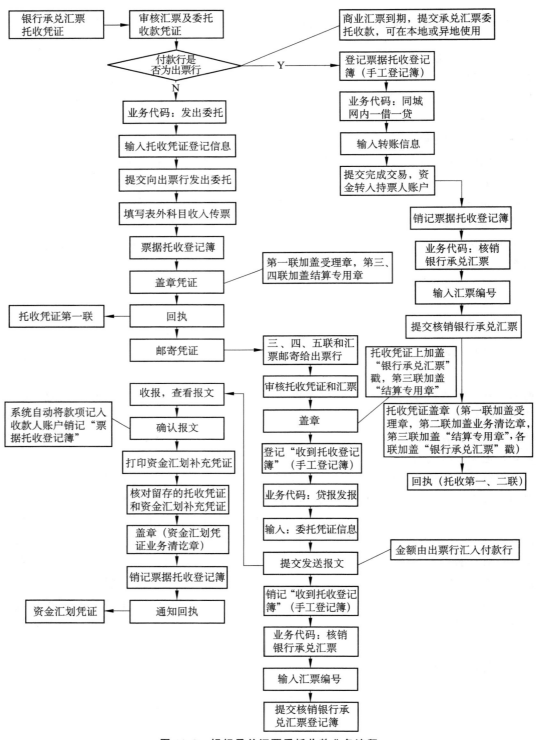

图 11.9　银行承兑汇票委托收款业务流程

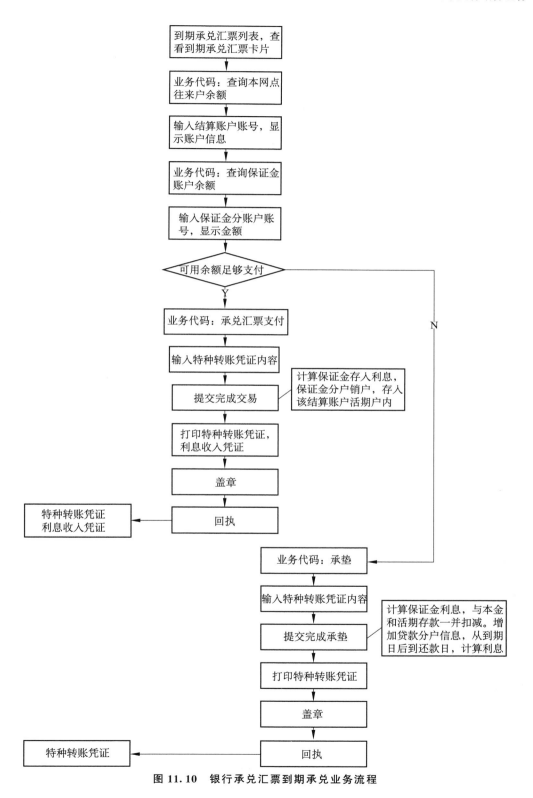

图 11.10 银行承兑汇票到期承兑业务流程

四、信用证业务

(一) 企业进口信用证开证申请

进口信用证是指银行根据企业(进口商)的申请,向出口商签发有条件的保证付款书,承诺在信用证有效期限内,凭规定的单据向出口商履行付款责任。开出信用证后,银行还为客户提供信用证修改、审单、付款/承兑等服务。按照国际贸易的习惯做法,进口商向银行开立信用证,应向银行缴付一定比例的保证金,其金额一般为信用证金额的百分之几到百分之几十,一般根据进口商的资信情况而定。在我国的进口业务中,开证行根据不同企业和交易情况,要求开证申请人缴付一定比例的人民币保证金,然后才开证。

进口信用证的业务范围:开立各种信用证,如延期信用证、承兑信用证、议付信用证、可转让信用证、保兑信用证、循环信用证、对开信用证等;业务处理:开证、修改、审单、付款/承兑或拒付等(其中开证有授信开证和凭保证金开证两种);叙做进口押汇、提货担保等融资业务;协助进口商对外进行出口商资信调查,备货和船情查询等。

进口信用证的开证条件是:申请人必须是具有法人资格和进口经营权的企业和单位,在开证行开立本币或外币账户,财务、经营状况正常,资信良好,与开证行保持稳定的结算业务往来并获得银行给予的进口开证授信额度;企业经营的进口商品是在批准经营的范围之内;进出口双方选择以信用证作为结算方式;系"对外付汇进口单位名录"在册企业;提供一定比例的保证金及其他形式的担保,对于资信良好的优质客户,可免收保证金。

当进出口双方在贸易合同中确立以信用证方式结算后,进口方即可按贸易合同规定向当地银行申请开立信用证,填写开证申请书(application for irrevocable documentary credit)。这样,进口商即成为开证申请人,开证申请书是银行开具信用证的依据。银行按照开证申请书开立信用证后,在法律上就与进口商构成了开立信用证的权利与义务的关系,两者之间的契约就是开证申请书。授信主要关注如下几点:

(1) 对进口商品的分析:首先,要了解进口商品是否属于许可证商品、特许商品、国家限制进口或禁止进口商品,了解企业是否有进口许可证及其他必要的进口手续。对于无许可证的进口商品,不应给予开证;其次,要了解进口商品是否属于进口商的主营产品,进口商的历史经营情况如何,是否有足够的经验和能力进口和销售该种商品;最后,要分析该种商品是否属于炒作商品,炒作商品价格波动大,收益高,风险大,它要求经营者判断准确、行动迅速、经验丰富,否则往往酿成巨额亏损。当涉及炒作商品的进口时,开证银行一定要慎重地进行风险分析,对于那些赌博式进口贸易项目,不应给其开证。

(2) 对付款期限的分析:对于即期信用证,要分析开证申请人现时的现金流量状况,特别是进口信用证到单前后的现金流量状况;对于远期信用证来说,则要测算进口商品的合理周转期,远期信用证的付款期限原则上不应超过合理周转期。另外,进口商有可能挪用进口商品回笼款到其他项目中,而使开证行产生被动垫款。

(3) 对进口商品价格的分析:进口商品价格一般来说,不应过度偏离正常的国内外市场行情。价格过高,可能面临国内销售不畅、库存积压的风险或者招致价格下跌的损失;

价格过低,进口的有可能会是假冒伪劣商品,或者坠入国外出口商精心设置的欺诈陷阱中。对于基础性大宗货物的国内外市场价格,银行应通过各种途径、渠道(如国际期货交易所)有相应的了解,以求准确地把握进口开证的风险状况。

(4)对代理与自营进口方式的分析:外贸公司代理客户进口,一般预收一定比例(如20%~30%)的保证金,余款货到时或一段时间后付清。代理进口公司往往对国内外客户和市场不熟悉,其风险控制不如自营进口直观,尤其是一段时间来禁而不止的"四自三不见"进口代理,代理公司更是放任由委托单位自行操作办理。而银行开证时只与代理方打交道,极容易忽略委托方的经营风险,特别是恶意经营风险,结果代理公司受损的同时开证行被动垫款的可能性也增加了,因此银行在受理开证申请时,一定要主动核实清楚此笔进口是属于自营进口还是代理进口,如是代理进口,还要连带分析代理协议诸条款及委托单位的信用经营管理等状况,准确把握代理进口开证的风险度,以便防范风险于未然。

(5)开证银行在进行进口贸易项目风险分析时,还需注意到以下方面的审核:对于"三来一补"贸易方式,应注意分析进出口付款条件是否对等,是否相互制约;对于大额的进口贸易,应建议开证申请人争取采用离岸价(FOB)成交;对离岸价成交者,还应要求申请人提交预约保单;对有些可能产生质量纠纷的商品,可建议申请人在信用证中加列保护性条款,如第三者检验、装船通知、传真单据、装船前检验并监装、买方监装等。

企业进口信用证开证申请业务流程如图11.11所示。

(二)企业出口议付委托申请

出口议付是指银行根据客户(出口商)的要求,以提交以其为受益人的信用证及信用证项下全套单据为条件,将该套出口单据项下应收货款(扣除议付利息费用)先行解付给客户,然后凭单据向开证行索汇的融资行为。付款行非银行的付款信用证项下的出口议付仅限于A级以上(含A级)客户。出口议付期限应为合理的寄单索汇时间,即期信用证项下出口议付期限原则上不得超过30天,远期信用证出口议付不得超过90天,超过上述期限的应视情况要求客户办理票据贴现/应收款买入业务或福费廷业务。对于单证相符扣减金融机构额度的出口议付,国际结算部门应严格按国际惯例审核单据,确保单据无误,切实防范审单操作风险。国际结算部门确认可以对外寄单之前,不得提前发放议付融资款项。出口议付的金额不得超过汇票或发票金额。信用证出口议付利率依照外汇贷款利率表中的出口议付利率执行。出口议付原则上不得办理展期;由于开证行推延承诺付款日期而必须展期的,在确保展期后可以安全收汇的情况下,可以办理展期,展期期限不得超过原发放期限的一半。出口议付收汇后,应首先归还银行的议付融资款项,若开证行拒不付款,则出口议付自动到期,银行应立即向借款人追索议付款项和有关费用。

出口议付信用证应满足以下条件:信用证签字或密押核符;其他银行通知的信用证须经过通知行证实;开证行所在地及货运目的地政治经济局势稳定;信用证非下列类型信用证:可撤销信用证、借款人为第二受益人的已转让信用证、暂不生效信用证、备用信用证和无商品交易基础的信用证等。

客户申请出口议付分为以下两种情况办理:在单据相符或虽单证不符但已经开证行

确认同意接受不符点的,则占用开证行金融机构额度,不占用客户额度,也无须由客户提供额外担保;在单证不符或虽单证相符但开证行无金融机构额度或金融机构额度不足的情况下,经办行应扣减客户额度。

企业出口议付委托申请业务流程如图11.12所示。

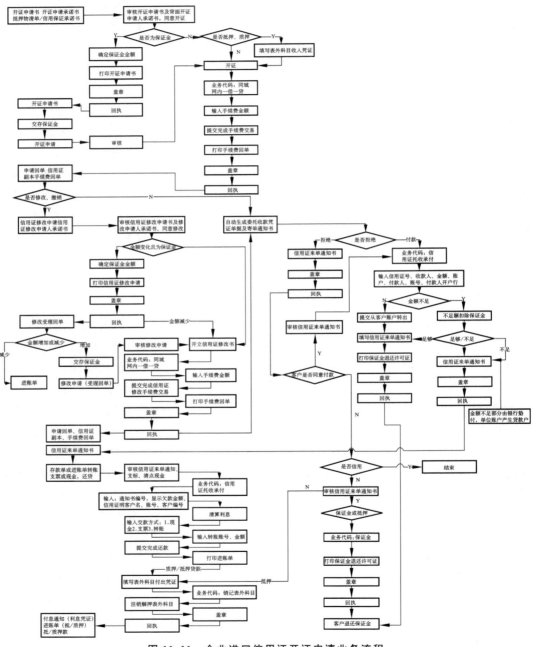

图 11.11　企业进口信用证开证申请业务流程

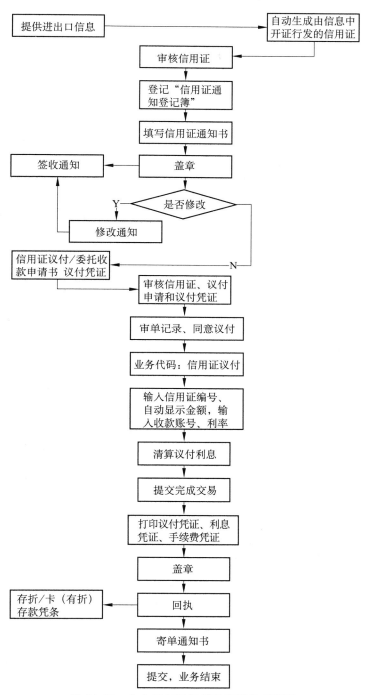

图 11.12 企业出口议付委托申请业务流程

第二节 企业人民币支付结算业务实训

一、实训目标

通过实验使学生掌握结算服务相关凭证的填写。了解支付结算方式及票据业务流转。了解支付结算的基本操作规程。

二、实训任务

(1) 完成银行本票、汇票的申请业务。
(2) 完成银行本票、银行汇票、商业承兑汇票和银行承兑汇票的背书和兑付业务。
(3) 完成信用证进口和出口业务。

三、企业人民币支付结算业务操作

1. 银行本/汇票申请书

1) 本票

(1) 填写"银行本票申请书"。企业客户填写"银行本票申请书",注意填写申请人和收款人的账号与住址,填写用途、本票金额,如图 11.13 所示。

银行本票申请书(贷方凭证)3　　　　第　　号
申请日期:20××年×月×日

申请人	杭州奥尔蒙电器有限公司	收款人	浙江万峰集团	此联出票行作汇出款贷方凭证
账号或住址	0105710001000011970	账号或住址	0205710101000012087	
用途	备用	代理付款行	银行浙江省杭州分行	
本票金额	人民币(大写)　肆仟元整	千百十万千百十元角分 　　　　　4 0 0 0 0 0		
备注		科目(贷)_____ 对方科目(借)_____ 转账日期　　年　　月　　日 会计　　　复核　　　记账		

图 11.13　银行本票申请书

提示:申请人、收款人的账号为其开立的活期基本账号。
(2) 客户经理点击"叫号器",选择客户进行业务处理。
(3) 审核企业客户提交的凭证。审核企业客户提交的"银行本票申请书",审查信息无误,客户经理取出"加盖印鉴片"检查公章私章印鉴是否真实有效,凭证审核成功。
(4) 输入业务数据。信息无误后,点击柜面上的计算机显示器,打开"银行本票申请"界面,填写申请人、申请人账号、收款人、收款人账号、代理付款行、本票金额,然后单击"显示信息"按钮,打开如图 11.14 所示界面。

图 11.14　银行本票申请输入

（5）取出空白凭证"银行本票申请书"。

（6）将"银行本票申请书"正确置于报表打印机,进入"存折和单据打印"页面进行打印。

（7）加盖银行公章,法人代表私章和业务专用章,完成业务。

2）汇票

（1）提交"银行汇票申请书"。企业客户提交"银行汇票申请书",注意填写申请人和收款人的账号与住址,填写用途、本票金额,申请人应在申请书上填明代理付款人名称,并在"汇款金额"栏先填写"现金"字样,再写汇票金额。银行汇票持票人向银行提示付款的,必须同时提交银行汇票和解讫通知,并在汇票背面签章,如图 11.15 所示。

图 11.15　银行汇票申请书

（2）客户经理点击"叫号器",选择客户进行业务处理。

（3）审核客户提交的凭证。审核企业客户提交的"银行汇票申请书",审查信息无误后,客户经理取出"加盖印鉴片"检查公章、私章印鉴是否真实有效,凭证审核成功。

（4）输入业务数据。信息无误后,点击柜面上的计算机显示器,打开"银行汇票申请"界面,填写申请人、申请人账号、收款人、收款人账号、代理付款行、本票金额,然后单击"显示信息"按钮,如图 11.16 所示。

图 11.16　银行汇票申请输入

(5) 取出空白凭证"汇票"。

(6) 打印凭证。将"银行汇票申请书"正确置于"报表打印机",进入"存折和单据打印"页面进行打印。

(7) 加盖银行公章和业务专用章,完成业务。

2. 银行本票(持有)

银行本票(持有)与银行本票申请书业务有关联,需要银行本票申请书,在收款方才会产生银行本票(持有)记录。银行本票的背书操作与兑付操作是相互独立的。

1) 背书

(1) 企业客户申请背书。企业客户提交本票,申请由其开户行为其背书。

(2) 审核客户提交的凭证。银行审核客户提交的本票及其在银行的存款额,经审核通过后,为其背书。

(3) 背书。银行选择持票人,填写背书信息,并加盖公章、银行法人代表私章,以及本票专用章,如图 11.17 所示。

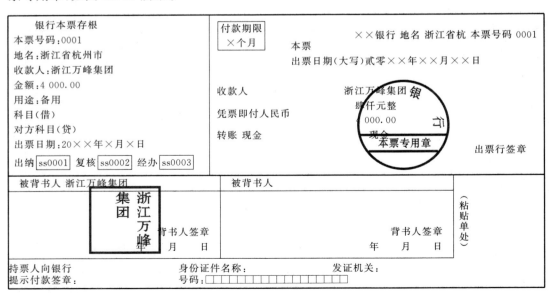

图 11.17　银行本票背书

第十一章 企业人民币支付结算业务 | 227

2) 兑付

（1）企业客户申请兑付。企业客户提交已背书的本票，申请由其开户行为其兑付并填写进账单，如图 11.18 所示。

	××银行		进 账 单												
			20××年×月×日												
出票人	全 称	杭州奥尔蒙电器有限公司	收款人	全 称	浙江万峰集团										
	账 号	010571001000011970		账 号											
	开户银行	××银行		开户银行											
金额	人民币（大写）	肆仟元整			亿	千	百	十	万	千	百	十	元	角	分
									4	0	0	0	0	0	
	票据种类	银行本票	票据张数	1											
	票据号码	0001													
		复核 　　记账						开户银行签章							

图 11.18　银行本票兑付进账单

（2）审核客户提交的凭证。银行审核客户提交的已背书的本票，如图 11.19 所示。经审核通过后待银行兑付。

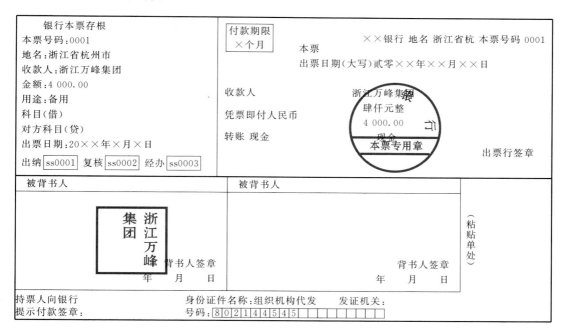

图 11.19　银行本票兑付

（3）客户经理点击"叫号器"，选择客户进行业务处理。

（4）审核客户提交的凭证。审核银行本票，查看信息是否完整无误，客户经理取出"加盖印鉴片"检查公章私章印鉴是否真实有效，凭证审核成功。

（5）输入业务数据。信息无误后，点击柜面上的计算机显示器，打开"银行本票兑付"

界面,填写账户、金额,如图 11.20 所示。

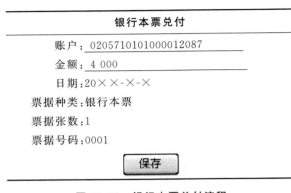

图 11.20　银行本票兑付流程

(6) 加盖银行公章,法人代表私章和业务专用章,业务完成。

3. 银行汇票(持有)

1) 背书

(1) 客户支付汇票。出票方企业在其开户行支付其汇票,选择收款人、账号,填写实际结算金额、多余金额,如图 11.21 所示。

图 11.21　银行汇票(持有)

提示：如果实际结算金额等于出票金额，则不用填写多余金额。

（2）汇票收款方填写被背书人信息，如图11.22所示。

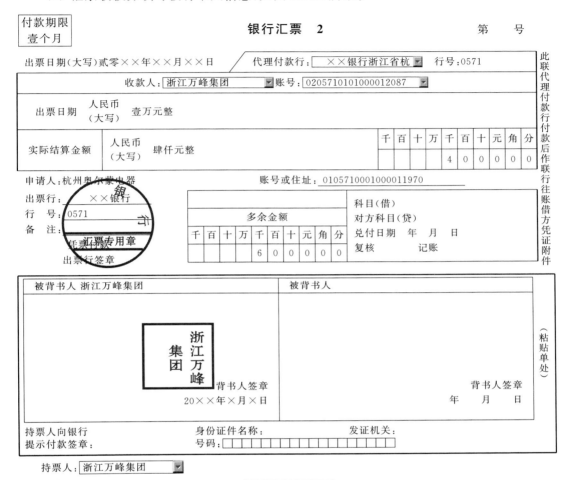

图11.22　银行汇票（持有）背书

2）兑付

（1）持票企业填写信息。持票企业持有汇票（见图11.23），并填写收款人账号，同时填写进账单，如图11.24所示。

（2）客户经理点击"叫号器"，选择客户进行业务处理。

（3）审核客户提交的凭证。审核客户提交的汇票以及进账单，查看信息是否完整无误，客户经理取出"加盖印鉴片"检查公章、私章印鉴是否真实有效，凭证审核成功。

（4）输入业务数据。信息无误后，点击柜面上的计算机显示器，打开"银行汇票兑付"界面，填写账户、金额，然后单击"显示信息"按钮，如图11.25所示。

银行汇票号码 0001

银行汇票 2   第　号

付款期限 壹个月				

出票日期(大写) 贰零××年××月××日　　代理付款行：××银行浙江省杭　　行号：0571

收款人：浙江万峰集团　　账号：0205710101000012087

出票金额　人民币(大写)　壹万元整

实际结算金额　人民币(大写)　肆仟元整

千	百	十	万	千	百	十	元	角	分
				4	0	0	0	0	0

申请人：杭州奥尔蒙电器
出票行：××银行
行　号：0571
备　注：
出票行签章：（汇票专用章）

账号或住址：0105710001000011970

科目(借)　　对方科目(贷)

多余金额

千	百	十	万	千	百	十	元	角	分
					6	0	0	0	0	0

兑付日期　年　月　日
复核　　记账

此联代理付款行付款后作联往账借方凭证附件

被背书人 浙江万峰集团　　　　　被背书人 浙江万峰集团
（浙江万峰集团专用章）　　　　（浙江万峰集团）
背书人签章　20××年×月×日　　背书人签章　20××年×月×日

持票人向银行
提示付款签章：　证件名称：　　　发证机关：
证件号码：8 0 2 1 4 4 5 4 5

（粘贴单处）

图 11.23　银行汇票(持有)

××银行　　　　　进　账　单
20××年×月×日

出票人	全　称	杭州奥尔蒙电器有限公司	收款人	全　称	浙江万峰集团
	账　号	0105710001000011970		账　号	0205710101000012087
	开户银行	××银行		开户银行	××银行浙江省杭州市分行

金额	人民币(大写)	肆仟元整	亿	千	百	十	万	千	百	十	元	角	分
								4	0	0	0	0	0

票据种类	银行汇票	票据张数	1
票据号码	0001		

复核　　记账　　　　　　　　　　　　开户银行签章

图 11.24　银行汇票(持有)进账单

银行汇票兑付

账户：0205710101000012087
金额：4000
日期：20××-×-×
票据种类：银行汇票
票据张数：1
票据号码：0001

[保存]

图 11.25　银行汇票兑付输入

(5)加盖银行公章,法人代表私章和业务专用章,业务完成。

4. 商业承兑汇票(持有)

1)商业承兑汇票

客户填写商业汇票。客户填写商业汇票,并承兑,注意填写出票人账户、收款人名称及账户、汇票金额,如图 11.26 所示。

图 11.26 商业承兑汇票(持有)

2)背书

持票人转让该商业承兑汇票,需在汇票背面背书,如图 11.27 所示。

3)兑付

(1)商业承兑汇票兑付。客户持有商业承兑汇票(见图 11.28),到开户行要求承兑,填写"银行委托收款凭证",如图 11.29 所示。

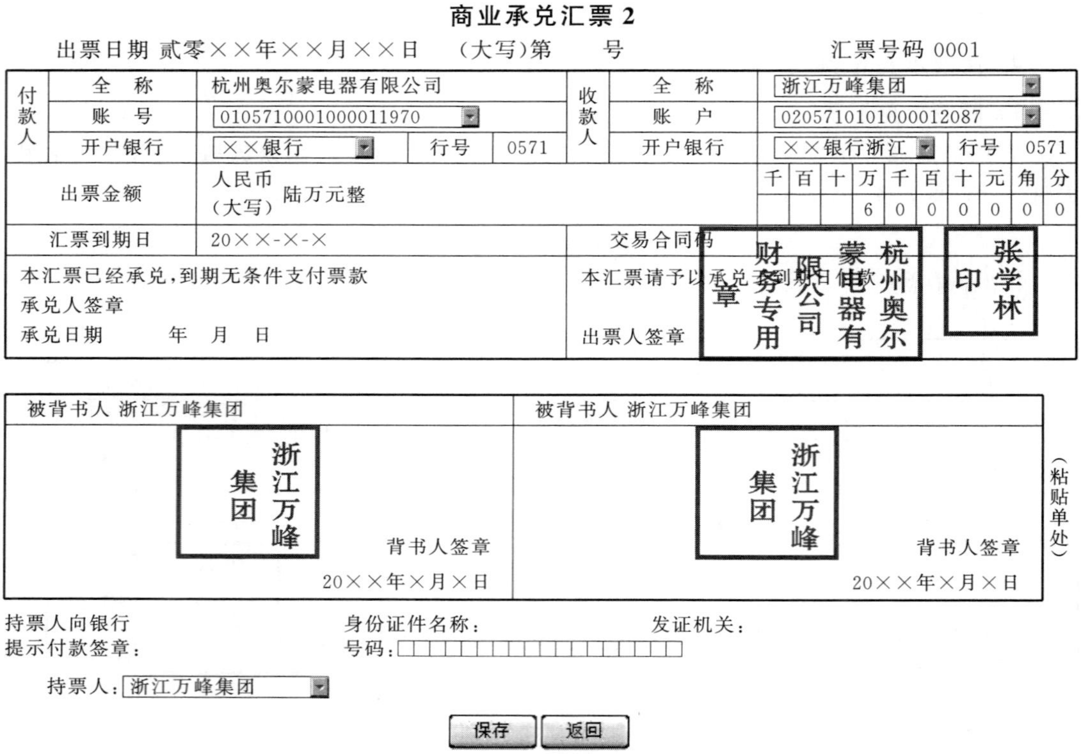

图 11.27　商业承兑汇票背书

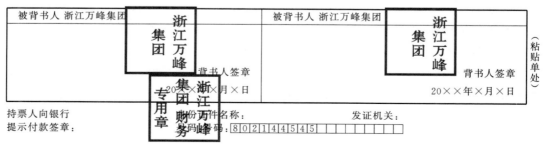

图 11.28　商业承兑汇票

第　　号

银行委托收款凭证（回单）

委托日期：20××年×月×日　　　　　　　委托号码：

付款人	名　称	杭州奥尔蒙电器有限公司	收款人	全　称	浙江万峰集团									
	账号或地址	0105710001000011970		账　号	0205710101000012087									
	开户银行	××银行		开户银行	××银行浙江省杭			行号	0571					
委收金额		人民币 （大写）　陆万元整			千	百	十	万	千	百	十	元	角	分
								6	0	0	0	0	0	0
款项内容			委托收款 凭证名称		商业承兑 税票			附寄单证张数		1				
备注：			款项收妥日期 　　年　月　日					收款人开户银行盖章 　　年　月　日						

单位主管　　　　　　会计　　　　　　复核　　　　　　记账

图 11.29　银行委托收款凭证

（2）客户经理点击"叫号器"，选择客户进行业务处理。

（3）审核客户提交的凭证。审核客户提交的银行委托收款凭证以及商业承兑汇票，查看信息是否完整无误，客户经理取出"加盖印鉴片"检查公章、私章印鉴是否真实有效，凭证审核成功。

（4）输入业务数据。信息无误后，点击柜面上的计算机显示器，打开"商业承兑汇票"界面，填写收款账户、金额，然后单击"显示信息"按钮，如图 11.30 所示。

收款账号：	0205710101000012087
金额：	60 000
日期：	20××-×-×
票据种类：	商业承兑汇票
票据张数：	1
票据号码：	0001

保存

图 11.30　商业承兑汇票兑付输入

（5）加盖银行公章，法人代表私章和业务专用章，业务完成。

5. 银行承兑汇票（持有）

1）银行承兑汇票

（1）添加银行承兑汇票。出票人填写"银行承兑汇票"，注意填写出票人账户、汇票金额、收款人名称及账户，如图 11.31 所示。并填写"银行承兑协议"，如图 11.32 所示。

银行承兑汇票 2

出票日期 贰零××年××月××日　　　　　　　　　　　　汇票号码：

（大写）第　　号

出票人	全称	杭州奥尔蒙电器有限公司	收款人	全称	浙江万峰集团
	出票人账号	0105710001000011970		账户	0205710101000012087
	付款行全称	××银行　　　行号 0571		开户银行	××银行浙江　　行号 0571

汇票金额	人民币（大写）伍万元整	千 百 十 万 千 百 十 元 角 分 　　　　5 0 0 0 0 0

汇票到期日	20×-×-×	本汇票已经承兑，到期日由本行付款	承兑协议编号

本汇票请你行承兑，到期无条件付款

出票人签章　[印 张学林]　[杭州奥尔蒙电器有限公司财务专用章]

承兑行签章
承兑日期

科目（借）＿＿＿
对方科目（贷）＿＿＿
转账　　年　月　日
复核　　　记账

承兑日期 20××年×月×日　　备注：

被背书人	被背书人	（粘贴单处）
背书人签章 　　　　年　月　日	背书人签章 　　　　年　月　日	

持票人向银行提示付款签章：　　身份证件名称：　　发证机关：
　　　　　　　　　　　　　　　号码：□□□□□□□□□□

图 11.31　银行承兑汇票

银 行 承 兑 协 议

编号：＿＿＿＿＿＿

银行承兑汇票的内容：

出票人全称　杭州奥尔蒙电器有限公司　　收款人全称　浙江万峰集团
开户银行　××银行　　　　　　　　　　开户银行　××银行浙江省杭州分行
账号　0105710001000011970　　　　　　账号　0205710101000012087
汇票号码＿＿＿＿＿＿　　　　　　　　　汇票金额（大写）伍万元整
出票日期 20××年×月×日　　　　　　　到期日期 20××年×月×日

以上汇票经银行承兑，出票人愿遵守《支付结算办法》的规定及下列条款：

一、出票人于汇票到期日前将应付票款足额交存承兑银行。
二、承兑手续费按票面金额千分之（　）计算，在银行承兑时一次付清。
三、出票人与持票人如发生任何交易纠纷，均由双方自行处理，票款于到期前仍按第一条办理不误。
四、承兑汇票到期日，承兑银行凭票无条件支付票款。如到期日之前出票人不能足额交付票款，承兑银行对不足支付部分的票款转做出票申请人逾期贷款，并按照有关规定计收罚息。
五、承兑汇票款付清后，本协议自动失效。

　　　承兑银行签章　　　　　　　　出票人签章　[杭州奥尔蒙电器有限公司]

　　　　　　　　　　　　　　　　　订立承兑协议日期 20××年×月×日

图 11.32　银行承兑协议

（2）客户经理点击"叫号器"，选择客户进行业务处理。

（3）审核客户提交的凭证。审核"银行承兑汇票"以及"银行承兑协议"，查看信息是否完整无误，客户经理取出"加盖印鉴片"检查公章、私章印鉴是否真实有效，凭证审核成功。

（4）输入业务数据。信息无误后，点击柜面上的计算机显示器，打开"银行承兑汇票"，填写出票人、出票人账户、收票人、收票人账户、金额，然后单击"显示信息"按钮，如图11.33所示。

出票人：	杭州奥尔蒙电器有限公司
出票人账户：	0105710001000011970
收票人：	浙江万峰集团
收票人账户：	0205710101000012087
金额：	50 000
日期：	20××-×-×
票据号码：	0001

[保存]

图 11.33　银行承兑汇票输入

（5）加盖银行公章，现金讫章等。将属于客户的单位定期存款开户证实书、现金交款单交予客户，业务完成。

（6）发送"银行承兑汇票"给汇票收款人。

2）背书

持票人作为被背书人，填写"银行承兑汇票"背书信息，如图11.34所示。

银行承兑汇票 2

出票日期　贰零××年××月××日　　　　　　　　汇票号码：0001

（大写）第　号

出票人全称	杭州奥尔蒙电器有限公司				收款人	全称	浙江万峰集团										
出票人账号	0105710001000011970					账户	0205710101000012087										
付款行全称	××银行		行号	0571		开户银行	××银行浙江					行号			0571		
汇票金额	人民币（大写）	伍万元整					千	百	十	万	千	百	十	元	角	分	
									5	0	0	0	0	0	0		
汇票到期日	20××-×-×					本汇票已经承兑，到期日由本行付款	承兑协议编号			0002							
本汇票请你行承兑，到期无条件付款 出票人签章 承兑日期　20××年×月×日						承兑行签章 承兑日期 备注：	科目（借）＿＿＿＿ 对方科目（贷）＿＿＿＿ 转账　　　年　月　日 复核　　　记账										
被背书人　浙江万峰集团 　　　　　　　　　　被背书人签章 　　　　　　　　　　20××年×月×日						被背书人 背书人签章 　　　年　月　日											（粘贴单处）

持票人向银行提示付款签章：　　　身份证件名称：　　　发证机关：

号码：□□□□□□□□□□□□□□□□□□

持票人：浙江万峰集团

图 11.34　已背书的银行承兑汇票

3) 兑付

(1) 银行承兑汇票兑付。客户持有"银行委托收款凭证",以及"银行承兑汇票",向其开户行,要求承兑。

(2) 客户经理点击"叫号器",选择客户进行业务处理。

(3) 审核客户提交的凭证。审核"银行委托收款凭证"以及"银行承兑汇票",查看信息是否完整无误,客户经理取出"加盖印鉴片"检查公章、私章印鉴是否真实有效,凭证审核成功。

(4) 输入业务数据。信息无误后,点击柜面上的计算机显示器,打开"银行承兑汇票"界面,填写收款账户、金额,然后单击"显示信息"按钮,如图 11.35 所示。

收款账号:	020571010100012087
金额:	50 000
日期:	20××-×-×
票据种类:	银行承兑汇票
票据张数:	1
票据号码:	0002

保存

图 11.35　银行承兑汇票兑付输入

(5) 加盖银行公章,法人代表私章和业务专用章。业务完成。

6. 信用证业务

1) 信用证进口业务

(1) 客户携带 5 000 元现金(作为信用证保证金),填写"信用证开证申请书"。企业进口商在向银行申请开证时,要向银行递交进口合同的副本以及所需附件,如进口许可证、进口配额证、某些部门审批文件等。银行对新客户初审时,客户需要递交:营业执照副本;批准其经营进出口业务的批文原件;客户隶属关系批件(如有);法人代表授权书(内容应有:客户单位的中、英文企业全称应与许可证、营业执照相符;列明经营业务及被授权人的签样、印章、企业公章、财务章)。

填写"信用证开证申请书",一式三份,一份留业务部门,一份留财务部门,一份交银行。填写开证申请书,必须按合同条款的具体规定,写明信用证的各项要求,内容要明确、完整,无词义不清的记载。填写信息,如图 11.36 所示。在填写"信用证开证申请书"之前,必须先开设一个信用证保存证金账户。

(2) 客户经理点击"叫号器",选择客户进行业务处理。

(3) 验证钞票并审核客户提交的凭证。验证客户提交的信用证保证金数额是否正确。审核"信用证开证申请书",查看信息是否完整无误,进口开证中必须注意的问题:申请开立信用证前,一定要落实进口批准手续及外汇来源;开证时间的掌握应在卖方收到信用证后能在合同规定的装运期内出运为原则;开证要求"证同一致",必须以对外签订的正本合同为依据。

(4) 客户经理取出"加盖印鉴片"检查公章、私章印鉴是否真实有效,最终确定选择审核状态(通过或不通过),如图 11.37 所示。

信用证开证申请书

填写日期：	20××年×月×日
申请企业：	杭州奥尔蒙电器有限公司
开证行：	××银行
申请企业结算账号：	0105710001000011970
开证方式：	信开
有效期：	20××-×-×
到期地点：	中国杭州
通知行：	××银行浙江省杭州市分行
受益企业：	浙江万峰集团
受益企业结算账号：	0205710101000012087
金额：	10 000
付款方式：	即期付款
运输方式：	海运
单据名称：	商业发票
其他条款：	
国际合同号：	DSK20258
代理人：	张学林
信用保证方式：	无担保方式
保证金比例：	20%
保证金账号：	0105710001000008527

货物信息：

物品名称	描述	数量	单价	总计	操作
全棉针织衫	女式全棉针织衫	100	100	10 000	删除
					添加

图 11.36　信用证开证申请书

金额：	10 000.00元
付款方式：	即期付款
运输方式：	海运
单据名称：	商业发票
其他条款：	
国际合同号：	DSK20258
代理人：	张学林
信用保证方式：	无担保方式
保证金比例：	20.00%
保证金账号：	0105710001000008527

货物信息：

物品名称	描述	数量	单价	总计
全棉针织衫	女式全棉针织衫	100	100.00	10 000.00

审核：⊙通过　○不通过

图 11.37　信用证进口业务审批

（5）输入业务数据。信息无误后，点击柜面上的计算机显示器，打开"信用证进口业务"界面，填写通知行、受益企业、金额，选择付款方式、信用保证方式，输入密码后，如图 11.38 所示。

```
              信用证进口业务
         通知行：  ××银行浙江省杭州市分行
       受益企业：  浙江万峰集团
           金额：  10 000              元
       付款方式：  即期付款
     信用保证方式：  无担保方式
           密码：  ******
                   [确定]
```

图 11.38　信用证进口业务输入

(6) 取出空白凭证信用证。

(7) 打印凭证。将客户的信用证正确置于报表打印机，进入"存折和单据打印"页面进行打印。

(8) 加盖银行公章，法人代表私章和业务专用章，业务完成。

2) 信用证出口业务

(1) 企业客户填写"信用证开证申请书"，并注意填写"出口信息"，如图 11.39 所示。在填写"信用证开证申请书"之前，必须先开设一个信用证保存证金的账户。

```
                    出口信息
      申请企业：  浙江万峰集团
        开证行：  ××银行浙江省杭州市分行
   申请企业结算账号：  0205710101000012087
      受益企业：  杭州奥尔蒙电器有限公司
   受益企业结算账号：  0105710001000011970
      开证方式：  信开
        有效期：  20××-×-×
       到期地点：  浙江杭州
         金额：  20 000
       付款方式：  议付
       运输方式：  海运
       单据名称：  商业发票
       其他条款：
      国际合同号：  CK2065
      保证金账号：  0205710101000009001
     货物信息：
```

物品名称	描述	数量	单价	总计	操作
餐具	陶瓷餐具	100	200	20 000	删除
					添加

图 11.39　信用证出口业务

(2) 申请议付。企业客户填写"信用证议付/委托收款申请书"，如图 11.40 所示。

信用证议付/委托收款申请书	
申请书编号：	
申请日期：	20××-×-×
开证行：	××银行浙江省杭州市分行
付款企业：	浙江万峰集团
通知行：	××银行
收款企业：	杭州奥尔蒙电器有限公司
收款方式：	☑议付 □委托
银行接单日期：	
手续费用：	
银行审单记录：	

图 11.40　信用证议付/委托收款申请书

（3）客户经理点击"叫号器"，选择客户进行业务处理。

（4）审核客户提交的凭证。审核"信用证开证申请书"和"信用证议付/委托收款申请书"，查看信息是否完整无误，客户经理取出"加盖印鉴片"检查公章、私章印鉴是否真实有效，经审核填写银行审单记录，选择审核状态（通过或不通过），如图 11.41 所示。

已审批过的信用证议付/委托收款申请书	
申请书编号：	
申请日期：	20××-×-×
开证行：	××银行浙江省杭州市分行
付款企业：	浙江万峰集团
通知行：	××银行
收款企业：	杭州奥尔蒙电器有限公司
收款方式：	☑议付 □委托
银行接单日期：	
手续费用：	
银行审单记录：	
审核：	⊙通过 ○不通过

图 11.41　已审批过的信用证议付/委托收款申请书

（5）输入业务数据。信息无误后，点击柜面上的计算机显示器，打开"信用证出口业务"界面，填写通知行、受益企业、金额，选择付款方式、信用保证方式，然后输入密码，如图 11.42 所示。

开证行：	××银行浙江省杭州市分行
付款企业：	浙科万峰集团
收款企业：	杭州奥尔蒙电器有限公司
收款方式：	☑议付 □委托
密码：	

输入密码

图 11.42　信用证出口业务输入

（6）打印凭证。将客户的"信用证开证申请书"和"信用证议付/委托收款申请书"正确置于报表打印机，进入"存折和单据打印"页面进行打印。

（7）加盖银行公章、法人代表私章和业务专用章，业务完成。

第十二章

金融科技创新下的数字人民币

一、数字人民币的意义

数字人民币的产生适应数字经济时代发展的需要。随着大数据、云计算、人工智能、区块链、物联网等数字科技快速发展,数字经济新模式与新业态层出不穷。近年来,中国电子支付尤其是移动支付快速发展,为社会公众提供了便捷高效的零售支付服务,在助力数字经济发展的同时也培育了公众数字支付习惯,提高了公众对技术和服务创新的需求。从实物贵重金属货币到纸币,再到未来的数字货币,货币向轻便化、科技化、安全化发展的趋势是势不可当的货币金融发展潮流。

(1) 数字人民币的产生满足了货币功能多元化和使用环境变化的现实需要。随着时代的发展,货币被赋予的功能不断增多。现金交易支付因其"无痕性"和"不可追踪性",为货币管理带来了许多痛点。例如,实物货币难以发挥出完全的货币监督功能,且管理效果有时并不尽如人意。同时,现金从印刷到回笼的循环过程也需要耗费大量人力、物力、财力支持,这对于各国央行来说是笔不小的费用。同时,我们也要看到,2019 年中国人民银行开展的中国支付日记账调查结果显示,接近半数被调查者在调查期间未发生现金交易。我国现金使用率近期呈下降趋势,以微信、支付宝为代表的手机移动支付的便捷支付体验早已深入人心,越来越多的人放弃了使用现金,或者非必要的情况不再使用现金进行支付。数字人民币的出现,在提高货币品质、满足人们无纸化支付的迫切需要的同时,由于其既具有区块链的部分功能,又具有信息中心控制的功能,能在货币监督方面发挥出很好的作用。

(2) 数字人民币的产生是应对非法定数字货币冲击的需要。自比特币问世以来,私营部门推出各种所谓加密货币,给各国央行的货币发行与管理带来了很多困扰,对各国法定货币体系也带来了较大冲击。据不完全统计,截至 2021 年 7 月 15 日,全球有影响力的加密货币已达 1 万余种,总市值超 1.3 万亿美元。比特币等加密货币采用区块链和加密技术,以不可修改性和强隐私性为卖点,但也存在价值支撑不足、价格稳定性差、交易效率较低等限制,导致其难以在日常经济活动中发挥货币职能。针对加密货币价格稳定性差的缺陷,部分商业机构尝试推出全球性稳定币,计划通过与主权货币等资产进行挂钩以加强货币价值稳定性,这对全球法定货币形成了严重的威胁,也将为国际货币支付体系及跨境交易管理等带来诸多风险和挑战。

（3）数字人民币的产生是人民币国际化的需要。从人民币国际化的角度，中国政府对数字人民币的研究和应用推广，对人民币国际化有重大价值和战略意义。人民币国际化需要强大的货币信用和金融结算网络的支撑。从现有美元国际地位来看，人民币结算系统极难在结算和支付方面实现对美元的取代。当前中国政府致力于人民币数字化，一个重要的目的就是助推人民币走出去，通过自身金融科技研发能力以及拥有的金融基础设施，为人民币走向世界、方便国际外汇支出创造有利条件。

二、数字货币在中国的部署

（一）数字人民币的技术应用部署

1. 数字人民币的基本架构

我国的数字人民币采用的是"双层运营模式"。如图12.1所示，可以简单地拆分为发行端及客户端。发行端由中国人民银行和指定运营机构组成运营，客户端则由指定运营机构和用户组成运营，指定运营机构当前主要包括各商业银行（不限于中国人民银行指定的兑换数字货币的银行）、手机运营商、第三方支付机构等。

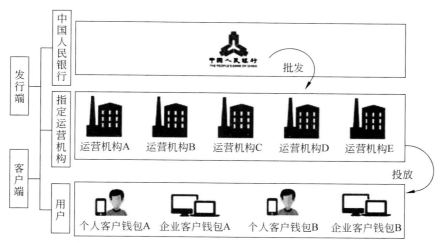

图12.1　中国人民银行数字人民币双层运营体系参考图

发行端：中国人民银行负责数字人民币发行、注销、机构间数字货币联通和数字货币钱包管理，并批发数字人民币至指定运营机构，指定运营机构负责面向用户提供数字人民币的基本服务。

客户端：指定运营机构缴纳100%准备金，从中国人民银行兑换数字人民币。用户通过账户存款或现金从运营机构兑出数字人民币存放在钱包中，完成在社会上的流通。

"双层运营模式"架构下，指定运营机构职责如下：一是指定运营机构在中国人民银行的额度管理下，根据客户要求的数字人民币钱包进行相对应强度标准的身份识别与核查，进行数字人民币兑出兑回服务。二是指定运营机构承担数字人民币的零售流通服务管理职责，保障数字人民币的安全稳定使用。

2. 数字人民币设计特性

数字人民币设计兼顾实物人民币和电子支付工具的优势,既具有实物人民币的支付即结算、匿名性等特点,又具有电子支付工具成本低、便携性强、效率高、不易伪造等特点。其主要具有以下特性:

(1) 兼具账户和价值特征。数字人民币兼容基于账户、基于准账户和基于价值等三种方式,采用可变面额设计,以加密币串形式实现价值转移;

(2) 不计付利息。定位 M0,不计息;

(3) 低成本。中国人民银行不向运营机构收费,运营机构也不向个人客户收费;

(4) 支付即结算。从结算最终性的角度看,数字人民币与银行账户松耦合,基于数字人民币钱包进行资金转移,可实现支付即结算;

(5) 匿名性。数字人民币高度重视个人信息与隐私保护。数字人民币体系收集的交易信息少于传统电子支付模式,非法律法规要求不提供给第三方机构部门。中国人民银行内部通过制度规范禁止任意查询、使用数字人民币隐私信息;

(6) 安全性。数字人民币综合使用数字证书体系、数字签名、安全加密存储等技术,通过建立多层次多维度的立体防护体系,保障数字人民币在其生命周期内安全可控;

(7) 可编程性。数字人民币在确保安全合规的前提下,支持加载不影响货币功能的多种智能合约,交易双方可根据实际需求设置交易规则进行自动支付交易,从而达成业务模式个性化、多样化的数字人民币业务模式新生态。

(二) 数字人民币的推广应用部署

2019 年末数字人民币首批试点的"四地一场景",包括深圳、苏州、雄安、成都,加上冬奥会场景,试点均已经落地。2020 年 11 月,第二批数字人民币面向公众的试点包括上海、海南、长沙、青岛、大连、西安 6 地。数字人民币试点地区、场景和形式逐步扩大,支付模式也在不断更新,数字货币不仅在用户端后续可提供贷款、理财、保险等线上金融产品,在企业端还可提供数字营销、供应链管理等增值服务。

据统计,截至 2021 年 6 月 30 日,全国共开立个人钱包 2 087 万余个、对公钱包 351 万余个,累计交易笔数 7 075 万余笔,金额约 345 亿元。数字人民币试点应用场景已超 132 万个,覆盖生活缴费、餐饮服务、交通出行、购物消费及政务服务等领域。

回顾数字货币在中国的部署进程,自 2014 年开始筹备至今,大致经历了三个阶段:

第一阶段,2014 年至 2016 年期间,中国人民银行成立了数字货币研究小组,研究小组针对法定数字货币的货币发行、运行框架、技术架构、流通环境、国际经验等方面开展了深入研究,形成了第一阶段法定数字货币理论成果。2016 年,中国人民银行搭建中国第一代法定数字货币概念原型,成立数字货币研究所,并于当年提出双层运营体系、M0 定位、银行账户松耦合、可控匿名等数字人民币顶层设计和基本特征。

第二阶段,2017 年至 2019 年期间,经国务院批准,中国人民银行自 2017 年底开始开展数字人民币研发工作,并依据资产规模和市场份额居前、技术开发力量较强等标准,选择大型商业银行、电信运营商、互联网企业作为参与研发机构。中国人民银行和参与研发机构以长期演进理念贯穿顶层设计及项目研发流程,经历开发测试、内部封闭验证和外部可控试点三大阶段,打造完善数字人民币APP,完成兑换流通管理、互联互通、钱包生态三大主体功能建设。同时,围绕数字人民币研发框架,探索建立总体标准、业务操作标准、互联标准、钱包标准、安全标准、监管标准等较为完备的标准体系。

第三阶段,2019年末起,中国人民银行在深圳、苏州、雄安、成都及2022北京冬奥会场景开展数字人民币试点测试。2020年11月起新增了上海、海南、长沙、西安、青岛、大连6个试点地区。数字人民币研发试点地区的选择综合考虑了国家重大发展战略、区域协调发展战略以及各地产业和经济特点等因素。数字人民币部署推进的具体进程如表12.1所示。

表 12.1 数字人民币部署推进的具体进程

时间点	部署进程
2014 年	中国人民银行成立法定数字货币研究小组,开始进行专项研究。
2015 年	发布一系列数字货币发行研究报告,中国人民银行发行法定数字货币的原型方案完成两轮修订。
2016 年 1 月 20 日	中国人民银行召开数字货币研讨会,进一步明确中国人民银行发行数字货币的战略目标。
2016 年 7 月 1 日	中国人民银行启动基于区块链和数字货币的数字票据交易平台原型研发工作。
2017 年 1 月 29 日	中国人民银行成立数字货币研究所。
2017 年 2 月 1 日	中国人民银行推动的基于区块链的数字票据交易平台测试成功。
2018 年 1 月 25 日	实验性数字票据交易平台系统成功上线试运行。
2018 年 3 月 28 日	中国人民银行在货币金银工作会议中提出稳步推进中国人民银行数字货币研发的发展规划与目标。
2018 年 9 月 5 日	数字货币研究所在深圳成立深证金融科技有限公司,参与贸易金融区块链等项目的开发。
2018 年 9 月	中国人民银行货币研究所搭建了贸易金融区块链平台。
2019 年 3 月 1 日	数字货币研究所联合苏州市有关单位设立长三角金融科技有限公司,主要负责数字货币的基础设施建设、关键技术及配套设施的研发,重点关注区块链等金融科技前沿方向。
2019 年 8 月 2 日	中国人民银行在下半年工作电视会议中指出下半年应加快推进法定数字货币研发进度。
2019 年 8 月 10 日	中国人民银行支付结算司副司长穆长春在中国金融40人论坛上表示:中国人民银行数字货币已呼之欲出,将采用双层运营体系。
2019 年 8 月 18 日	中共中央、国务院发布《关于支持深圳建设中国特色社会主义先行示范区的意见》,为在深圳开展数字货币研究等创新应用提供支持。
2019 年 8 月 21 日	中国人民银行官微发布两篇有关数字货币的文章。一是,副行长范一飞发表于2018年1月的《关于央行数字货币的几点考虑》,二是,支付结算司副司长穆长春8月10日在伊春的演讲。
2020 年 4 月 3 日	中国人民银行召开全国货币金融和安全保卫工作会议,指出"加强顶层设计,坚定不移推进法定数字货币研发工作"。
2020 年 4 月	数字人民币在深圳、苏州、雄安、成都及冬奥场景进行内部封闭测试。中国农业银行App内部测试DCEP,界面包括扫码支付、碰一碰、DC兑换查询、钱包管理挂靠。

续表

时间点	部署进程
2020年4月22日	雄安新区召开了中国人民银行数字货币试点推介会，19家拟参与落地应用的试点单位参会。
2020年7月	中国人民银行数字货币研究所先后与滴滴出行、美团、哔哩哔哩等互联网企业达成战略合作协议。
2020年8月14日	商务部印发《全面深化服务贸易创新发展试点总体方案》，在具备条件的地区开展数字人民币试点。
2020年8月29日	中国建设银行App短暂上线数字货币个人钱包，增加了"数字钱包充值"和"数字货币"两个子菜单，随后关闭申请入口并回应称"测试已结束"。
2020年9月21日	央行数字货币研究所与京东数科正式达成战略合作。
2020年10月8日	深圳市互联网信息办公室发布消息称，为推进粤港澳大湾区建设，深圳市人民政府联合中国人民银行开展了数字人民币红包试点，该红包采取"摇号抽签"形式发放。
2021年1月5日	上海交通大学医学院附属同仁医院员工食堂，医生们通过数字人民币"硬钱包"，实现点餐、消费、支付一站式体验。不同于此前使用手机支付数字人民币，此次脱离手机的可视卡式硬钱包首次亮相。
2021年1月23日	北京市政府工作报告明确将加快金融科技与专业服务创新示范区建设、推进数字货币试点应用。
2021年1月24日	上海、广东等多地政府工作报告中均表示，将打造数字货币创新试验区，推进数字人民币试点。
2021年2月5日	苏州市政府开启"数字人民币·苏州年货节京东专场"活动，再次发放15万个单个金额200元的数字人民币红包，发放金额总计3000万元。这已是苏州市政府第二次向市民发放数字人民币红包。
2021年2月7日	北京市启动"数字王府井冰雪购物节"数字人民币红包预约活动，面向在京个人发放1000万元数字人民币红包，拉动内需，鼓励"就地过年"。
2021年4月25日	第四届数字中国建设峰会开幕，在中国人民银行数字货币研究所的带领下，包括工农中建交邮储在内的6大运营机构，以及蚂蚁集团、腾讯、京东以及华为等科技公司，首次集中展示了数字人民币特性、科技底座、成果以及应用场景。
2021年5月	数字人民币子钱包再度扩容，网商银行成为第七家参与公测试点的商业银行。数字人民币接入支付宝，新增饿了么、盒马鲜生、天猫超市3个子钱包，数字人民币App中显示"网商银行（支付宝）"为可用状态。
2021年6月	北京、上海、长沙等地陆续展开新一轮数字人民币试点活动。

三、数字人民币应用现状

（一）数字人民币目前的应用情况

1. 数字人民币目前的展现形态

数字钱包作为数字人民币最为直观的展现形态，是数字人民币的载体和触达用户的媒介。现阶段，数字人民币钱包按照不同的角度划分，有以下四种分类：

1）按客户身份识别强度划分

指定运营机构根据客户身份识别强度对数字人民币钱包进行分类管理，根据实名强弱程度赋予各类钱包不同的单笔、单日交易及余额限额。最低权限钱包不要求提供身份信息，以体现匿名设计原则。用户在默认情况下开立的是最低权限的匿名钱包，可根据需要自主升级为高权限的实名钱包。按照客户身份识别强度可以分为：一类钱包（强实名）、二类钱包（较强实名）、三类钱包（较弱实名）、四类钱包（弱实名）及五类钱包（非实名）等。

2）按照开立主体划分

按照开立主体可以分为个人钱包和对公钱包。自然人和个体工商户可以开立个人钱包，按照相应客户身份识别强度采用分类交易和余额限额管理；法人和非法人机构可开立对公钱包，并按照临柜开立还是远程开立确定交易、余额限额，钱包功能可依据用户需求定制。

3）按钱包载体划分

按照载体可以分为软钱包和硬钱包。软钱包基于移动支付 App、软件开发工具包（SDK）、应用程序编程接口（API）等为用户提供服务。硬钱包基于安全芯片等技术开发，可通过在 IC 卡、可穿戴设备、物联网设备上进行配置以提供数字人民币服务。软硬钱包结合可以丰富钱包生态体系，满足不同人群需求。

4）按权限归属划分

按照权限归属分为母钱包和子钱包。钱包持有主体可将主要的钱包设为母钱包，并可在母钱包下开设若干子钱包。个人可通过子钱包实现限额支付、条件支付和个人隐私保护等功能；企业和机构可通过子钱包来实现资金归集及分发、财务管理等特定功能。

2. 数字人民币目前四大应用方向

从现阶段我国数字人民币试点地区运行情况来看，目前数字人民币小额零售高频应用场景主要集中在以下四大应用方向：C 端场景、B 端场景、G 端场景以及跨境支付场景。

（1）C 端场景方面：数字人民币可以作为超级钱包在各个金融服务场景中实现应用。账户松耦合、支持双离线支付和匿名可控的数字人民币可以覆盖金融、资金往来、购物娱乐、教育公益、旅游出行、充值缴费等多种消费者端应用场景。作为超级钱包的数字人民币可以打破零售支付壁垒和市场分割，最大程度保护消费者权益。

（2）B 端场景方面：数字人民币支付贯穿企业运营中各个环节场景，企业运行各环节中数字货币的应用能带来大量优质数据，以数字货币应用作为切入口带动企业在审计稽核，供应链管理等多个方面数字化，全面提升企业运营效率。如全国首例"数字人民币＋自贸区智慧园区"应用场景落地城市副中心张家湾设计小镇。数字人民币及智能设备可覆盖园区人员进出、停车物业、餐饮服务、企业缴费、购物消费、车辆充电等多种场景。逐步构建园区数字人民币全场域新生态，能有效降低交易成本，提高园区运行效率，同时助力数字经济的飞速发展。

（3）G 端场景方面：数字人民币主要覆盖补贴发放，社保等政府端公共缴费场景。如河北雄安在财政厅与中国人民银行的指导和支持下，完成全国首笔数字人民币支付"非税电子票＋区块链"业务落地。此笔交易的完成标志着"非税电子票＋区块链"系统功能的再延伸，标志着从非税缴纳到国库入库全流程通过数字人民币流转在雄安新区顺利完成。又如 2021 年 7 月，数字人民币缴纳社保方法在大连市落地试点，居民可在自然人社保缴费小程序以数字人民币缴纳社保费。数字货币也可以在税收、企业五险一金等场景实现 B 端和 G 端应用场景打通。

（4）跨境支付场景方面：目前可以实现香港人士入境后使用数字人民币消费和内地居民赴港后使用数字人民币消费。例如 2021 年 3 月，深圳率先顺利完成了面向香港居民的数字人民币测试工作，本次测试场景包括两类香港居民在内地进行数字人民币消费。香港居民在测试中成功使用香港手机号注册开立匿名数字人民币五类钱包，并可仅通过出示付款码完成小额消费支付。为下一步推动数字人民币深港跨境流通，解决跨境旅游等经常项目的支付奠定了实践基础。

3. 数字人民币指定运营机构亮点纷呈

截至 2021 年 6 月，数字人民币钱包开立仅限于中国工商银行、中国农业银行、中国银行、中国建设银行、交通银行、中国邮政储蓄银行、网商银行七家机构，各个机构参与数字人民币公测试点也呈现出了不同的亮点，如表 12.2 所示。

表 12.2　数字人民币试点中亮点汇总

指定运营机构	呈现的亮点
中国工商银行	与中国移动进行战略合作，在业内率先研发成功 SIM 卡硬件钱包产品，并推出数字人民币 5G 消息应用
中国农业银行	试点 ATM 数字货币存取现功能；成立高级别的"数字货币实验室"
中国银行	有效应用自身在境外的网点优势，积极在中国香港、新加坡等地区测试数字人民币跨境支付业务
中国建设银行	设立"产品创新实验室"，数字人民币业务涵盖全国 11 个城市
交通银行	与淘控全球精品免税城开展合作，于海口地区设立首家支持数字货币全场景支付的免税企业
中国邮政储蓄银行	推出数字人民币可视卡及指纹卡"硬钱包"，并复合健康宝功能，做到数字人民币钱包功能多样化
网商银行	在福建福州举办的第三届数字中国建设峰会上，展现了其互联网企业特有的便捷开通数字人民币钱包功能

（二）数字人民币推广面临的困难

中国人民银行在数字货币领域具有一定的先行优势，但是推广和应用仍面临着不少的困难：

1. 运营发行层面

数字人民币虽然以电子形态投入应用，但其实质仍是授权下的商业银行以自身超额准备金为担保所发行的法定货币。在未来的运营发行过程中，数字人民币发行是以行政制度为主进行控制还是根据市场需求自行调节？城市、农村商业银行甚至是民营银行是否具备建设安全可靠的数字货币钱包系统的科技实力？随着数字货币支付设备的更新换代，小型银行是否能承担不断更新技术的研发成本？目前这些问题都确确实实摆在中国人民银行面前，亟须解决。

2. 推广应用层面

目前,数字人民币的试点主要通过政府或商业银行以发放"红包"的形式进行,这种以示范推广为目的的试点在民众中较受欢迎。但在脱离了试点场景之后,民众在未来的正式使用过程中无法如试点活动一般免费获得"红包",而需要通过自身银行存款进行兑换,那么数字人民币应用的吸引力可能无法与已培养民众支付习惯的第三方支付工具相竞争。且按照目前的规定,数字人民币不计利息,数字人民币应用对比在支付之外提供理财、社交、生活查询等功能的微信、支付宝等应用的竞争力有待商榷。

3. 风险管控层面

当前数字人民币面临的主要风险有技术安全风险、法律监管风险、货币流通风险、网络欺诈风险及平衡性风险等。

(1) 技术安全性风险。从技术层面来看数字人民币发行推广所必须的分布式记账技术仍存在标准不统一、可扩展性差等问题,其安全性有待进一步的实践检验。例如,数字人民币的数字货币交易能力在交易峰值时每秒需求数以十万计,这种高强度的技术要求能否实际达成还是未知数。从交易安全上看,数字人民币在中国人民银行层面的安全性得到保障,但在个人信息安全性方面仍有待提高,黑客可跳过银行的公钥进而攻击用户的私钥,达到窃取客户财产的目的。且这种窃取行为难以由客户自行进行风险防范。

(2) 法律监管风险。现有法律体系尚未将数字人民币列入管理范围,在发行流动的各个环节中均存在一些法律空白。此外,在对以非实物形式存在的数字货币进行监管的过程中,所有权人一旦遭遇黑客窃取,或面临由银行系统故障所造成的损失,如何进行责任界定和赔付判定尚未有统一标准,这可能为所有权人带来大量的经济损失。

(3) 货币流通风险。在网络设施落后或智能设备普及率低的地区(例如山区、海上等),数字人民币流通推广面临巨大挑战。依靠电信运营商进行大范围基础设施建设从而推广数字人民币的设想并不现实。

(4) 网络欺诈风险。随着数字经济时代的来临,"无接触"和"数字化"的支付模式广泛应用于社会各个领域。然而,随着急速的数字化转型和商业活动向线上的迅速迁移,不法分子也将注意力转移到数字渠道,目前多地已经爆出一些涉及数字人民币的网络欺诈案件。

(5) 平衡性风险。数字人民币在平衡支付风险和支付体验方面仍任重道远。反欺诈规则的严格程度设定是平衡交易安全与支付便捷的重中之重。如何在安全交易与便利支付两者之间取得平衡,是下一步中国人民银行和各商业银行工作的重点之一。

四、数字人民币的未来应用研究

(一) 数字人民币应对困难的方法

数字人民币是我国数字时代的标志。数字人民币以加密算法和分布式记账的方式确保了安全性。中国人民银行开始测试并稳步推广数字人民币,通过发行数字人民币降低货币流通成本，提高货币政策精准性，提升政府对货币流通的追踪和监测能力，是符合货币发展演变规律的理性选择。因此，解决数字人民币的问题需做到以下几点：

1. 加强中国人民银行数字人民币技术研发力度

由于当代信息科技始终处于高速发展的快车道上，为在世界范围内占有领先地位，中国人民银行应加强区块链、数字加密等核心技术研究。具体措施可从以下三点出发。

（1）加强分布式账本技术研发力度，目标是在精简资源占用率的同时提高数字货币系统瞬时信息处理能力，保障数字货币的即时可用性。

（2）提升中国人民银行数字货币的安全性，尤其是个人信息安全性。应在稳定确保中国人民银行层面数字货币安全性的同时，保障民众的数字货币使用安全，亦即个人财产安全。

（3）提升中国人民银行数字货币的泛用性，从技术层面以稳定步调推动中国人民银行数字货币发展，提升中国人民银行数字货币的市场占有率。

2. 完善中国人民银行数字货币相关法律法规

完善中国人民银行数字货币相关技术标准、政策法规等法律法规是保障中国人民银行数字货币安全应用的基石。首先，数字货币管理法律法规的建设能明确中国人民银行数字货币发行各部门的职责分工及权责归属，为监管机构提供制度支持。其次，对现有法规进行的针对性修订能够避免法律法规之间的冲突。最后，中国人民银行对数字货币应建立针对性监管机制，通过成立专业性监管部门或机构，及时发现应对中国人民银行数字货币推广过程中面临的风险与挑战。

3. 保障中国人民银行数字货币推广流通

（1）通过强有力的政策及财政保障推动中国人民银行数字货币推广。例如采取税收减免、支付优惠等措施鼓励企业与个人在结算过程中使用中国人民银行数字货币，提升市场占有率。

（2）加强中国人民银行数字货币宣传力度。在信息化时代，可通过自媒体、公众号等大流量宣传方式向公众进行数字货币的推广与宣导。同时可采取多样化的宣传形式让数字货币的便利性、安全性等优势深入人心。

（3）面临中国人民银行数字货币和商业银行存款的互斥性，可通过账户绑定机制进行缓冲，避免出现商业银行与中国人民银行间的存款竞争问题，从而化解数字货币对金融机构发挥自身基础职能所带来的负面影响。

4. 持续提升风险防范水平

保障数字货币支付的安全是推广数字货币过程中需要解决的关键点之一。除从技术层面进行安全防范外，对公众的安全教育也不可或缺。在进行推广宣传的同时也要重视对使用者的安全教育宣传，避免个人信息泄露或欺诈风险。

5. 人工智能与支付安全

随着现代科技发展，各式人工智能应用极大地便利了工作与生活，而大数据、物联网等应用更让人工智能成为目前炙手可热的研究方向之一。但随着技术的更新迭代，黑客的攻击手段也层出不穷,如何建立完善的数字货币的安全架构,保障支付安全与支付便利之间的动态平衡应成为下一阶段工作的重点之一。

(二)数字人民币未来应用研究

我国数字人民币未来可能的三个主要发展方向:一是使用范围的扩大,二是突破当前数字人民币零售支付定位,三是探索跨境支付领域数字人民币批发应用。

1. 不断扩大数字人民币使用范围

随着2022年北京冬奥会的召开,数字人民币试点地区也不断扩大。零售支付定位下的数字人民币未来依托第三方支付工具,将全面铺开小额C端零售支持场景,拓展至物业配套、教育支付、便民普惠以及乡村振兴等领域。同时数字人民币在B端持续发力,不断深化数字人民币与企业融合,未来成熟的数字人民币生态体系中,企业运行各环节中数字人民币的应用能带来大量优质数据,以数字人民币应用作为切入口带动企业在审计稽核、供应链管理等多个方面数字化,全面提升企业运营效率。数字人民币也持续关注G端场景,在政府补贴、社保公积金缴纳等强品牌信用背书的应用场景寻求突破。伴随着数字经济的不断深化与拓展,完善数字人民币生态圈,促进C端、B端、G端三端互通,弥补数据鸿沟,助力数字经济发展。

2. 突破数字人民币零售支付定位

当前全球以新加坡、日本为代表的央行数字货币主要定位于银行间市场的批发交易,这也是目前大部分央行数字货币的主流定位。而我国的数字人民币主要基于分布式架构搭建,可以支持高频交易,同时配套各类加密算法和安全措施,整体安全性非常高,能够兼容批发使用。因此,数字人民币参与各方不需要做太多技术改造,就可以复用现有的技术架构开展批发业务。目前,中国人民银行数字货币研究所正在与香港金融管理局、泰国央行和阿联酋央行发起"货币桥"项目,旨在建立一个央行数字货币联盟,服务于批发领域的数字货币结算。可以预见,在未来时机成熟时,中国人民银行将进行技术线路优化,突破当前零售支付定位,拓展数字人民币用于银行间市场的批发使用。

3. 探索跨境支付领域数字人民币批发应用

数字人民币在中国香港开放了试点应用,开启了在跨境支付领域的探索。截至2021年8月,中国香港地区共计开立200余个个人钱包,4个对公钱包。目前数字人民币跨境应用更多的关注点,在境外人士来华使用数字人民币的场景上。

伴随着2022年北京冬奥会的召开,预计在不远的将来,数字人民币在境内的运营可能从试点走向正式推广,同时除中国香港地区之外的其他境外地区数字人民币试点也可能重启。在绝大部分的境外国家和地区,人民币不是流通货币,如果数字人民币应用于零售领域,可能会对其他国家和地区的法定货币形成挤出效应,那么应用于跨境批发领域的数字人民币对当地的支付市场影响相对较小,更容易被接受。相较于零售领域,数字货币批发领域应用标准化程度更高,国际标准更容易统一,便于与其他国家的法定数字货币形成互通链接,助力我国人民币的国际化。

参 考 文 献

[1] 中国人民银行数字人民币研发工作组.中国数字人民币的研发进展[R].北京：中国人民银行,2021.
[2] 姚前.数字货币初探[M].北京：中国金融出版社,2018.
[3] 孙宁华,戴嘉.数字货币：货币本质的延续与颠覆[J].兰州大学学报(社会科学版),2022,50(05)：43-52.
[4] Stiglitz J E. Macro-economic management in an electronic credit/financial system[R]. National Bureau of Economic Research，2017.
[5] 姚前.法定数字货币对现行货币体制的优化及其发行设计[J].国际金融研究,2018(04)：3-11.
[6] 刘东民,宋爽.数字货币、跨境支付与国际货币体系变革[J].金融论坛,2020,25(11)：3-10.

附录一　企业会计科目表

扫描此码　　深度学习

附录二　外汇汇率实时表

扫描此码　　深度学习

附录三　全国个人住房贷款政策一览表

扫描此码　　深度学习

附录四　企业贷款业务所需清单

扫描此码　　深度学习

教师服务

感谢您选用清华大学出版社的教材！为了更好地服务教学，我们为授课教师提供本书的教学辅助资源，以及本学科重点教材信息。请您扫码获取。

》 教辅获取

本书教辅资源，授课教师扫码获取

》 样书赠送

财政与金融类重点教材，教师扫码获取样书

 清华大学出版社

E-mail: tupfuwu@163.com
电话：010-83470332 / 83470142
地址：北京市海淀区双清路学研大厦 B 座 509

网址：http://www.tup.com.cn/
传真：8610-83470107
邮编：100084